KB059902

2020
한국의 논점

위기의 한국 사회, 전환을 위한 36가지 제언

2020
한국의 논점

고태봉 외 지음
강양구·장은수·최병천·한기호 엮음

북바이북

위기와 전환의 시대에 사는 법

2019년을 마무리하는 시점에서 한 해를 돌아보면 착잡하다. 촛불의 힘으로 문재인 정부가 출범한 지 3년 차가 되는 올해 초만 하더라도 변화의 가능성에 기대를 거는 분위기가 있었다. 하지만 지금은 어떤가. 새로운 변화는커녕 상황이 더 나빠지지 않기만을 바라는 비관적인 분위기가 대세다. 말 그대로 '위기'다.

가만히 둘러보면 어느 하나 위기가 아닌 영역이 없다. 한때 훈풍이 불었던 남북 관계, 북미 관계는 교착 상태에서 벗어나지 못하고 있다. 2020년 대선을 앞두고 공공연하게 "탄핵"을 말하는 민주당과 맞서야 하는 트럼프 행정부로서는 북미 관계에서 돌파구를 마련하기 쉽지 않아 보인다.

북미 관계의 개선에 목매고 있는 남북 관계에서 자생적인 돌파구가 마련될 가능성도 적다. 이미 북한 당국이 남쪽을 놓고서 여러 차례 불신을 토로했을 뿐만 아니라, 한국 정부로서도 북한을 달래고 미국을 설득할 뾰족할 수단이 없기 때문이다. 연말 연초에 기적과 같은 반전이 일어날 수 있을까?

동북아시아 정세도 안갯속이긴 마찬가지다. 경제를 둘러싼 불확실성은 해소가 되기는커녕 2020년에 오히려 더 커질 전망이다. 세계 경제 또 그것과 밀접하게 연결된 한국 경제를 놓고는 여기저기서 비관적인 전망이 나오고 있다. 구조적인 저성장 상황에 진입한 한국 경제가 일본 경제의 '잃어버린 20년'과 같은 긴 불황을 답습하리라는 예측이 갈수록 설득력을 얻고 있다.

인공지능, 빅 데이터, 로봇, 생명공학 등 과학기술이 자극하는 산업 구조 변화를 둘러싼 갈등도 시간이 지날수록 격해지고 있다. 한쪽에서는 시대 변화에 더 빨리 적응하라고 주문하고, 다른 쪽에서는 사회 공동체의 합의에 기반을 둔 속도의 조절을 말한다. 이해당사자 간의 날 선 목소리와 대립은 이미 심각한 사회 갈등 요인이다.

이명박, 박근혜 정부 9년간의 권위주의적 퇴행은 혼란을 더욱더 부추기고 있다. 그 기간 동안 권력 기관 곳곳에 뿌리내린 이른바 '적폐' 청산을 둘러싼 논란은 상당한 사회적 에너지를 소모하는 원인일 뿐만 아니라, 개혁 의제의 우선순위를 둘러싼 혼란을 낳고 있다. 당장 해야 할 급한 일은 따로 있는데, 오래된 창고를 뒤지는 일에 골몰하는 꼴이라고나 할까.

여기다 지구온난화가 초래하는 기후위기는 "전시에 준하는 비상 상황"이라는 언급이 공공연하게 나올 정도로 최악으로 치닫고 있다. 개별 국가 차원을 넘어선 인류 전체 차원에서 말 그대로 비상 대응이 필요한 때다. 하지만 미국의 기후변화협약(파리협정) 탈퇴에서 확인할 수 있듯이 상황은 비관적이다.

이 대목에서 리더십의 위기를 짚지 않을 수 없다. 권력 운용의 경험이 있었던 문재인 정부의 핵심 세력이 애초 기대했던 리더십을 보이지 못하고 있다. 자격과 능력을 둘러싼 논란이 끊이지 않은 인사, 정책 의제의 우선순위를 둘러싼 혼란, 사회 갈등을 효과적으로 조정하기보다는 증폭시키는 무능, 기후위기 같은 장기 과제에 대한 둔감 등.

이런 모든 위기는 결국 정치의 위기로 수렴된다. 청와대 눈치만 보는 여당은 행정부를 앞에서 끄는 역할이 아니라 거수기만 드는 꼴이다. 인적 구성과 평소 행태에서 시대착오적인 권위주의적 퇴행에서 벗어나지 못하고 있는 제1 야당 자유한국당을 보라. 시민 다수는 물론이고 보수 세력으로부터도 공감을 얻지 못하고 생떼만 쓰는 세력이 주도하고 있다.

2020년 총선에서 의석수 추가에만 목매고 있는 정의당도 진보 정당의 정체성에 걸맞은 역할을 보여주지 못하고 있다. 녹색당과 같은 대안 정당의 도약도 현재로서는 낙관하기 힘들다. 정당의 상황이 이러니 사실상 '86세대'가 3분의 2 이상을 점유하고 있는 '늙은' 국회가 무기력한 모습을 보이는 건 당연하다.

그렇다고, 걱정만 하고 있어서는 곤란하다. 위기 상황의 본질은 지금이 전환의 시대라는 사실이다. 전환은 위기를 극복할 준비와 실천에 나서는 이들에게는 새로운 기회가 되기도 한다. 예를 들어, 2020년은 총선이 있는 해다. 이번 총선에서 시대의 변화를 기민하게 읽고 앞장서 대응하는 새로운 정치 세력이 힘을 쥔다면 지금의 위기는 전환을 위한 진통으로 기억될 수도 있다.

『2020 한국의 논점』이 혼돈과 무능에 빠진 한국 정치, 미국 중심의 국제 질서, 불확실한 경제 상황, 일상생활의 변화, 인류 전체의 위협 요인 등 위기 상황을 중점적으로 다루고 있는 것도 이 때문이다. 눈 밝은 독자라면 이 책에 실린 여러 글을 정독하면서 위기의 내용을 확인하고, 그 안에서 어떤 기회를 포착할 수 있을지 고민해볼 수 있을 것이다.

그런 고민을 적극적으로 끌어안은 새로운 실천의 모습이 여기저기서 나타날 때, 2020년은 위기가 심화하는 해가 아니라 또 다른 가능성을 보여줄 해가 될 것이다. 『2020 한국의 논점』이 위기와 전환의 시대에 개인과 사회 공동체가 어떤 고민을 해야 하는지를 제시하고, 나아가 더 나은 실천을 선택하는 데에 도움을 주는 지혜의 보고가 되리라 확신한다.

매년 연말이면 '아니면 말고' 식의 트렌드 예측서가 독자와 만난다. 이 책은 그런 트렌드 예측서와는 다르다. 독자의 고민과 선택과 실천을 권하며, 더 나아가 누구도 예상하지 못한 새로운 트렌드 즉 전환의 주인공이 되라고 말하는 책이다. 2020년에 이 책을 계기로 위기를 극복하고 새로운 전환에 앞장서는 모습이 여기저기서 목격되기를 희망한다.

엮은이를 대표해서

강양구

차례

IV. 권위의 위기와 생활 감각의 전환

V. 석유의 위기와 지구 문명의 전환

I

민주당의 위기와 한국 정치의 전환

2020 총선은 한국 정치에
근본적인 변화를 가져올까?

이관후(경남연구원 연구위원)

2020 총선은 문재인 정부에도, 한국 정치 전반에도 매우 중요한 선거다. 문재인 정부는 촛불이 계기가 되어 탄생했지만, 촛불 이전에 치러진 총선의 규정력 아래 있었다. 정부가 공약한 정책 중에서 국회 입법이 필요한 부분들은 거의 진척이 없는 상황이다. 정부의 정책들이 성과를 내려면 국회가 바뀌어야 한다. 정부 정책이 실현되지 않는 이유가 야당의 거부권 때문이라고 해도, 대통령제에서 국민들은 그 책임을 국회보다는 청와대와 여당에 묻는 경향이 있

다. 이런 상황에서 보면 2020 총선은 사실상 문재인 정권의 명운이 걸린 선거다.

2020 총선은 또한 한국 정치에 매우 근본적인 변화를 가져올 수도 있는 선거다. 2016~2017년 촛불은 1987년 민주화 이후 한 세대 만에 국민이 직접 거리에 나와 중요한 정치적 변화를 만들어낸 사건이다. 촛불이 지난 두 번의 선거뿐 아니라 2020 총선에도 영향을 미친다면, 한국의 정당 체제에는 1987년 이후 가장 큰 변화가 일어날 것이다.

1987년 민주화 이후 대선에서도 군부세력은 양김분열로 정권을 잡을 수 있었다. 하지만 그다음 대선에서 스스로 정권을 재창출하는 것은 불가능했다. 해답은 정당구도를 재편하는 것뿐이었다. 1990년의 3당합당은 군부독재세력의 종지부이면서 동시에 보수대연합이라는 기울어진 운동장이 만들어진 계기가 되었다. 1997년 대선에서는 TK-PK 보수대연합에 맞서 DJP연합이라는 호남-충청 연대가 힘을 발휘했다. 하지만 일회적이었고 불안정했다. 보수대연합에 근본적으로 균열을 낸 것은 PK 출신의 노무현이 처음이었다. 하지만 정권재창출에는 실패했다. 그런데 2016~2017 촛불 이후 치러진 두 번의 선거에서는 처음으로 보수대연합의 균열이라고 부를 만한 것이 등장했다. 90년 체제가 붕괴할 조짐이 나타난 것이다.

만약 이 경향이 총선에서도 강하게 나타난다면, 한국 정치는 상당히 큰 변화를 맞을 것이다. 물론 그 결과는 흔히 말하는 '보수의 괴멸' 같은 것은 아니다. 오히려 3당합당으로 시작된 지역주의 정당 구조의 해체와 사회적 가치와 이념을 중심으로 한 정치세력 재편의 계기로 보아야 한다. 진보정당의 영역이 확장될 것이고, 보수정당은 지역과 남북문제에 대한 집착에서 탈피해 경제정책이나 전통적·종교적·사회적 가치를 중심으로 목소리를 내게 될 것이다. 이러한 변화에서는, 가령 여당 대표가 주장하는 '민주당 20년 집권' 같은 것은 보장되지 않는다. 장기적으로 보면, 자유주의 정당인 민주당이 어중간한 위치에 서 있다가 영국의 자유민주당처럼 제3당으로 몰락할 가능성도 있다.

【2020 총선의 변수들】

2020 총선을 전망하면서 고려해야 할 사안은 크게 선거제도, 선거 시기, 선거 어젠다, 정당구도 등이다.

먼저 선거제도가 가장 큰 변수가 될 수 있다. 선거법이 패스트트랙fast track 절차를 거쳐 개정된다면, 선거 어젠다나 정당구도에 모두 대단히 큰 영향을 주기 때문이다. 다음으로 선거 시기가 선거의 성격을 결정하는 중요한 고려 대상이다. 내년 총선은 대통령의 임기 중간 정도에 해당하기 때문에 일반적으로는 중간평가의 성격을 띠지만, 일반적인 정권교체가 아니라 전직 대통령이 탄핵으로 물러난 후 처음 치르는 총선이라는 점에서 예외적인 경우가 될 수 있다. 이와 관련해 선거 어젠다가 가장 중요한 변수가 된다. 즉, 유권자들이 '현 정부에 대한 평가를 우선할 것인가, 아니면 이전 정부의 여당에 대한 심판을 할 것인가' 하는 양자 사이에서 어떤 선택을 하는지를 중심으로 선거 어젠다가 형성될 것이다. 마지막으로는 앞서 제기된 세 가지 요소들이 정당구도에 영향을 주게 될 것이다. 문제는 정당이라는 행위자들이 앞선 세 요소가 확정된 상태에서 자신들이 원하는 선택을 할 수 있는 것이 아니라, 변화를 미리 예측하고 사전에 움직여야 한다는 점이다. 그렇게 되면 각 정당들이 선호하는 정당구도가 선거제도의 변화나 선거 어젠다 설정에도 영향을 주게 된다.

결국 2020 총선은 제도와 행위자, 유권자의 선호 등에서 불안정한 요소들이 많은, 반대로 말하면 매우 역동적인 선거가 될 가능성이 있다. 그러나 이처럼 유동적인 조건이 많음에도 선거의 결과는 생각보다 심심한 수준이 될 것으로 예상한다. 핵심 변수가 무엇이든 유권자들의 견제심리 혹은 균형론이 팽팽하게 맞설 것으로 보이기 때문이다. 이하에서는 각각의 변수를 하나하나 더 자세히 살펴보기로 한다.

【선거제도 변화가 미칠 영향】

선거법이 개정된다는 가정 아래서도 2020 총선에 적용될 선거제도의 최종적인 모습을 예측하기는 어렵다. 법 개정의 마지막 국면까지도 개별 정당들 간의 이해관계에 따라 협상과 타협이 매우 복잡하게 얽힐 것이기 때문이다. 다만 현재 유력한 방안으로 논의 중인 연동형비례대표제나 권역별비례대표제가 새로운 선거제도로 채택된다면 선거의 성격은 크게 달라진다.

우선 선거 이슈 측면에서 정당의 전체 득표율이 의석배분의 기준(현재 개정안에서는 50% 적용)이 되기 때문에, 총선의 선거 어젠다는 전통적인 지역발전 이슈보다는 중앙정치의 영향을 훨씬 크게 받을 것이다. 정당들은 정권심판, 여당견제, 정치개혁, 검찰개혁 등 정당투표율을 기준으로 선거의 승패를 좌우할 수 있는 중앙 이슈에 집중하게 될 것이다. 여기에 더해 권역별로 석패율제(지역구에서 아깝게 당선되지 못한 후보를 비례대표로 당선될 수 있게 하는 제도)까지 적용되면, 정당과 후보자는 중도층보다는 자기 지지층이 관심을 두는 전국적 이슈를 중심으로 선거를 치를 가능성이 높다.

선거 과정과 정당구도에 미칠 영향은 더욱 크다. 정당지지율에 따라 의석이 배분되기 때문에 군소정당들의 자생의지가 높아진다. 소수정당들이 양대 정당에 흡수 통합될 유인이 줄어들고, 선거는

다당제 구도 아래서 치러질 개연성이 높다. 지역구에서 후보 단일화의 필요성도 줄어든다. 지역에서 낙선하는 후보들이라고 하더라도 선거운동을 통해 정당지지율을 올리는 데 기여하기 때문에 가능한 한 많은 후보가 완주하는 것이 중요하다. 석패율제가 도입되면 지역구에서는 당선 가능성이 낮더라도 결과적으로 자기 당 후보 중에서 가장 많은 득표율을 기록하는 것만으로 당선될 수 있기 때문에 선거전은 끝까지 매우 치열해질 것이다.

사실 선거법 개정 과정에서 가장 주목할 만한 지점은 제도 변화 그 자체가 아니라 법 개정 여부를 쥐고 있는 주체들의 의지와 판단이다. 즉, 제도 변화가 소수정당의 생존을 가능하게 하는 조건이 아니라 소수정당으로서 살아남고자 하는 의지, 그리고 그것이 가능하다는 판단이 제도의 변화를 끌어내는 독립변수가 된다.

예를 들어 양대 정당 이외의 중도세력이 유력 정치인을 중심으로 미래의 주류화 가능성을 보면서 소수정당으로서 자기 정체성을 지키고자 한다면, 선거법 개정에도 적극적으로 나설 수 있다. 반면 소수정당들의 지지율이 5% 미만으로 나타난다면 선거제도가 개편된다고 해도 실익이 많지 않기 때문에 이들은 선거법 개정을 포기하고 양대 정당과의 통합에 더 적극적으로 나서게 될 것이다. 물론 이러한 선택들에는 정치적 책임이 반드시 따르기 때문에 그 역시 유권자들에게는 하나의 판단기준이 될 수 있다.

【선거 어젠다와 정당구도】

2020 총선은 문재인 정부가 만 3년에 근접한 시기에 치러진다. 중반을 넘어선 시점이다. 민주화 이후 한국 정치에서는 보통 집권 초반에 여당이 승리하고 중반이 넘어서면서 패배하는 경우가 많았다. 집권 초반에는 정부에 힘을 실어주기 위해 여당의 손을 들어주고 기대를 하다가 정권 후반기가 되면 실망감을 느끼는 것이다. 그런 일반적인 상황에서 보면 내년 총선에서 여당의 선전을 장담하기는 매우 어렵다. 집권 세력에 대한 중간평가 성격의 선거가 될 가능성이 높기 때문이다.

그럼에도 여당이 내년 총선에 기대감을 갖고 있는 것은, 유권자들의 저변에 매우 강하게 형성되어 있는 보수야당에 대한 거부 정서다. 이유는 크게 두 가지다. 하나는 탄핵당한 박근혜 정부의 여당에게 제대로 심판이 내려지지 않았다는 것이고, 다른 하나는 현재의 여당을 지지하지 않지만 그렇다고 야당이 대안이 될 수 없다는 판단과 정서다. 요컨대 문재인 정부에 대한 평가와 자유한국당에 대한 지지는 별개의 사안인 셈이다.

2019년 여름까지는 적어도 중간평가보다는 보수야당심판론 혹은 대안부재론이 확실히 더 강하게 작용하고 있었던 것으로 보인다. 이 흐름은 조국 장관 임명 이후에 다소 바뀌었는데, 주목할 만한 변화의 흐름은 기존 친여성향 지지층의 양극단에서 동시에 나타나는 이탈이다. 오른쪽에서 안철수를 지지했던 중도보수층과 왼쪽에서 정의당에 가까운 진보층은 모두 현 여당에 대해서는 조건부 지지층이라고 할 수 있는데, 이들이 조국 장관 사퇴 이후에 정국의 변화에 따라 어떤 선택을 할 것인지가 중요하다. 만약 이들이 이후에도 문재인 정부에 대한 지지층으로 돌아오지 않으면, 다른 정당으로 이동하기보다는 무당층/무투표층으로 남을 가능성이 있다.

핵심은 이 집단의 크기다. 지난 총선에서 자유한국당이 고전했던 이유는 공천 과정에서 실망한 지지층이 투표장에 나타나지 않았기 때문이다. 여권 지지층이었다가 무당층으로 옮겨간 수가 클수록 여당과 자유한국당의 차이는 줄어들게 된다. 게다가 자유한국당의 지지층은 지난 총선과 달리 결집력이 매우 강할 것으로 예상되기 때문에 투표율이 상당히 올라갈 것이다. 아직 선거가 몇 달 남아 있기 때문에 이 부분은 정부 여당 및 야당들의 행적에 따라 매우 유동적이라고 할 수 있다.

이러한 상황에서 변수는 다른 야당들이 어떤 구도에 전략적으로 편승할 것인가 하는 점이다. 아무래도 가능성이 높은 쪽은 과거 정부보다는 현 정부를 비판하면서 자유한국당이 아닌 자신들이 대안 세력임을 강조하는 것이다. 특히 민주평화당, 바른미래당에 속하거나 무소속인 정치인들은 자유한국당을 비판하더라도 현 정부를 옹호하는 쪽에 서기는 어렵다.

정당구도는 선거에서 가장 큰 영향을 미치는 변수 중 하나다. 미국이나 영국처럼 정당 체제가 안정되어 있는 경우도 있지만, 한국에서는 선거 때마다 주요한 정당들이 사라지고 새로운 정당들이 출현하기도 한다. 정당들 간의 이합집산뿐 아니라 선거제도의 특성상 단일화와 같은 연대도 중요한 변수가 된다.

2020 총선에서도 그러한 양상이 재현될 것으로 보인다. 선거제도 개편이라는 변수가 있지만 그와 별개로 군소정당들의 이합집산이 꾸준히 나타나고 있기 때문이다. 선거 전략이나 지지율에 따라 총선 직전까지도 정당 간 연대, 협력, 합당 등의 변화가 예상되고, 공천이나 당선 가능성에 따라 현역 의원들이 개별적으로 탈당, 입당하는 경우도 있을 것이다.

2020 총선에서 예상되는 정당구도는 크게 세 가지로 나누어 볼 수 있다. 첫째, 다자구도, 둘째, 다자구도 변형, 셋째 양자구도다. 먼저 다자구도가 지속되는 경우인데, 연동형비례대표제로 선거제도가 개편될 때 가능성이 높은 구도다. 그러나 실제로는 어떤 식으로든 군소정당들의 재편이 이루어질 것이기 때문에 다자구도에서 상당한 변화가 있을 것으로 보인다. 전통적인 양자구도가 재현될 가능성도 없지 않다. 지난 대선은 사실상 민주당에게 매우 우호적인 조건이었음에도, 문재인 후보의 득표율은 41%였다. 홍준표, 안철

수 후보의 표를 더하면 45%, 유승민 후보까지 더하면 50%가 넘는다. 보수진영의 통합이나 연대가 가능한 이유다.

【결과를 어떻게 해석할 것인가?】

선거 결과 여당이 만족할 만한 수준의 의석을 확보하는 데 실패한다면 많은 이들이 곧바로 조기 레임덕을 떠올리겠지만 실제로 그럴 가능성은 높지 않다. 차기 주자나 대안 세력이 불분명하기 때문이다. 다만 여당의 역할이 커질 가능성이 높다. 만약 자유한국당이 크게 패배한다면 이것은 보수의 재편을 의미한다. 다만 앞서도 말했듯이 그것은 보수의 전멸이라기보다는 새로운 기회가 될 가능성이 높다.

그러나 가장 가능성이 높은 것은 현재와 큰 차이 없이 여야가 균형을 이루는 것으로 보인다. 그렇다면 변화가 전혀 없을 것인가? 그렇지는 않다. 중요한 개혁정책이 성과를 내기는 어렵겠지만 국회 운영은 지금보다는 나아질 것이다. 야당이 2019년처럼 국회를 계속 공전시킨다면 수권정당의 이미지를 가질 수 없기 때문이다.

2020 총선은 한국 정치에 근본적인 변화를 가져올 가능성이 있는 선거다. 하지만 그러한 변화가 유예될 가능성도 충분하다. 선거의 승패가 명확하게 드러나지 않은 채로 정국이 유지된다면, 정치

인들이나 정치평론가들은 우선 촛불이 멈추었다고 말할 것이다. 그러나 반드시 그렇지는 않다. 모든 개혁이나 혁명은 그것이 진행되는 과정에서 주춤거리게 마련이며, 그렇다고 해서 변화의 큰 물줄기가 바뀌지는 않는다. 여야 어느 쪽이든 선거 이후에 민심을 제대로 읽지 못하고 오판하면, 다음 대선에서 큰 고비를 맞게 될 것이다.

세대와 정치
그리고 청년 극우의 등장

우석훈(경제학자)

지금의 50대는 30대, (19)80년대 학번, (19)60년생이라는 의미에서 386이라는 별칭을 가지고 있다. 물론 모든 50대를 의미하는 것은 아니다. 운동권 엘리트로 좁혀서 생각할 수 있다. 그렇지만 시대 흐름상 그리고 정치적 흐름상, 그들이 지금부터 한국의 절정에 도달하는 순간이 왔다. 그들의 시대는 지금부터라고 할 수 있다. 물론 그 앞에 있던 50대 엘리트도 강하기는 했지만, 그들은 '유신 세대'의 특징이 더 강했다. 박정희를 좋아하던 50대를 밀어내며 전두

환과 싸웠던 새로운 50대의 등장, 그것이 지금 386이 50대가 되는 순간의 특징일 것이다. 흔히 1987년 6월항쟁으로 생겨난 9차 개정 헌법에 의한 '87년 체제'를 20대 때 만든 바로 그 세대다. 그리고 그들은 지금까지 계속해서 구체제에 도전하는 쪽이었다. 그리고 그 전면에 조국이라는, 50대 엘리트를 상징하는 인물이 서게 되었다.

【1987년 체제의 종언】

그 대척점에는 그 어느 때보다 극심한 경쟁과 힘든 취업난에 지친 20대, 미국식으로는 '밀레니얼 세대'라고 하는 1990년대생들이 자리하고 있다. 이들은 신자유주의의 영향으로 인적 자본으로 자라나기 위해 어린 시절부터 고강도의 자본투입이 이루어진 세대로, 2008년 글로벌 금융위기 이후의 세계적인 경기 둔화가 이들이 20대가 되기 전까지의 기억을 형성한다.

누가 일부러 이렇게 디자인하려고 해도 어려울 정도로, 이 두 흐름은 2019년 여름에서 가을 사이에 정면으로 만나게 되었다. 이 충돌은 필연적일까? 그렇게 생각하지는 않는다. 많은 우연적인 요소와 정서 같은 것들이 모여서 만들어진 상황이다. 지금 사람들은 2020년 4월 총선에서 과연 조국으로 격발된 이 50대와 20대의 갈등이 어느 쪽에 유리할 것인가에 관심을 갖고 있을 것이다.

나는 이 변화가 87년 체제의 종언을 뜻한다고 생각한다. 사실 87년, 20세기의 틀로 한국 사회를 설명하기에는 이미 잘 맞지 않는 게 너무 많다. 그동안 변하지 않은 것은 9차 개정헌법, 헌법 딱 하나라고 해도 과언이 아니다. 이미 지역 단위에서는 정책적 사안에 대해서 주민투표가 도입되어 있다. 방폐장 같은 사안도 주민투표를 치렀고, 오세훈 전 서울시장도 주민투표에서 패배하며 물러났다. 그렇지만 헌법이 바뀐 적이 없기 때문에 국가적 사안에 대해서는 국민투표를 하기가 어렵다. 우리 시대의 옷에, 이 헌법이 잘 안 맞는다. 그래도 보수에서든 진보에서든, 헌법을 바꿔서 더 제 쪽에 불리해지는 것보다는 이 상태가 낫다는 현상유지의 논리가 작동한 것 같다. 헌법 체계상으로는 여전히 87년 체제인 것은 맞고, 전두환의 5공화국 이후로 바뀐 헌법상으로는 현재 6공화국이 진행되는 것도 맞다.

헌법 형식으로는 그렇지만 87년 체제의 사회적 흐름에서 가장 큰 특징은 '진보', 특히 다음 세대일수록 전 세대에 비해서 더 진보적이라는 흐름이었을지도 모른다. 좁게는 박정희 정권, 넓게는 군사정권을 기준점으로 보면 이 흐름은 지금까지의 상황을 잘 설명해준다. 박근혜가 승리한 2012년 18대 대선에서 50대는 82%라는 경이적인 투표율을 보여준 적이 있다. 50대 이상의 박근혜 지지, 한 시대가 그렇게 정점에 달했다. 그리고 386이라는 이름으로 불리던 그

시절의 40대가 50대가 되면서 정권이 바뀌었다. 1987년 6월항쟁 시절의 그 20대가 50대가 되면서 촛불집회가 일어났고 정권이 바뀐 것이다. 이 추세는 20대에도 유효하고, 10대로 내려가면 더 강화될 것 같았다. 그런데 조국 사태와 함께 이 흐름이 변했다. 조국과 관련한 여론조사에서 많은 경우 20대는 50대와 방향을 같이하는 경우가 많다. 1987년 이후로 한국에서 이런 형태의 의견 분포는 거의 나타난 적이 없다.

【세대 간 불통, 청년 극우파의 등장】

386의 거대 민주화 담론과 부딪히는 20대의 공정성은 그야말로 마이크로 담론이다. 대표적인 것이 평창동계올림픽에서의 남북 단일팀 구성 논쟁이었다. 통일과 평화라는 큰 명분에서 선수 몇 사람이 출전하고 말고가 그렇게 중요한 것인가, 이것이 진보 50대들의 시선이었다. 그러나 '그것은 공정하지 않다'며, 대통령 지지율에 위기가 올 정도로 20대들은 강력하게 반응했다. 좀 더 이 공정성 담론의 기원으로 가면 사법고시 철폐를 반대한 존치주의자들이 있다. '모든 것을 시험으로'라는 한국 20대 특유의 공정성 담론이 여기서부터 형성되기 시작했다.

이 두 개의 담론 구조는 '화성 남자와 금성 여자' 정도로, 서로 소통이 심할 정도로 벌어졌다. 서로 얘기가 안 통한다. 그리고 가끔은 극단적으로 충돌한다. 조국 사태로 나타난 20대와 50대의 괴리는 이런 어법상의 차이로 더욱 심해졌다고 볼 수 있다.

이게 지금부터 바뀔 수 있을까? 50대가 어법을 바꾸지도 않을 것이고, 20대가 문화를 바꾸지도 않을 것이다. 박근혜로 상징되는 '거악'의 존재 아래에서 일시적으로 손을 잡았던 촛불은 이렇게 갈라지게 된다. 어쩌면 이게 당연한 일인지도 모른다. 자, 그렇다면 이 흐름은 어디까지 갈 것인가? 청년의 보수화? 그렇게 보기는 어렵다. 우파 청년의 등장? 그것도 쉽지 않다. 경제 성장의 충분한 혜택 없이 장기적인 우파가 등장하지는 않는다. 그렇지만 유럽에서 등장한 것과 같은 청년 극우파의 등장, 이런 건 사실 개연성이 높다.

유럽에서의 젊은 극우파의 등장은 인종주의와 연관성이 높다. 동구의 붕괴와 함께 동구권 난민들이 대거 진출하면서 자연스럽게 인종주의 또는 민족주의 성향의 극우파들이 등장할 개연성이 생겨났다. 반면 일본에서의 넷우익은 군국주의를 타고 간 것 같다. 제국주의 시절의 향수와 '잃어버린 20년'이라고 불리는 '버블세대'의 경제적 위기가 결합했다. 그렇다면 우리의 경우는?

우리는 국가 자체가 인종주의 성향이 강하다. 그래서 딱히 청년들이라고 더 인종주의적 성향을 띤다고 보기는 어렵다. 원래 우리의 진보도 유럽의 좌파보다는 민족주의 성향이 강하다. 인종주의 과잉의 사회라서 그런지 딱히 더 인종주의적인 청년이 등장하지는 않을 것 같다. 제주 난민 논쟁과 같이 간헐적으로 인종주의 이슈가 튀어나오기는 하지만, 그 자체로 정치화가 되기는 어렵다.

【청년 극우는 이제 일탈이 아니다】

한국에서 분야별로 진보 성향을 보이는 20대가 극우파에 가까운 성향을 보이는 것은, 남성의 경우 젠더 이슈일 것이다. 페미니즘 논쟁의 결과로 10대 후반에서 20대 전반에 걸치는 많은 남성이 젠더 이슈에서는 극우파적 성향을 보인다. 유럽의 극우파와는 좀 차이가 있다. 그들이 젠더 이슈로 세력화를 한 것은 아니다. 그와는 달리, 한국 청년 남성들의 젠더 이슈에 대한 반감은 유럽의 인종주의와 견줄 만큼 강하다고 할 수 있다.

원래에도 존재하던 10대와 20대 남성들의 안티 페미니즘 성향과 장기화되는 경제위기는 청년들을 점점 더 극우파 쪽으로 몰아갈 객관적 조건을 형성한다. 굳이 조국 사태가 아니더라도 한국에서도 유럽형 혹은 일본형 극우 청년들이 존재할 개연성만큼은 충분했다. 우리 경제 구조가 워낙에 불평등하다. 조국 사태는 여기에 '공정'이라는 또 다른 축에 대한 집단적인 방아쇠 역할을 했다. 이 사건이 아니더라도 청년 극우파가 등장할 가능성이 있었는데, 이 사건으로 더욱 빠르게, 그리고 더욱 강하게 '반反386'의 정서가 전면에 나서게 될 것이다. 어차피 폭발할 것이지만, 방아쇠로 인해 그 폭발이 더욱 강해지고 격렬해진다.

이미 '일베'라는 커뮤니티를 경험한 청년들이 한 단계 업그레이드된 '청년 극우'로 등장하는 데 그렇게 오랜 시간이 걸리지는 않을 것 같다. 지금 이런 청년 극우들의 등장 이후로 프랑스의 사회당은 대통령 결선 투표도 가기 어렵게 되었다. 유럽 전체적으로 극우파는 보수정당과는 확연히 구분되는 자신들의 지위를 가지고 있다. EU 의회의 구성 자체도 이제는 극우파 지분을 염두에 두지 않으면 생각하기 어려운 상황이 되었다.

이게 지금 우리가 걸어가는 미래일지도 모른다. 지체된 개혁, 형식뿐인 변화 그리고 비경제 요소들 중심의 개혁 논의, 이 뒤에 기다리는 것은 '일베'와 같은 일탈적 극우가 아니라 '공정'과 '정의'와 같은 용어로 무장된 전격적인 청년 극우의 등장이 아닐까 싶다. 더욱 불행한 것은, 이 청년 극우가 다른 데서 뚝 떨어진 것이 아니라 2016년 겨울의 촛불집회 한가운데에서 나오게 될 가능성이 높다는 사실이다.

경제가 너무 많은 것을 설명하는 사회가 좋은 사회는 아니지만, 지금의 한국 사회처럼 경제에 대한 논의를 극단적으로 배제하는 사회도 좋은 사회는 아니다. 청년 극우의 등장 가능성에 대해서 이제는 진지하게 생각해보아야 할 때다. 87년 체제는 청년 극우의 전면화와 함께 형식적으로나 실질적으로나 종언을 맞게 될 것이다.

갈림길에 선
진보정당

장석준(글로벌정치경제연구소 기획위원)

한국 사회에서 진보정당은 다른 어느 나라와도 비교할 수 없는 고된 숙명을 안고 있다. 일단 여기에서 '진보정당'이라 함은 리버럴(넓은 의미로는 오히려 '보수'의 일부인) 세력까지 '진보'라 옮기거나 분류하는 최근의 기이한 관행과는 전혀 상관이 없다. '진보정당'은 어디까지나 '좌파정당', 즉 자본주의 질서의 근본적 변화를 꾀하는 정당이라는 뜻이다.

대다수 자본주의 국가에서는 대의민주주의 공간이 열리고 정당

지형이 처음 만들어질 때부터 우파정당과 좌파정당이 양립했다. 비록 기득권을 쥔 쪽은 우파정당이었지만, 이들보다 먼저 (원내 중심 정당이 아닌) 대중정당 실험을 펼치며 정당정치를 주도한 것은 좌파정당이었다. 이들 좌파정당은 비슷한 시기에 태동해 발전 중이던 노동조합운동을 핵심 지지 기반으로 삼으며 비교적 안정되게 성장할 수 있었다. 노동조합운동을 중심으로 정체성과 윤리의식, 문화를 형성해가던 각국 노동계급은 기꺼이 좌파정당을 자신들의 대변자로 인정하고 지지했다. 이것이 대략 19세기 말부터 20세기 중반까지 보통선거제에 바탕을 둔 대중민주주의가 정착되는 과정에서 나타난 전 세계 진보정당운동의 보편적 양상이다.

【한국 진보정당의 수난사】

그러나 한국 사회의 경로는 전혀 다르다. 일제 강점기에 좌파가 항일운동, 노동운동을 주도했지만, 분단과 전쟁을 거치며 남한 정치 지형은 우파 일색으로 바뀌었다. 아니, 이것은 좀 과장이다. 조봉암을 대통령 후보로 출마시켜 돌풍을 일으킨 진보당이 있었고, 4월혁명 직후에 민주당 정부에 맞선 혁신정당들이 있었다. 분단보다 더 철저하게 좌파의 명맥을 끊은 것은 실은 박정희 군사독재정권이었다. 이후 독재정권과 보수 야당 사이의 '민주 대 반민주' 구도가 한국 정치지형을 지배했다. 다른 자본주의 국가들과는 달리 한국에서는 오랫동안 민중 집단들이 (진보정당이 아니라) 보수 야당 지지를 통해 체제에 불만을 표시했다.

1987년 6월항쟁의 성과로 등장한 제6공화국에서 진보정당을 부활시키려 한 이들은 이런 한국적 정치 전통의 단단한 벽과 마주해야 했다. 민중의당, 민중당을 거쳐 민주노동당으로 이어진 새 세대 진보정당운동은 이미 수십 년 동안 보수정당들에 표를 던져온 민중에게 새롭게 지지를 호소해야 했다. 진보정당은 보수 야당조차 재벌과 부유층 중심의 경제사회 체제에 복무한다고 비판하면서 제도 정치의 틈바구니를 비집고 들어가려 했지만, 보수 여야당 구도에 익숙해진 유권자를 설득하기란 쉽지 않았다. 더구나 정치 제도조차 극히 불리했다. 결선투표제 없는 대통령선거에다 국회의원 선출도 소선거구제 중심이었다. 대선, 총선 모두 양대 정치 세력이 아니면 정치적 시민권을 인정받기 힘든 승자독식 선거 방식이었다.

이런 현실은 2000년에 민주노동당이 등장하며 조금이나마 균열이 가기 시작했다. 신생 노총이었던 민주노총은 1996년 말에 노동법, 안기부법 개악에 반대하는 정치 총파업을 치른 뒤에 노동자 정치세력화 방침을 추진했다. 보수 야당과 구별되는 독자 진보정당을 건설하고 지지하기로 한 것이다. 물론 노동조합 조직률이 극히 낮았기에 노총이 지지한다고 하여 진보정당의 성공을 장담할 수 있는 것은 아니었다. 하지만 이러한 민주노총의 지지 덕분에 민주노동당은 과거 진보정당 시도들과는 달리 조직과 재정을 안정시킬 수 있었다. 게다가 기존 전국구 선출 방식이 위헌이라는 헌법재판소 판결 덕분에 2002년 지방선거부터 정당명부비례대표제가 부분적으로나마 도입되기 시작했다. 지역구에서 1위 당선자를 내기 힘든 진보정당에는 천재일우의 기회가 열린 셈이었다.

【리버럴정당의 하위 파트너였던 진보정당】

2004년 민주노동당 원내 진출은 이러한 요인들이 상승 작용을 일으킨 결과였다. 13%가 넘는 정당 투표 득표율과 국회의원 10명 당선은 누가 봐도 놀라운 대성과였다. 그러나 여기까지였다. 곧바로 한계가 드러났다. 노동조합운동은 신자유주의가 초래한 노동시장 양극화에 가로막혀 더는 확장하지 못했다. 단순히 조직률을 더 늘리지 못했을 뿐 아니라 중소기업-비정규직 노동자의 삶과는 거리가 먼 대기업/공기업-정규직 노동자만의 조직으로 치부되기 시작했다. 노동조합운동의 성장이 곧 진보정당의 성장으로 이어진 다른 나라들의 경험과는 전혀 다른 양상이었다.

이런 상황에서 민주노동당은 리버럴정당(당시는 열린우리당)과 진보정당의 교차투표층에서 지지 기반을 찾지 않을 수 없었다. 즉,

지역구 선거에서는 기성 양대 정당 중 리버럴정당에 투표하고 비례대표 선거에서는 진보정당에 투표하는 유권자층에 의존해야만 했다. 이 유권자층의 다수는 계층으로 보면 화이트칼라, 세대로는 30~40대(2000년대 기준), 학력으로는 대졸 이상이었다. 대체로 저소득층보다는 중산층에 가까웠고, 임금소득자 가운데에서도 상대적 고소득층에 쏠려 있었다. 이들 유권자층에게 진보정당이란 리버럴정당과 경합하는 대안이라기보다는 리버럴정당이 좀 더 개혁적인 정책을 펴도록 압박하는 수단이었다.

현실이 이렇다 보니 진보정당 역시 이러한 유권자층의 지지와 기대에 호응하는 정치 노선과 행위에 익숙해져갔다. '열린우리당 2중대'라는 말을 들으면서도 리버럴 여당을 왼쪽에서 압박하는 역할에 주력했다. 물론 내부에서 문제제기나 비판, 대안 제시의 노력이 없지는 않았다. 그러나 단기적으로 리버럴정당-진보정당 교차투표층 외에 다른 강력한 지지 기반을 확보하기 쉽지 않았기에 이런 문제의식은 현실 정치 논리에 밀리기 일쑤였다.

더구나 2007년 대선 이후 여당이 리버럴정당에서 더 보수적인 정당으로 바뀌면서 상황 논리의 힘은 더욱 강해졌다. 리버럴정당-진보정당 교차투표층은 진보정당이 리버럴 야당과 민주대연합을 결성해 이명박-박근혜 정권에 맞서길 바랐다. 진보정당은 이런 요구에 부응해 더욱 충실하게 리버럴 세력의 하위 파트너 구실을 했다.

【촛불 이후, 진보정당의 시험대】

이런 최근 한국 진보정당의 궤적에서 2016~17년 촛불항쟁은 복잡한 의미를 지닌다. 촛불항쟁 당시와 문재인 정부 초기에 정의당의 주된 역할은 여전히 더불어민주당에 보다 개혁적인 입장을 다그치는 것이었다. 촛불 시민 가운데 주로 40~50대 중산층은 정의당에 바로 이런 역할을 기대하면서 더불어민주당과 정의당을 전략적으로 교차 지지한다.

그런가 하면 촛불항쟁은 새로운 가능성도 열어주었다. 촛불 광장에는 이른바 86세대뿐 아니라 박근혜-최순실 일가와 재벌의 세습 자본주의 행태에 분노한 젊은이들도 합류했다. 그중에서도 특히 젊은 여성들은 조기 대선에서 심상정 후보를 적극 지지하기도 했다. 이는 그동안 '비정규직 정당', '여성 정당', '청년 정당' 등을 표방하며 새로운 지지 기반을 모색하던 진보정당이 드디어 탈출구를 찾을 수 있을지 모른다는 기대를 불러일으킨다.

현재 원내 대표 진보정당인 정의당으로서는 당연히 전통적 교차투표층의 지지를 잃지 않으면서도 새로운 지지층을 확보하는 것이 가장 바람직하다. 그러려면 총선 때까지 촛불연합의 구심력이 유지돼야 한다. 그러나 안타깝게도 2019년 여름 돌연 조국 법무부장관 임명 논란이 터지면서 촛불연합은 와해일로에 놓였다. 리버럴정당-진보정당 교차투표층과 20대는 각각 조국 찬성과 반대로 입장이 확연히 갈렸다. 정의당은 둘 사이에서 우왕좌왕하다 결국 둘 중 어느 쪽도 만족시키지 못하는 행보를 보여 지지율이 곤두박질쳤다. 기회가 오히려 위기로 돌변한 격이다.

이 글을 쓰는 2019년 10월 현재, 정의당이 과연 총선에서 지지율을 회복할지는 누구도 예측하기 힘들다. 게다가 선거법 개정이라는 변수가 있다. 신속처리안건으로 지정된 선거법 개정안이 통과되면, 정의당은 총선에서 원내교섭단체까지 넘볼 수 있다. 반면 현행 제도 그대로 선거를 치른다면, 의석수가 민주노동당(10석), 통합진보당(13석) 수준을 넘기 힘들다.

그러나 어느 경우든 진보정당에게 최대의 시험은 의석수 자체가 아니다. 리버럴정당-진보정당 교차투표층과 그 관행을 넘어서는 새롭고 확고한 토대를 과연 확보할 수 있는가가 진짜 도전과제다. 이 과제에 제대로 임하려면 진보정당은 오랫동안 적응해온 민주대연합 노선에서 벗어나 독자적이고 급진적인 사회대개혁 정당으로 거듭나야 한다. 2020년 총선은 그 엄중한 시험대가 될 것이다.

새로이 벼릴
대안 보수의 칼

이준석(전 바른미래당 최고위원)

2010년, 법학자 조국을 정치의 한복판으로 밀어 올린 책은『진보집권플랜』(조국·오연호 지음, 오마이북, 2010)이었다. 친노의 재집권 전략을 고민하던 문재인 대통령은 그 책을 읽고 조국 교수에게 친필편지를 보냈다고 한다. 586세대와 2030세대의 연대를 통한 집권 등의 전략을 제시한 조국 교수는 진보진영의 새로운 이데올로그가 되었다. 마찬가지로 작금은 정권을 잃고 방황하는 보수도 절박함을 가지고 확장성 있는 대안 보수를 만들어내는 것에 주력해야 할 시기이다. 대안 보수라는 시도가 사회적으로 요구된 지는 꽤 되었다. 반공 정서와 국가 주도 성장론이라는 독특한 사상적 기반을 가지고 있었던 대한민국 보수가 세계 여느 나라의 보편적인 보수처럼 진화하기 위해서 겪어야 하는 예정된 변화가 다가오고 있다.

【안보·경제·교육, 보수의 세 가지 축을 재구축하라】

먼저 보수가 상대 진영에 비해 월등하다고 인정받았던 지점들을 회복해 뿌리를 다시 견고하게 갖춰야 한다. 1990년대 말까지는 안보, 경제, 교육 세 가지 축에서 보수적 관점이 국민에게 무조건적인 선호를 받았다. 안보를 지키려면, 경제를 살리려면, 교육을 안정적으로 하려면 보수가 집권해야 한다는 보편적 인식이 강했다. 그 권위가 매우 강하다 보니 기울어진 운동장이라는 말까지 나왔고 그 세 축에 맞서 2000년대 이후 진보 세력은 비대칭 전선으로 환경, 노동, 인권이라는 세 가지 축을 새로 만들어내야 했다. 진보진영의 십수 년에 걸친 노력 끝에 그 가치들은 선진국으로 넘어가는 문턱에서 안보와 경제의 중요성을 잠식해가며 진보진영의 좋은 무기로 자리 잡을 수 있었다.

젊을수록 진보적이고 나이가 들수록 보수적이라는 기본적인 정설조차 깨져버린 상황에서 보수는 과연 새롭게 나타난 20대와 기존의 지지층에게 안보, 경제, 교육이라는 세 축을 잘 제시해 엮어낼 수 있을까? 볼링을 칠 때 첫 투구에서 두 개의 핀을 남기면 다음 투구에서 스페어 처리를 해낼 확률이 높지만, 하필 그것이 왼쪽 끝에 위치한 7번 핀과 오른쪽 끝에 위치한 10번 핀이라면 실제로 그 둘을 한 투구로 넘어뜨릴 확률은 0에 가깝다. 지금까지 20대는 보수의 주력 지지층으로 편입된 적이 없었고, 반공 보수, 강경 보수는 20대와 함께 뛰어본 적이 없기에 앞으로 20대의 정서와 방향성을 담아낼 수 있는지가 대안 보수의 성패를 가늠하는 지점이 될 것이다.

실제로 젊은 보수와 중장년층 보수를 하나로 묶어내는 것은 어렵다. 중장년층이 이야기하는 반공과 박정희 대통령의 경제 신화는 젊은 층에 침투하기 어렵다. 마찬가지로 젊은 층이 중요하게 생각하는 젠더에 대한 문제는 중장년층에게 공감을 사기 어렵다. 이런 상황에서 세대 간극을 넘어 보수가 보편적 지향점을 갖기 위해서는 전통적인 보수의 핵심가치들로 묶어내는 것이 필요하다. 우선 이를 위해서는 보수가 상실한 가치와 개념들을 살려내는 것도 중요하다. 자유, 공화, 경쟁과 같은 단어들은 보수의 가치를 상징하는 가장 강력한 단어들임에도 과거 정치세력의 정당명으로 쓰였거나 진보세력의 공격으로 피로감이 누적되었다는 이유로 도태되어버린 지 오래다. 보수가 민영화 같은 개념도 대중의 부정적 인식으로 회피한다면 효율적인 공공조직을 위한 작은정부론은 요원해진다. 치밀한 논리와 설득으로 보수의 가치들을 회복시켜야 한다.

조국 교수가 포섭하고자 했던 2030세대가 이제 3040세대가 되어 민주당의 가장 견고한 지지블록이 된 것처럼 새로 유권자층에 진입한 20대는 보수의 재구성을 위해 중요한 고객이다. 20대가 보수에 눈길을 주고 앞으로 긴 시간 동안 주력 지지층으로 자리매김하려면 결국 보수는 단순한 대북 상호주의, 낙수 경제론, 경쟁 교육론을 뛰어넘는 세련된 세 가지 축을 만들어내야 한다.

【20대의 정서와 방향성을 담아내는 것이 관건이다】

안보에서는 기존의 대북관을 넘어서는 큰 시각을 제시해야 한다. 문재인 정부는 일본에는 명분론으로 접근하고 홍콩민주화운동에는 중국에 대한 실리론으로 임하는 등 상대국에 따라 철학을 선택적으로 적용하는 비상식적인 외교정책으로 아마추어리즘을 드러내고 있다. 보수는 이러한 외교적 혼선을 거울삼을 필요가 있다. 삼각동맹의 양 축인 트럼프와 아베 등이 고립주의적 자세로 외교에 임하는 지금과 같은 상황에서 보수가 외교적으로 유연하게 전환하는 태도를 보여야 국민의 신뢰를 얻을 수 있을 것이다. 단순한 반공 논리와 한미동맹 강화를 넘어 대안 보수의 외교적 지향이 무엇인지를 정립해야 한다.

또한 주류경제학을 부정하는 문재인 정부의 청개구리식 경제정책에 가장 적극적으로 반감을 드러내는 2030세대를 위한 경제정책이 제시되어야 한다. 이들은 박정희 대통령 시기의 경제발전에 대한 부채의식이 없으며 민주화운동에 대한 주인의식도 부재하다. 산업화와 민주화의 큰 그림자 안에서 머무르지 않는 첫 세대가 그들이기에 기존 정치세력의 문법으로는 접근하기 어렵다.

조국 사태에서 교육 측면에 분노를 표시한 젊은 세대의 제시어는 '공정함'이었다. 20여 년 전 이해찬 교육부 장관의 '하나만 잘하면 대학 간다'는 솔깃했던 정책은 우리 사회에 줄 세우기와 경쟁에 대한 막연한 거부의식을 심어놓았고, 교육의 영역에서 줄 세우기와 경쟁이 담보할 수도 있는 공정의 가치가 상실되어버렸다. 경쟁에 의한 공정성이 '다양성'이라는 새로운 가치로 치환되었고, 그 가치 아래 '흙수저'들에게는 접근이 허용되지 않는 잣대들이 사회의 인재선발 기준이 되었다.

서울대 법대 82학번 중 현재 우리 사회의 지도층이 된 인물이 여럿 있다. 부산에서 아버지가 건설업을 하시던 조국 장관, 서귀포에서 찢어지게 가난하게 살아 한동네 안에서 이사만 10번 이상 다녀야 했다는 원희룡 지사, 그 외에도 김난도 교수, 나경원 원내대표 등 다양한 인물이 있다. 가정형편은 모두 달랐지만, 이들은 동일한 기준을 통해 대학에 입학했고, 그로 인해 공정성의 시비는 존재하지 않았다. 하지만 2019년 현재의 입시에서 서귀포에서 경제적으로 유복하지 않은 입시생이 현행 제도에 맞춰 인턴십을 하고 논문을 제1 저자로 작성하는 것은 애초에 불가능하다. 원희룡 지사의 유명한 한마디였던 "교과서 중심으로 공부했습니다"가 더는 통용되지 않는 사회, 이것이 지금 교육에서 보수가 지난 20년을 평가하며 대안을 제시해야 하는 지점이 되어야 한다.

결국 교육 문제에서도 보수가 타성에서 벗어나 혁신적인 개혁안들을 제시해야 한다. 미국의 조지 W. 부시 대통령은 미국 공립학교의 학력저하 문제에 대해 적극적으로 개입했고 '아동 낙오 방지법No Child Left Behind'이라는 시적인 이름의 정책으로 경쟁 논리를 교육 전반에 투입했다. 공립학교의 성취도 평가를 통해 끝없이 현 상태를 진단하고, 학교의 자율적인 개선을 지원하고 퇴보를 징계하는 방식으로 변화를 시작해냈다. 그에 반해 대한민국의 진보교육감들이 만들어놓은 현실은 학교별 학습능력 미달자에 대한 통계조차 접근할 수 없게 해놓았다. 마음에 드는 경제 통계가 나오지 않자 통계청장이 경질되었던 것처럼 씁쓸한 대목이다.

【근본적인 개혁과 합리적인 논쟁이 필요하다】

또한 이 세 가지 축을 구축하는 것을 넘어 다음 세대의 대안 보수는 공세적인 과제를 짚어내야 한다. 언론에서는 공세적 주제를 핵심 가치로 다루는 유럽식 신보수정당들을 극우정당으로 보기도 하지만 난민정책이나 동성혼 찬성 여부 등은 충분히 보수가 합리적으로 논쟁을 해볼 수 있는 영역이다. 하지만 복요리를 즐기기 위해서는 독을 제거하는 전문적이고 조심스러운 과정이 필요한 것처럼 보수진영 전체의 학습이 되지 않은 상황에서 무턱대고 단순한 혐오나 종교적 신념에 근거한 비이성적 발언이 난무하는 장이 펼쳐지면 안된다. 천성산 도롱뇽이나 광우병 같은 선동적 과제를 보수가 학습해서 퍼뜨리는 것은 지양해야 될 일이나 진보의 위선적 행태를 지적하기 위해서라도 진보진영이 주입하고자 하는 '정치적 올바름'에 관한 논쟁은 꼭 필요하고, 20대가 최고의 갈등요소로 지목한 젠더 갈등도 합리적인 논쟁으로 탈바꿈시켜갈 수 있어야 한다.

대안 보수가 상대해야 하는 진보는 과거의 진보와 다를 것이다. 민주화운동의 세대적 기반과 호남이라는 지역적 기반, 노조라는 조직적 기반을 넘어 강남좌파로 표현되는 화이트칼라 진보로 변모하고 있다. 미국의 민주당이 전통적인 소수민족과 소수자들을 기반으로 캘리포니아와 뉴욕 스타일의 상류층 진보로 확장하고 진화한 것처럼, 대한민국 진보도 강남좌파류의 상류층이 의사결정권을 가진 주류로 올라서고 있다.

보수가 근본적인 개혁 없이 단순한 상대의 실점이나 카리스마적인 지도자에 의존해 득세한다면, 최순실이라는 사인에 의해 속절없이 무너져 내렸던 것처럼 새로운 사상누각 위에 서는 것이 될 수 있다. 20대를 지지층으로 편입시키고 안보와 경제, 교육의 축을 세우는 큰 길로 가야 한다. 강남좌파의 위선과 586의 독점의식을 상대할 수 있는 무기는 새로이 벼릴 그 대안 보수의 칼밖에 없다.

소수정당을 위한 최선의 대안,
비례대표제

하승수(녹색당 공동운영위원장)

　2019년 여름. 유럽의 기온은 40도를 넘어섰다. 북극에 가까운 알래스카의 기온도 30도를 넘었다. 시베리아의 산림에서 일어난 산불은 벨기에 면적 이상의 숲을 불태웠다. 바닷물 온도가 상승하다 보니 10월에도 슈퍼태풍 '하기비스'가 발생해 일본에 큰 피해를 주었다. 다행히 한반도는 비켜갔지만, 언제까지 운이 좋기를 기대해서는 안 된다. 재앙은 한순간에 다가올 것이기 때문이다.

　이 모든 일은 기후위기 때문이다. 산업혁명 이후 땅속에 묻혀 있던 석탄, 석유, 천연가스 같은 화석연료들을 꺼내 대량으로 사용했고, 그로 인해 지구의 온실가스 농도는 급속하게 올라갔다. 산업혁명 이전에는 지구의 이산화탄소 농도가 300ppm 이하였지만, 지금은 400ppm을 넘어서서 410ppm에 근접해가고 있다. 매년 2ppm 이상씩 올라가는 속도를 감안하면, 국제적으로 합의한 마지노선인 450ppm에 도달할 때까지 남은 시간은 20년 정도뿐이다.

【기후위기, 소수자 인권 등 소외당하고 있는 의제들】

그러나 인류 최대의 위기라고 할 수 있는 기후위기에 대한 대응은 늦기만 하다. 2015년 프랑스 파리에서 파리기후변화협정이 체결되었고 2020년부터 협정이 발효될 예정이지만, 이미 기후변화는 돌이킬 수 없는 일이 아니냐는 위기감이 커지고 있다. 그래서 유럽에서는 녹색당에 대한 지지율이 올라가고 있다. 1980년대부터 여러 국가에서 생기기 시작한 녹색당Green Party은 현재 세계 90여 개 국가에서 활동하고 있다. 그리고 대륙별 연합체와 전 세계적인 연합체Global Greens를 결성해 상호협력하고 있다.

녹색당은 일찍부터 기후위기에 대한 대책을 주장해왔다. 그리고 기후위기가 점점 더 심각해지면서, 이제 유럽의 유권자들은 녹색당에 더 많은 지지를 보내고 있다. 녹색당의 얘기가 옳았다는 것이다.

그리고 이것은 다른 정당들에도 영향을 미치고 있다. 다른 정당들도 기후위기에 대해 더 적극적인 정책을 내놓을 수밖에 없게 된 것이다.

그런데 대한민국의 정치현실을 보면 답답하기만 하다. 거대정당들은 정쟁에만 매달리고 있다. 세계적으로 중요한 정치의제로 떠오른 기후위기에 관한 토론은 대한민국 정치권에서 찾아보기 어렵다. 2012년 녹색당이 창당했지만 아직까지 원외정당이다. 기후위기만 정치에서 소외당하고 있는 것은 아니다. 소수자·약자들의 인권, 심각한 불평등도 대한민국 정치에서는 진지하게 논의되지 않는다. 그밖에도 정치에서 다뤄야 할 숱한 의제들이 한국 정치에서는 외면당하고 있다.

【대한민국 선거제도의 한계】

이런 현상이 나타나는 가장 큰 원인은 선거제도에 있다. 대한민국이 택하고 있는 선거제도는 정치의 다양성을 봉쇄하고 정책논의를 불가능하게 만들고 있다. 그래서 시민들의 삶의 문제가 정치에서는 외면당하는 결과가 나타나고 있다.

지금 선거제도는 다수대표제(소선거구제)라고 불리는 선거방식이다. 약간의 비례대표 의석(300석 중 47석)이 있지만, 그것은 장식품 수준에 지나지 않는다. 이런 선거제도에서는 정책이 중요하게 다뤄지기 어렵다. 국회의원들은 자기 지역구를 관리하는 데 집중할 수밖에 없다. 국회에서 아무리 열심히 정책을 다뤄도 지역 유권자들은 몰라줄 것이라고 생각하기 때문이다. 실제로 국가정책을 소홀히 다루더라도 열심히 지역구를 돌아다니면서 행사에 참석하고 지역 민원을 잘 챙기는 국회의원이 더 선거경쟁력이 있는 것이 현실이다.

거대정당들도 더 나은 정책을 통해 자기 정당을 돋보이게 하기보다는 상대 정당을 깎아내리는 데 집중하게 된다. 어차피 상대방의 지지도가 떨어지면 선거에서 이기는 것이니, 굳이 애써 정책활동에 집중할 이유가 없다. 그래서 끝없는 발목잡기가 반복되고 있는 것이다.

그리고 이 선거제도는 매우 획일적인 국회의 모습을 만들고 있다. 그 이유는 첫째, 다양한 정당이 국회에 들어가지 못하기 때문에 정당 간에 제대로 된 경쟁이 불가능하다. 유럽에서는 의회에 들어가 있는 녹색당 같은 정당이 대한민국 국회에는 없는 것이 대표적이다. 전 세계 녹색당이 대변하고 있는 기후정의, 소수자인권, 성평등, 동물권 같은 주제들이 대한민국 국회에서 제대로 논의되지 않는 이유이기도 하다.

둘째, 여성, 청년, 소수자 들이 국회에 들어가지 못하고 50대 이상 남성이 대부분을 차지하는 국회가 만들어진다. 2016년 선출된 20대 국회의 경우에는 평균연령이 55.5세에 달했다. 그리고 남성 비율이 83%에 달했고, 여성의원 비율은 17%에 불과했다. 20대/30대 국회의원은 3명뿐이었다. 300명 중 1%만이 20대/30대인 고령화된 국회가 만들어진 것이다.

셋째, 국회의원들이 특권화된다. 국회의원들의 평균재산이 40억 원이 넘는다. 상당수 국회의원은 각종 예산 부정사용, 채용비리, 입시비리, 부동산투기 의혹에 연루되어 있다. 그야말로 대한민국 기득권의 집합소이다. 그렇게 된 이유는 국회의원이 되는 과정에 있다. 국회의원이 되려면 거대정당의 공천을 필요로 하기 때문에, 이 사회에서 상당한 기득권이나 스펙을 가진 사람들만 국회의원이 될 수 있다. 그리고 이들이 국회의원이 된 후에 특권의식에 취해서 각종 비리를 저지르는 것이다.

만약 지금의 선거제도로 2020년 4월 15일 21대 국회의원을 뽑는다면, 의미 있는 변화가 있을까? 아마도 유권자들은 똑같은 모습의 국회를 보게 될 가능성이 높다. 더구나 정책 경쟁은 없이 이전투구를 일삼는 최근의 정치상황을 보면서 오히려 정치에 대해 환멸과 실망을 느끼는 사람들이 많아지고 있다. 이런 유권자들이 투표를 하지 않으면 2020년 총선의 투표율은 떨어질 것이다. 그리고 투표율이 떨어지면 유리한 것은 거대양당이다.

이런 식의 악순환에서 벗어나려면 선거제도 개혁이 절박하게 필요하다. 녹색당과 같은 새로운 소수정당이 국회로 들어가려 해도 선거제도 개혁이 필요하고, 여성, 청년, 소수자의 목소리가 정치에 잘 반영되기 위해서도 선거제도 개혁이 필요하다.

【대안은 비례대표제다!】

대안은 비례대표제이다. 비례대표제는 정당이 받은 정당득표율에 따라 국회의석을 배분하는 제도이다. 30% 정당지지를 받은 정당에는 30% 의석을, 5% 정당지지를 받은 정당에는 5% 의석을 배분한다. 이 선거제도는 1표의 가치가 결과적으로 똑같이 반영되게 한다. 그리고 다양한 정당이 경쟁하는 정치구조를 만든다.

독일, 오스트리아, 네덜란드, 벨기에, 스웨덴, 노르웨이, 핀란드, 덴마크, 스위스 등등. 우리가 알고 있는 유럽의 '삶의 질'이 높은 국가들은 대부분 비례대표제 선거제도를 택하고 있다. 그래서 정책 경쟁이 가능하다. 국회의원이 특권화되기 어렵다. 특권화된 국회의원이 있는 정당에는 유권자들이 정당투표를 주지 않기 때문이다. 그리고 여성, 청년 국회의원 비율이 높아진다. 정당들이 여성유권자, 청년유권자의 표를 얻으려면, 여성, 청년 후보를 많이 공천할 수밖에 없기 때문이다.

그리고 이런 정치구조가 만들어지면 새로운 문제의식을 가진 정당들이 국회에 진입하기가 쉬워진다. 녹색당만이 아니라 다른 신생 정당들도 국회에 들어오기 쉬워진다.

2020년 총선에서 의미 있는 변화가 있으려면 무엇을 뛰어넘어야 할까? 첫 번째 관문은 선거제도 개혁이다. 만약 선거제도가 비례대표제로 바뀌면 2020년 총선에서는 새로운 판이 만들어질 가능성이 높다. 온전한 비례대표제가 아니더라도 '정당득표율대로 의석을 배분한다'는 비례성의 원칙이 강화되면 정치판이 흔들릴 것이다.

두 번째 관문은 그 흔들리는 판에서 어떤 새로운 정치세력이 진입하느냐이다. 기후위기와 심각한 불평등에 대한 대안을 제시하는 녹색당, 전 세계에서 유일하게 국제적인 네트워크를 가지고 활동하는 녹색당이 원내에 진입한다면 한국 정치에도 새로운 변화가 가능할 것이다.

검찰 개혁은
어떻게 가능한가

박갑주(법무법인 지향 변호사)

2019년 하반기부터 2020년 상반기까지 검찰 개혁은 한국 사회의 뜨거운 화두이다. 2019년 11월 현재 고위공직자범죄수사처(이하 '공수처') 설치 법안과 검경수사권 조정 법안이 국회 패스트트랙으로 발의되어 있다. 검찰 개혁이 그와 같은 패스트트랙 법안 통과를 의미한다면, 이 글이 포함된 책이 발간될 즈음에는 검찰 개혁이 가능한지가 결정되어 있을 것이다. 필자가 예지안豫知眼을 가지고 있지 않은 이상 정치세력 간 대립과 조정을 거쳐서 결론이 날 검찰 개혁 관련 법안의 통과 여부를 알 수는 없다.

군부가 물러나고 안기부의 힘이 약화하면서 김영삼 정부 이후 검찰은 사실상 유일한 사정기관으로 떠올랐다. 그리고 그 후 거의 25년 동안 다양한 검찰 개혁안이 제시되고 실행되었다. 하지만 다시 정치권, 언론에서 검찰 개혁이 논란이 되고 있는 상황은 그동안 검찰을 개혁하려던 시도가 사실상 실패했다는 것을 뜻한다.

이에 지금부터 검찰 개혁 관련 법안 통과 여부가 아니라 '검찰 개혁은 왜 필요한가'와 '검찰 개혁이란 무엇이고, 현재 검찰 개혁의 쟁점은 무엇인가'를 살펴본 후, 다시 실패를 반복하지 않기 위한 '검찰 개혁은 어떠해야 하는지'를 검토하고자 한다. 따라서 이 글은 '검찰 개혁은 가능한가'에 대한 고찰이기보다는 '검찰 개혁은 어떻게 가능한가'에 대한 고민이다.

【검찰 개혁은 왜 필요한가】

언론을 장식하는 검찰 뉴스는 유력 정치인 및 경제인에 대한 무혐의 처분, 전직 대통령 등에 대한 과잉수사, MBC 〈PD수첩〉 수사 및 기소 등 정권의 하명, 표적, 과잉, 편파 수사 및 기소 논란 그리고 삼성X파일 사건에서 드러난 정치권·경제계·언론·검찰의 유착 및 고위급 검사의 뇌물수수, 법조비리 및 스폰서 파문, 김학의 전 법무부차관의 성범죄 또는 성접대 의혹에 대한 은폐, 축소, 면죄부 수사 및 기소 등이다. 그런데 심각한 것은 그와 같은 일들이 특정 시기 검찰조직 또는 개별 검사, 검찰 출신 변호사의 불법, 비리, 부패, 수사권 및 기소권의 오·남용이 아니라 수사권·기소권을 함께 가지고 기소독점권과 기소재량권을 자의적으로 행사하는 검찰의 권한, 조직 자체에서 발생했다는 점이다.

이런 상황에서 2019년 하반기 조국 법무부장관 임명과정은 검찰조직에 관한 일반의 관심을 크게 증폭시키는 촉발제가 되었다. 찬반세력 모두에게 검찰 개혁은 각자 주장의 중요 명분이었고, 조국 법무부장관 가족 수사와 관련해 검찰 개혁의 필요성이 명백해졌다 생각하는 국민들도 많아졌다. 그와 같은 이유로 현재 검찰 개혁이 필요하다는 주장에 이의를 다는 사람은 검찰 말고는 없다. 심지어 윤석열 검찰총장을 필두로 한 검찰도 검찰 개혁을 이야기하고 있고, 국회에서 제출된 검찰 개혁 법안에 반대하지 않겠다고 말하고 있다.

그렇다면 검찰 개혁이란 무엇인가? 검찰 개혁 내용을 기능의 측면에서 ①검찰의 구성 및 조직 ②권한 ③활동방식의 개혁으로 구분할 수 있다. 여기서 '구성 및 조직'과 관련된 것은 검찰의 정치적 독립성·중립성, 법무부의 문민화, 검사의 임명과 인사 제도, 검사동일체 원칙 등이고, '권한'과 관련된 것은 수사권·기소권의 통제, 분산, 감시, 중수부(특수부) 폐지, 특별검사제도, 공수처, 재정신청제도, 검찰심사회 제도나 대배심 제도의 도입 등이다. '활동방식'과 관련된 것은 피의사실 공표, 강제수사의 과잉, 자백의존 수사 등의 수사 관행, 피의자 권리보호 등이다.

또는 검찰 개혁 내용을 구조(접근방향)의 측면에서는 ① 검찰 외부와 검찰 간의 관계 ② 검찰 내부의 민주화 ③ 검찰 외부로부터의 권한의 통제, 분산, 감시 등으로 구분할 수도 있다. 여기서 '검찰 외부와 검찰 간의 관계'는 검사의 청와대 파견, 법무부와 검찰의 이원화, 법무부 장관의 지휘권, 법무부의 중요 보직을 검사가 맡지 못하게 하는 법무부의 문민화 등과 관련된 것이다. '검찰 내부의 민주화'는 검사동일체 원칙, 신분보장, 인사 제도 등과 관련된 것이다. 마지막으로 '검찰 외부로부터의 권한의 통제, 분산, 감시' 중 '공소권에 대한 통제'는 검사가 기소 여부를 결정할 권한을 보유하되 시민 대표가 그에 대하여 사후적으로 심사할 수 있는 권한을 가지는 제도인 검찰심사회 제도나 검사가 공소권을 행사하기 전인 기소 여부 결정 과정에서 시민 대표가 참여하여 그 가부를 결정하는 제도인 대배심 제도, 검찰의 불기소 처분에 대하여 고소인 등이 법원에 판단을 구하여 공소 제기 여부를 결정하는 제도인 재정신청제도 등과 관련된 것이다. '공소권의 분산'은 수사권과 기소권의 분리(검·경 수사권 조정), 기소권의 기능적 분리(특별검사제도, 공수처 등), 기소권의 지역적 분리(중앙검찰과 지방검찰의 분리, 지방 검사장 직선제) 등과 관련된 것이다. '감시'는 주로 감찰제도를 의미한다.

그런데 위와 같은 검찰 개혁의 여러 내용은 상호 영향을 미칠 뿐 아니라 서로 뗄 수 없는 관계이다.

【현재 검찰 개혁의 쟁점은 무엇인가】

현재 법무부 주도로 검찰 개혁방안이 제시되고 있고, 국회에서 패스트트랙으로 공수처 설치법안, 검경수사권 조정법안이 발의되어 있다. 그런데 법무부가 2019년 10월 8일 발표한 특수부 등 직접 수사 부서 축소, 파견검사 최소화, 공개소환 금지, 장기간조사·심야조사 금지, 부당한 별건수사 금지, 검찰에 대한 법무부의 감찰권 및 행정사무 감사 강화·실질화 등과 법무부 법무검찰개혁위원회가 같은 달 18일 권고한 법무부의 완전한 탈검찰화 등은 금지되는 행위 상당 부분이 정치인, 재벌 등 거대권력 수사, 기소에 대한 감시수단이었다는 점과 검찰 독립성 보장이라는 점에서 보완되어야 할 부분이 있지만, 대체로 적절한 방향이며, 그 이행이 문제되지 않을 것들이다.

또한 검경수사권 조정법안도 그대로 통과될 가능성이 높다. 검찰 직접수사 대상 범죄를 광범위하게 인정해 수사권·기소권 분리가 근본적이지 않다는 점과 검경수사권 조정 및 국가정보원 수사·정보 기능 축소로 권한이 커질 경찰에 대한 통제수단이 보완되어야 한다는 점을 제외하면 크게 쟁점이 없기 때문이다.

하지만 공수처 설치법안은 백혜련안과 권은희안 두 가지가 발의되어 있고, 심지어 자유한국당은 대통령이 사실상 공수처장 등 임명권을 가짐으로써 공수처의 독립성·중립성이 훼손될 가능성이 있고, 검찰보다 권한이 센 새로운 기구를 만들어 사정기구가 과잉되며, 수사권·기소권 분리와도 모순된다는 등의 이유로 크게 반대하고 있다. 그와 같은 반대 이유가 그 의도를 떠나 아주 무시될 수 있는 것도 아니다. 따라서 검찰 개혁과 관련해 현재 가장 쟁점이 되는 것은 공수처 설치 여부와 그 구체적 내용이다.

여기에 더하여, 주목받고 있지는 않지만, 정치권력과 검찰권력의 올바른 관계 설정도 매우 중요한 쟁점이다. 검찰 개혁의 역사를 돌이켜 보면, 개혁은 정치권력이 검찰권력을 사유화하고 그 결과 정치권력과 검찰권력이 유착하거나 검찰권력이 종속화됨으로써 실패해왔기 때문이다.

【검찰 개혁은 어떻게 가능한가】

이제 위 두 가지 쟁점을 중심으로 검찰 개혁이 어떻게 가능한지 살펴보자. 먼저 현재 공수처 설치법안상으로는 공수처장 임기 후 주요 공직 임용이 상당 기간 제한되어 공수처의 독립성·중립성 훼손 위험성을 줄이고 있다. 공수처 수사와 중복되는 검찰 등의 범죄 수사는 공수처로 이첩되므로 수사가 중복되지 않고, 공수처 수사대상이 대통령, 정치인, 고위공무원, 판사, 검사, 고위급 경찰 등 거대 권력의 불법, 비리, 부패라는 점에서 '옥상옥'을 만든다거나 사정기구가 과잉된다는 비판은 타당하지 않다. 국회의원 등 선출직에 대해서는 기소권이 없고, 공수처가 기소권을 행사할 수 있는 대상은 판사, 검찰, 경찰 등에 제한된다는 측면에서 수사권·기소권 분리에 크게 반하지도 않는다.

특히 공수처 필요성이 제기된 이유가 전·현직 검사의 비리, 뇌물 수수, 스폰서 파문, 성추문 등에 대한 면죄부 수사 때문이라는 점에서 검찰을 견제하기 위해서는 한시적으로 공수처 설치가 필요할 것으로 생각한다. 이에 공수처 설치법안에 우려되는 부분은 국회 논의과정에서 보완하되, 현재는 검찰 개혁을 위해 한 걸음을 내디뎌야 할 때이다. 우려되는 공수처의 독립성·중립성 보장 문제, 공수처 자체의 기소권 행사문제 등과 관련해서는 백혜련안보다는 공수처장 임명과정에서 국회 동의를 요구하고 기소권 행사의 적정성을 통제하기 위해 기소심의위원회를 두고 있는 권은희안으로 조정하는 것이 적절할 수 있다. 그럴 경우 자유한국당이 반대하지만, 나머지

정당의 합의로 공수처 설치법안 통과가 가능할 것으로 보인다.

그런데 오히려 내가 우려하는 지점은 공수처 설치가 검찰 개혁의 전부라는 생각과 사정기관인 공수처의 본질 자체를 간과하는 태도이다. 공수처가 설치되면 검찰에 대한 견제, 감시가 이루어질 수 있겠지만, 그것으로 곧바로 검찰 개혁이 이루어진다 할 수 없다. 또한 사정·수사기관은 그 자체로 권한이 오·남용되는 속성이 있다. 하지만 현재로서는 공수처장 등 임명 후 공수처에 대해서는 문민적 통제수단이 부족하다. 이와 관련해서는 공수처 설치 이후라도 논의될 필요가 있다.

다음으로 정치권력(집권세력)과 검찰권력의 올바른 관계 설정을 위해서는 정부(법무부)의 검찰에 대한 정당한 지휘, 감독과 검찰의 정치적 독립성·중립성 보장이 적절하게 긴장을 유지하도록 하는 것이 중요하다. 즉, 정치권력과 검찰권력의 유착이 검찰권의 공정한 행사를 가로막고, 검찰의 정치화의 원인이 되었다는 점에서 검찰에 대한 민주적 통제, 법무부의 정당한 지휘, 감독이 중요하다. 하지만 정치권력 등에 대한 사정기관의 견제, 감시 또한 중요하며, 그것을 위해서는 검찰(공수처)의 독립성·중립성이 보장되어야 한다.

따라서 민주적 통제, 법무부의 지휘, 감독은 목적, 방법에 제한이 있어야 한다. 법무부는 국민의 일반의사가 표현된 형사법과 정당하게 선출된 정부가 정한 형사정책에 근거해 검찰에 대한 일반적 지휘·감독권을 행사해야 하고, 인사권과 감찰권을 통한 검찰권력 견제는 공정하게 이루어져야 한다. 그렇지 않을 경우 집권세력이 검찰권을 사유화하고 검찰을 장악하는 역사가 반복될 것이며, 그 결과는 검찰 개혁 실패로 나타날 것이다. 그와 같은 점에서 검찰에 대한 지휘·감독과 개입·장악의 구분이 분명하지 않을 수 있다는 점을 경계해야 한다.

이상과 같은 점들을 고려할 때, 패스트트랙에 올려진 검경수사권 조정법안 및 공수처 설치법안 통과와 더불어 국민주권주의 및 인권보장의 관점에서 국민들이 검찰 구성, 기소권 통제, 검찰행정 등에 직접 참여할 방법을 모색할 필요가 있다. 지방 검사장 직선제로 검찰 구성에 유권자가 참여하는 것, 검찰심사회 제도나 대배심 제도 등을 도입해 시민이 기소권 행사에 대해 통제할 권한을 갖는 것, 배심재판 제도를 통해 시민이 재판과정에 참여할 수 있게 하는 것, 검사인사위원회에 외부인사가 참여하는 비중을 확대하는 것 등이 그와 같은 방법의 예시이다.

II

미국발 위기와 국제 질서의 전환

국제 분업 구조의 변화와
미중 무역 전쟁

정재형 (전 〈조선비즈〉 기자)

제2차 세계대전 이후, 자유무역과 세계화는 일관된 흐름이었다. 1947년 관세와 무역에 관한 일반협정GATT, 1993년 우루과이라운드, 1995년 세계무역기구WTO 출범, 각 국가별 자유무역협정FTA 체결까지 자유무역은 범위와 강도를 키워왔다. 특히 중국이 2001년 WTO에 가입함으로써 세계 무역 시장에 편입됐고 이후 '세계의 공장' 역할을 해왔다.

중국은 대규모 저임금 노동력으로 선진국들에 비해 압도적인 가격 경쟁력을 갖추고 있었기 때문에 부가가치가 낮은 제조업 시장을 대부분 휩쓸었다. 이로 인해 선진국과 개발도상국의 제조업은 상당 부분 쇠퇴했고 자연스럽게 각국이 가장 경쟁력 있는 분야에 집중하게 됐다. 시간이 지남에 따라 이런 경향이 점점 심화하면서 글로벌 가치사슬GVC, Global Value Chain이 형성됐다. GVC는 기획, 자재조달, 조립생산, 마케팅, 연구개발 등 기업활동을 분야별로 쪼개 세계에서 가장 적합한 국가에 배치하는 국제 분업 구조를 말한다. 예를 들어 애플 아이폰의 경우 디자인과 마케팅은 미국, 부품 생산은 한국, 조립과 완제품 생산은 중국에서 해왔다. 기업은 부가가치가 높은 디자인·마케팅은 자국에 위치한 본사에서, 부가가치가 낮은 조립과 생산은 저임금 노동력을 이용한 개도국에서 수행하면서 기업활동을 최적화한다.

【국제 분업 구조의 변화】

그런데 최근 보호무역주의와 제조업 부활정책, 4차산업혁명이 확산되면서 조립·생산활동이 선진국으로 이동하고, 부품조달 등 가치활동은 특정 권역을 중심으로 형성되고 있다.

산업통상자원부가 2019년 8월 19일 발표한 「새로운 통상질서와 글로벌산업지도 변화」 보고서에 따르면, '미국 우선주의'를 표방한 도널드 트럼프 미국 대통령은 철강·자동차에 무역확장법 232조 적용, 북미자유무역협정NAFTA 재협상, 중국 제품 관세부과 등 통상 정책을 통해 북미지역의 산업지도를 바꾸고 있다. 트럼프 대통령은 중국 내 외국기업을 미국으로 불러들이고, 북미 지역에 제조기지를 구축함으로써 미국이 중심이 되는 가치사슬을 만들기 위해 위와 같은 정책을 취했다.

반면 중국은 첨단 제조업 육성 전략 '중국제조 2025'에서 표방한 것처럼, 자국 내에 완벽한 자립형 공급망을 구축하겠다는 전략을 펼쳤다. 중국은 배타적 자국 완결형 가치사슬인 '홍색공급망' 구축을 통해 핵심부품과 소재의 자급률을 2015년 40%에서 2025년까지 70%로 올릴 계획이다.

일본은 아세안ASEAN·동남아시아국가연합 지역에 촘촘한 공급망을 구축해놓고 있다. 1960년대부터 일본은 태국을 포함한 아세안 지역을 자동차 생산기지 거점으로 설정하고 이 지역에 부품기업과 생산시설을 구축하면서 아세안 자동차 시장을 거의 독점하고 있다. 이후 포괄적·점진적 환태평양경제동반자협정CPTPP을 통해 GVC를 더욱 강화하려는 목표를 가지고 있다.

유럽 제조강국인 독일은 '인더스트리 4.0(스마트팩토리)' 정책을 통해 개도국과 생산비용 격차를 줄여나가고, 유럽연합EU 지역 내에 GVC 허브 역할을 강화하겠다고 밝혔다(「재편되는 글로벌 가치사슬…韓 국제분업 의존도 높아 변화취약」, 〈연합뉴스〉 2019년 8월 19일 자 참조).

실례로 스마트공장을 이용하면 저렴한 비용으로 다양한 제품을 생산할 수 있기 때문에 노동력을 찾아 개도국으로 생산시설을 이전하지 않아도 된다. 중국과 베트남의 저임금을 활용해 운동화를 만들던 '아디다스'는 독일의 스마트공장에서 생산한 결과 제작부터 배송까지 기간을 6주에서 5일로 단축했다.

【미중 패권 경쟁이라는 변수】

도널드 트럼프 미국 대통령이 취임하면서 미국의 대중 정책은 크게 변화했다. 트럼프 대통령은 2018년 초부터 중국에 관세 부과로 공격을 시작했고 이후 중국의 보복관세 부과, 미국의 추가 관세 부과 등이 이어져왔다.

중요한 점은 미국이 단순히 무역 불균형만을 문제 삼은 게 아니라는 것이다. 미국은 중국의 기술 탈취 중단과 지적재산권 보호, 각종 보조금 철폐 등을 요구하며 중국이 경제 전반의 불공정 무역을 시정해야 한다는 입장이었다. 당초 중국은 미국 수출품을 수입해 무역 흑자를 일정 수준으로 줄이면 트럼프 대통령이 만족하고 물러날 것이라고 생각했으나 미국의 강경한 태도에 당황했다.

게다가 마이크 펜스 미국 부통령은 2018년 10월 허드슨 연구소 연설에서 중국을 적나라하게 비판했다. 많은 국제정치 전문가들은 이 연설을 미중 신냉전의 서막을 알리는 선언으로 받아들였다. 약 4700단어(200자 원고지 105장) 분량의 40분 연설을 요약하면 다음과 같다.

"중국은 지난 17년 동안 국내총생산GDP이 9배나 성장하면서 세계 제2의 경제 대국으로 도약했다. 그런데 중국의 비약적인 성장은 미국이 만들어준 것이나 다름없다. 역대 미국 정권은 중국이 경제적으로 성장하면 인권과 자유도 확산할 것으로 기대했지만 결과는 그렇지 않았다. 중국은 배은망덕하게도 관세와 쿼터, 환율 조작, 기술 이전 강요, 지식재산권 도둑질 등을 통해 엄청난 대미 무역흑자를 쌓아놓고 있다.

나아가 중국제조 2025 계획을 통해 미국 경제 지도력의 기초인 지식재산을 빼앗아가려 한다. 또 군비를 확장해 육·해·공과 우주 등 모든 영역에서 미국 군사력 약화를 시도하고 있다. 여기에 더해 중간선거 개입을 통해 '트럼프 대통령 죽이기'까지 시도하고 있다. 미국은 이런 중국에 단호히 맞설 것이다."

미국의 중국에 대한 견제는 사실상 오바마 정부 때 시작됐다. 오바마 정부의 '아시아 회귀 정책'은 미국과 중국의 전략적 이익이 중첩되는 영역에 대한 협력을 강화하고, 양국 간 경쟁이 협력을 저해하지 않도록 관리하는 동시에 군사적 충돌을 방지하는 것이었다.

트럼프 행정부는 여기에서 한발 더 나아갔다. 2017년 12월 발표한 「2017 국가안보전략」 보고서에서 '자유롭고 열린 인도·태평양 전략'을 내세웠다. 인도·태평양 전략은 중국을 지역 질서와 번영, 그리고 서구 국가들의 전략적 이익에 위협이 되는 국가로 상정한다. 인도·태평양 전략이 제시하는 규칙 기반 질서란 항행의 자유를 포함해 법치, 강압 없는 자유, 주권 존중, 모든 국가의 자유와 독립 등이다.

따라서 미국과 중국 간 무역 전쟁은 단순히 무역에 국한되는 게 아니라 가장 쉬운 무역 분야에서 시작해 첨단기술, 지식재산권, 군사 안보, 국제 정치 질서 부문까지 확대될 전망이다. 미국은 신장·위구르 인권문제를 계속 제기하고 남중국해와 대만 해협에서 '항행의 자유' 작전도 지속할 것이다. 대만자유여행법, 대만에 첨단무기 판매 등 대만과의 교류와 협력을 확대하는 정책도 계속할 것으로 보인다. 대만과의 관계 개선이나 최근 홍콩 시위 지지에서 보듯이 '하나의 중국' 원칙도 흔들 수 있다.

【미국의 전방위 경제 공세】

미국은 중국과의 무역 분쟁을 넘어서 특히 중국의 기술굴기를 억제하기 위해 노력하고 있다. 미래 첨단기술은 미래 먹을거리로 경제력에 도움이 되고 군사, 안보적으로 볼 때는 적국보다 더 나은 무기 체제를 구축할 수 있는 원동력이다. 패권경쟁에서 첨단기술이 중요한 변수가 되는 것이다.

2018년 4월 3일 트럼프 정부는 500억 달러(약 53조 원) 상당의 중국산 상품에 대해 25% 관세를 부과했다. 주요 부과 대상은 '중국제조 2025'로 혜택을 보는 전자, 기계와 같은 첨단 제품들이었다. 보복 관세에 이어 중국 이동통신기업 중싱통신ZTE의 미국 내 영업 활동 금지조치, 반도체 회사 푸젠진화에 대한 미국 장비 및 기술이전 금지, 화웨이 창업주의 딸 멍완저우 체포 등이 숨 가쁘게 이어졌다. 2018년 11월 19일에는 미 산업안보국의 인공지능, 로봇, 양자컴퓨터와 같은 첨단기술 수출에 대한 통제 강화 방침도 발표됐다.

2019년 5월 15일에는 "국가안보에 위험을 제기한다"며 중국 통신 장비의 판매 및 사용을 금지한다고 선포했다. 미국 상무부는 화웨이와 그 계열사 68개를 거래제한 기업 명단에 올렸다. 이어 구글과 인텔, 퀄컴 등 주요 정보통신 회사들이 화웨이에 서비스와 칩 공급을 중단하겠다는 방침을 밝혔다. 이어 10월 7일에는 중국기업 8곳을 추가로 제재목록에 올렸다. 이들 8개 기업 중 4개가 인공지능 관련 기업이어서 미국이 중국의 AI산업도 견제하고 있다는 분석이 나왔다. 제재 대상 기업 중 2곳은 감시 카메라 관련 업체로 안면

인식 기술과 관련돼 있다.

2019년 8월 5일 미국은 중국을 환율조작국으로 지정했다. 미국의 중국 환율조작국 지정이 본격적인 환율전쟁에 돌입한 것이라고 보긴 어렵다. 무역 협상에서 우위를 점하기 위한 조치라는 게 일반적인 평가지만 어쨌든 미중 무역갈등이 관세에서 환율, 금융으로 확산되는 양상을 보이고 있다.

중국이 환율조작국으로 지정되더라도 당장 바뀌는 것은 없다. 미국 재무부는 환율보고서에서 인용되는 2015년 제정된 교역촉진법이 아닌 1988년 종합무역법 3004조에 근거해 중국을 조작국으로 지정했기 때문이다. 교역촉진법의 경우 미국 기업의 투자 때 금융지원이 금지되고, 미 연방정부 조달시장에 대한 진입도 차단되며, 국제통화기금IMF과 WTO를 통해 조작된 환율을 시정하라는 압박을 받는다. 하지만 종합무역법은 환율조작국을 지정하더라도 미국은 해당 국가와 즉각 협상에 돌입하고, 해당국가의 경제 및 환율정책을 압박한다고만 명시돼 있을 뿐 구체적인 조치는 명시돼 있지 않다. 그럼에도 미국이 중국을 환율조작국으로 지정한 근본적인 이유는 관세 부과 영향을 중국이 위안화 절하를 통해 상쇄하는 것을 방지(중국이 위안화를 인위적으로 절하하면 자본 유출 우려가 있기 때문)하는 것과 동시에 실물경기 둔화에도 상대적으로 견고한 금융시장을 흔들어 무역 협상에서 우위를 점하기 위한 포석으로 판단된다.

특히 미중 무역분쟁 격화 또는 중국 금융시장 불안으로 중국에서 자본이 유출될 우려가 있다. 물론 아직까지는 아무런 문제가 없다. 하지만 미중 무역 분쟁이 격해지면 높은 관세로 인한 공장 이전과 함께 실물경기 둔화, 투자 제한 등으로 투자 회수가 불확실해져 중국에 들어와 있는 외국인 직접투자가 해외로 빠져나갈 수 있다. 가장 우려되는 부분은 증권투자다. 2019년 1분기 기준 외국인의 주식 보유 잔액은 8260억 달러에 달한다. 채권 보유 잔액 역시 점진적으로 늘어 4300억 달러에 육박한다.

미국과 중국의 패권 경쟁은 앞으로 10년 이상, 길게는 30년 이상 진행될 수 있다. 우리 나라 입장에서는 여러 가지 고려할 요소가 많지만 민주주의와 시장경제라는 가치를 공유하는 미국, 일본 등과 함께 보조를 맞춰야 하지 않을까 생각한다.

인류 문명의 전환점이 될
2020 미국 대선 전망

안병진(경희대학교 미래문명원 교수)

미국의 대선 전망을 기록하는 건 마치 영화 〈타짜〉의 후반부를 예측하는 기분이다. 왜냐하면 지금은 전례 없는 블랙스완의 빈번한 등장이 기이하지 않은 시대이기 때문이다. 다만 다양한 시나리오를 예상하는 일은 사고실험이라는 차원에서는 의미가 있을지 모른다. 미래 시나리오에서 한 가지 분명한 점은 지금까지 미국 정치 전문가들이 강력하게 주장해온 가설들을 의심해보아야 한다는 것이다.

몇 가지 고정관념의 예를 들자면 다음과 같다. ① 트럼프에 대한

민주당의 탄핵 시도는 2020년 대선에서 민주당을 불리하게 할 것이다. ② 집권당의 재선 캠페인이고 경제상황이 그리 나쁘지 않기에 트럼프 재선 확률이 높다. ③ 트럼프는 2019년 말까지 한반도 등 이슈에 집중하고 2020년부터는 본격적으로 대선에 모든 정신을 빼앗길 것이다.

지면이 짧아 이 고정관념들을 체계적으로 분석하기는 어렵다. 아래에서는 2020년 대선 정국에 대해 생각해보아야 할 관전 포인트들을 간단하게라도 제시하고자 한다.

【민주당의 트럼프 탄핵 시도, 민주당에 불리하다?】

사람들은 흔히 자신이 인지하지 못하는 공포나 희망, 혹은 트라우마에 의해 많이 좌우된다. 트럼프는 무수한 정치적 위기를 오히려 펀치백 같은 강력한 탄력으로 넘기며 민주당 진영에 큰 트라우마를 남겼다. 특히 일부 진보파가 결정적 탄핵 근거라고 생각한 뮬러 특별검사의 조사 결과가 흐지부지되자 트라우마는 절정에 도달했다. 하지만 꾸준히 인내하며 트럼프의 자폭을 기다리던 펠로시 하원의장이 옳았다. 트럼프는 스스로 우크라이나 대통령에게 자신의 정적인 바이든 전 부통령 흠집 내기 작업을 요청을 했다고 시인하는 바람에 자해를 하고 말았다. 그리고 닉슨이 워터게이트에서 실수했듯이 범죄행위 그 자체는 물론이고 그 이후 증거인멸과 조사 방해 행위를 벌이며 탄핵 사유를 계속 늘려주었다.

하지만 블랙홀 같은 탄핵 정국이 향후 본격적인 대선 게임에서 민주당의 민생 이슈들에서의 우위를 없애고 양상을 단순 진영론 대결로 비틀지 않을까? 그러나 여기서 뮬러 특검 정국과의 결정적 차이가 생긴다. 지루한 수백 쪽의 뮬러 보고서와 달리 〈타짜〉의 마지막 장면 같은 대통령의 범죄행위 발각과 자인은 중도층이 트럼프에게서 등을 돌리게 했다. 더구나 탄핵 정국 이전에 이미 징후를 보인 집토끼층의 균열은 대선 정국에서 더 커질 수 있다. 그리고 이 스캔들의 파괴력이 뮬러 정국과 달리 공화당 예비경선의 판도를 흔들 잠재력조차 있다는 점이 중요하다. 만에 하나라도 정국이 경선에 도전하고 싶은 중량급 공화당 대선 후보들을 꿈틀거리게 하는 쪽으로 흐른다면, 트럼프는 본선에 나가기도 전에 자상을 입게 된다. 이는 트럼프 필패의 시나리오이다.

그래도 설마 굳건한 동맹을 맺고 있는 공화당 집토끼들과 상원의원들이 배반할까? 물론 확률은 매우 낮다. 하지만 2020년 11월 대선까지 우크라이나 탄핵국면이 종료되더라도 어떤 또 다른 사건이 발생할지 모른다(물론 트럼프 재선 이후에도 또 다른 탄핵국면이 발생할 개연성이 높다). 내부 고발자와 증언 추가 발생 등으로 새로운 위기 발생, 위기 수습 과정에서의 실수, 외교 난맥, 집토끼 일부 이

탈 등 새로운 변수들이 계속 생기면 공화당 지도부의 고민은 깊어질 수밖에 없다. 이른바 '트럼프 피로증'이다. 트럼프로서 최악의 카드는 2020년 대선 승리를 위한 대타 카드의 검토이다(펜스 부통령 + 티파티 출신 스타는 드림 카드이다). 지금 공화당은 아웃사이더인 트럼프가 아주 쉽게 장악한 트럼프 정당이지만 그만큼 쉽게 트럼프 없는 트럼프 정당이 될 수 있다. 손쉽게 트럼프 정당이 될 수 있었던 것은 집토끼들이 트럼프에게 힘을 실어주는 것이 대법원 장악이나 선거에서 승리하기에 좋을 것이라고 판단했기 때문이다. 만약 선거 승리가 매우 어려워지면 트럼프 재선을 통해 보수 대법원 판사를 추가로 임명하려는 유혹은 포기하고 일단 생존에 주력하는 법이다. 자칫 대선에서 대패라도 하면 공화당 내 자중지란은 수습이 쉽지 않고 다음 민주당 대통령의 재선은 쉬운 게임이다. 물론 아주 희박한 시나리오이지만 사고실험으로서는 충분한 가치가 있다. 트럼프는 무슨 일이 있어도 집토끼들의 이탈만은 막아서 기회주의적인 공화당 의원들의 동요를 차단하려고 한다. 오늘날 탈진실의 시대post-truth era에 진영의 균열은 그리 쉽지 않기에 아직 트럼프에게는 리스크를 걸 자산이 많다.

【부패와의 전쟁 vs 나라다운 나라】

앞에서 밝힌 것처럼 트럼프는 펀치백이다. 과거 이 별명을 가졌던 빌 클린턴도 트럼프 앞에서는 스스로 브랜드를 물려주어야 할 정도로 비교가 되지 않는다. 트럼프는 평생 이 펀치백의 본능으로 지금까지 기적처럼 살아남은 인물이다. 이런 기질을 감안한다면 이번 대선에 임하는 트럼프 진영의 필사적 전략은 두 가지이다. 하나는 '부패와의 전쟁'이고(딥 스테이트로 불리는 소위 기득권과 보통사람들의 전쟁), 다른 하나는 스펙터클한 10월의 이변October surprise이다. 전자는 바이든 등 민주당을 싸잡아 부패세력으로 낙인찍고 자신만이 '보통사람'(번역하면 백인 서민층과 기독교 근본주의, 그리고 비즈니스계)의 나라를 만들 수 있다는 프레임이다.

하지만 2016년보다는 이 프레임의 위력이 상대적으로 약하다는 게 트럼프의 고민이다. 이미 사실상 특권층이 되어버린 힐러리 전 후보와 달리 오늘날 대부분 민주당 후보들을 특권층으로 규정하기란 쉽지 않다. 상대적으로 공격하기 쉬운 워싱턴 인사이더인 바이든이 후보로 지명된다는 보장도 없다. 그리고 트럼프는 이미 몇 년간 대통령 직으로 세월을 보냈기에 이제는 신선도가 떨어진 '부패와의 전쟁' 프레임을 더 내세우기도 쉽지 않다. 민주당은 이를 집중 공략해 선거를 '나라다운 나라, 약자의 정의를 위한 나라 만들기' 프레임으로 규정하고자 한다. 지난 2016년 대선은 부패와의 전쟁 프레임이 좀 더 유리한 운동장을 만들었고, 이번 2020년 대선은 나라다운 나라 프레임이 좀 더 유리하다.

더 주목할 전략은 미국판 북풍인 10월의 이변이다(원래 북풍이란 단어의 원조는 미국이다). 일부 전략가들은 트럼프가 2019년 말까지 한반도 이슈에 집중하고 2020년에는 대선전으로 정신이 없을 것이라 말한다. 하지만 트럼프는 전혀 그렇게 생각하지 않는다. 그는 투표 전날까지, 아니 투표일에도 합법, 불법적으로 스펙터클을 벌일 수 있는 성향의 정치가이다. 트럼프의 수첩에는 지금 한반도나 혹은 중동에서의 스펙터클, 그리고 러시아, 중국의 도움 등이 적혀 있을 것이다. 과연 김정은(북한), 로하니(이란), 푸틴(러시아), 시진핑(중국)이 어디에 판돈을 걸지 흥미로운 '라스베이거스 정치'가 기다리고 있다. 단 트럼프에게 문제는 이들이 최대한 과실을 챙기되 다음 민주당 정권과의 2단계 딜을 추구하는 경로이다. 사실 정치자본의 잔고가 떨어진 트럼프로서는 국내 정치 여론을 고려할 때 이들과 빅딜을 하기도 어렵다.

결국 여러 가지 전략이 뜻대로 되지 않고 투표에서 패색이 짙으면 트럼프는 이미 2016년 유세에서 발언했듯이 승복 거부 연설을 할 가능성마저 있다. 사실 2016년보다 2020년은 트럼프 처지에서 보면 판돈이 더 큰 게임이다. 만약 선거에서 패배하면 저승사자라는 별명의 뉴욕 남부 검찰청을 비롯해 사방에서 민간인 트럼프에 대한 온갖 부정비리 조사를 시작할 것이기 때문이다. 트럼프에게 2020년 대선은 과거 타지마할 카지노 호텔 파산신청과는 비교도 할 수 없는 일생일대의 위기이다. 과연 그가 이번에도 펀치백으로 기적을 창출할지, 모든 가능성은 열려 있다.

【트럼프 재선은 가능할까?】

최근까지의 다수 전문가의 생각과 달리 트럼프가 패배할 가능성이 재선에 성공할 가능성보다는 좀 더 높다. 심지어 세계적인 전략가인 스탠리 그린버그는 최근 신간(『R.I.P. G.O.P.』)에서 트럼프의 대패 가능성을 점친다. 사실 이미 미중 무역전쟁과 기후위기 등의 여파로 아이오와 등 주요 지역에서 트럼프의 기반인 농민 지지층과 백인 교외 노동자층 일부도 흔들리고 있다. 이를 반영해 미시간, 위스콘신, 펜실베이니아라는 핵심 승부처에서 트럼프는 고전을 면치 못하고 있다. 더구나 공화당 텃밭인 콜로라도, 애리조나, 텍사스도 비상이 걸려 있다. 지지층의 열성도에서도 2016년과 달리 트럼프가 불리하다. 지난 대선에서 버니 샌더스 지지층의 20%가 본선에서 힐러리에게 투표하지 않았다. 하지만 이번 대선에서 어떤 이가 민주당 후보로 지명되더라도 그런 일은 거의 일어나지 않을 것이다.

그리고 엘리자베스 워런 등 선두 후보의 경쟁력이 전문가들의 초기 평가보다는 훨씬 강한 것으로 판명되고 있다. 현재로서 누가 최종 지명될지 예측하는 건 성급하다. 탄핵 정국 이후 바이든이 새로운 파이터로서 에너지를 수혈받을 수도 있고 세대교체론을 등에 업고 해리스, 부티지지 등 젊은 후보들이 치고 나올 수도 있다. 하지만 현재로서는 워런에 주목할 필요가 있다. 리버럴 좌파인 워런은 초기 전문가들의 평가와 달리 지금 중도층에서도 조금씩 기반을 넓혀가고 있다. 그녀의 지나친 진보적 성향이 본선에서 부담이 될 수는 있지만, 악화되는 양극화 등을 고려할 때 그것이 약진의 결정적 방해 요소는 아니다. 민주당 유권자들에게 트럼프를 꺾을 수 있다는 믿음을 심어줄 수만 있다면, 트럼프 대 워런이라는 흥미로운 대결이 성사될 것이다. 워런의 지나친 진보주의, 지성주의적 성향이 과연 진화할지 귀추가 주목된다. 하지만 그녀가 지명되지 않는다 해도 민주당의 바이든, 부티지지, 블룸버그 등은 지금 지지연합에 균열이 생긴 트럼프를 상대로 과거 힐러리 후보보다는 상대적으로 쉬운 싸움을 할 가능성이 높다.

　　결국 앞으로의 변수는 트럼프를 마지막으로 버티게 하는 단기 경제 상황의 악화 정도, 탄핵 정국 이후의 전개양상, 공화당 예비경선에서의 도전자 변수, 선거 과정에서 민주당 후보의 치명적 실수, 뜻밖의 제3 후보 등장, 트럼프발 북풍의 위력 정도 등이다. 지금 대선 결과를 쉽게 단언하는 이들은 트럼프의 탁월한 반격능력이나 반대로 자기 파괴 능력을 과소평가하는 것이다.

【세기의 대선이 한국에 미치는 영향】

만약 일생일대의 위기를 다시 극복하고 트럼프가 당선된다면 당분간 한반도 평화 프로세스는 강화될 가능성이 높다. 왜냐하면 노벨 평화상을 통해 퇴임 후 기소 등을 피할 안전판을 확보하는 게 재선 이후 최대 과제가 될 것이기 때문이다. 하지만 궁극적인 한반도 평화 만들기에는 결국 전면 사찰, 탄도미사일과 생화학무기, 인권 등 수많은 암초가 기다리고 있다. 그리고 중국과 미국 간 대타협이라는 전략적 결단을 미국이 할 수 있을지도 큰 변수이다. 과연 충동적이고 단기적 시야의 트럼프가 1단계 성취 이후 궁극적 해결까지 지혜롭게 행보를 이어갈지는 대단히 의문이다. 그리고 트럼프 재선이라는 자신들에게 최악의 악몽과도 같은 결과를 맞이한 이후에 민주당과 기존 주류 안보공동체가 과연 일관되게 협조할지도 의문이다.

만약 워런, 바이든, 해리스, 부티지지 등 민주당 후보가 집권한다면 어떻게 될까? 일단 환태평양경제공동체 조약 등 국제 규범에서는 노동, 인권 등에서 더 높은 기준을 내세워 동아시아 거버넌스를 재구성하려 할 것이다. 한반도 문제에서는 많은 전문가들이 민주당의 소극성을 지적한다. 하지만 이들이 역사적으로 놓치는 것은 공화당 주도 이니셔티브인 경우에도 결국 최종(혹은 실질적) 해결은 민주당 정부가 완수했다는 사실이다. 중국, 쿠바, 베트남 그리고 약한 수준에서 이란이 다 그러하다. 그렇기에 우리는 누가 집권하든 초당적인 한반도 평화 만들기의 메시지와 전략을 세우는 것은 물론이고, 미국과 다면적 차원의 네트워크를 구성해야 한다.

언제나 미국 대선은 지구적 대선이었다. 하지만 이번 2020년 대선은 특히 여러 의미에서 지구적global, 아니 '지구행성적planetary' 대선이 될 것이다. 지구적 자유주의 질서의 지속 여부는 물론이고 기후위기가 파국으로 갈 분기점에서 지구적 리더십의 마지막 대응 가능성 여부가 달려 있기 때문이다. 그런 점에서 인류문명사적 의미의 대선이라고 해도 그리 과장은 아닐 것이다. 2020년 대선 결과는 누구도 현재로서는 자신 있게 전망할 수 없다. 하지만 최소한 다양한 시나리오에 대비하지 않은 국가나 개인에게 2020년과 그 이후 10년이 매우 가혹할 것은 틀림없다. 우리에게는 시간이 없다.

중국의 국제적 영향력과
한중 관계

임명묵(「거대한 코끼리, 중국의 진실」 저자)

2016년 사드THAAD(종말고고도지역방어) 체계 도입으로 촉발된 중국의 경제적 보복은 한국 사회에 잊을 수 없는 충격을 안겼다. 한한령으로 한국 제품과 콘텐츠의 수출이 일시에 중단되었고, 중국에 진출한 기업들은 중국 정부의 갑작스러운 규제로 된서리를 맞았다. 더 충격적이었던 점은 바로 그 전해인 2015년에 박근혜 전 대통령이 미국의 반발을 무릅쓰고 중국의 전승절 기념 열병식에도 참석했다는 것이다. 정부 차원에서 이렇게까지 공을 들였는데도 왜 중국은 아랑곳하지 않고 보복을 감행했는지에 대한 질문이 줄을 이었다. 1992년 이후 20년이 넘는 세월 동안 다양한 분야에서 양국이 쌓아온 협력 관계 자체의 미래가 불투명해진 것이다.

사실 일본도 비슷한 고민을 했다. 1978년 덩샤오핑이 개혁개방을 선언했을 때부터 일본은 중국을 가장 먼저 도와준 나라였다. 하지만 양국 관계는 2000년대 들어 악화를 거듭했고, 양국의 미묘한 긴장 관계는 2010년 센카쿠 열도(중국명 댜오위다오) 영토 분쟁으로 폭발했다. 영토 분쟁에 대응해 중국은 첨단산업의 핵심 원료인 희토류 수출을 전면 금지했다. 이에 일본은 중국 측 요구를 들어주는 굴욕을 당해야만 했다.

이제 한국이든 일본이든 같은 질문을 할 수밖에 없었다. 처음에 사이좋게 협력을 이어가던 중국이 왜 어느 날 갑자기 태도를 바꾼 것일까? 이에 대한 간단한 대답은 있었다. 일본과 교류를 시작하던 1980년대나 한국과 교류를 시작하던 1990년대에 중국은 매우 약했다. 하지만 어느새 중국은 세계 제2의 경제대국이 되었고, 아시아 각국을 연결하는 공급사슬의 중심에 있는 국가이자 막대한 소비시장으로서 위치를 확보했다. 이제 중국은 자신들이 얻은 그 힘을 필요하다고 판단할 때 쓰기로 결심한 것이다. 자, 그러면 중국의 성장세가 당분간 크게 꺾이지 않는다는 가정 아래, 점점 더 커지는 중국의 국제적 영향력은 한국과 아시아에 어떤 식으로 영향을 미칠까?

이를 알기 위해서는, 중국을 둘러싼 동아시아 국제 체제가 어떤 식으로 변화해왔는지 먼저 살펴볼 필요가 있다.

【냉전시대와 탈냉전을 거치며】

덩샤오핑이 개혁개방으로 문을 열기 전까지의 동아시아 국제질서는, 공산주의 세력권과 자본주의 세력권의 경계가 엄격히 나뉘어 있던 냉전 체제였다. 1950년 북한이 남한을 침략하고, 중공군이 미군과 피를 흘리며 싸우면서 유럽과 달리 아시아에서 양 진영은 유혈 충돌을 이어갔고, 서로 간의 교류는 사실상 없다고 봐도 무방할 정도였다. 공산주의 세력은 소련을 중심으로 동유럽을 포괄하는 교역망을 만들었고, 반대로 자본주의 세력은 미국을 중심으로 서유럽과 일본을 거느린 교역망을 건설했다.

이때 미국과 소련 중 어느 나라가 운영하는 교역망에 포함되었는지 아닌지가 이후 경제성장에 막대한 영향을 미치게 되었다. 자본주의 진영의 교역망은 공산주의 진영의 교역망보다 훨씬 개방적이고 역동적이었기에, 이 교역망에 제대로 참여만 한다면 높은 경제성장을 이뤄낼 기회가 주어졌다. 냉전의 최전선에 있던 남한, 대만, 일본은 여기서 큰 이득을 봤으며, 특히 남한은 한-미-일 국제분업 체계를 통해 냉전시대 세계 최빈국에서 선진국의 문턱까지 성장하는 기적을 이루어냈다.

반대로 이 교역망에 참여하지 못하고, 훨씬 폐쇄적이고 역동성이 떨어지는 소련의 교역망에 참여한 국가들은 성장의 기회를 놓쳤다. 특히 소련과의 분쟁으로 그 교역망에서도 떨어져 나간 중국은 더욱 그랬다. 한국과 대만은 일본과 미국 시장에 값싼 물건을 팔아 자본을 축적하고, 선진 기술을 배워서 경제 전체를 고도화했지만, 중국은 인민 대다수가 여전히 농업에 종사하는 저개발 상태로 남겨졌다. 중화인민공화국이 건국되고 30년이 지난 1979년쯤이 되었을 때 그 차이는 이미 너무나 명백해진 상황이었다.

1979년 개혁개방이 시작되고 1992년 남순강화南巡講話(덩샤오핑이 남방을 순회하며 개혁개방을 촉구한 연설)로 중국에서 개혁개방이 거스를 수 없는 대세로 자리 잡으면서 상황은 완전히 돌변했다. 비슷한 시기에 소련까지 붕괴하자 유럽을 가르는 철의 장막과 아시아를 가르는 죽의 장막이 일거에 사라지게 된 것이다. 따라서 수익성 있는 투자처를 찾기 시작한 미국, 일본, 남한, 대만 자본이 구공산권으로 쏟아져 들어가기 시작했다. 거기에 결정적으로, 동시에 발전하기 시작한 정보통신 기술 덕에 선진국의 제조업 기업들은 공장 부문만 뜯어서 저임금 국가에 배치할 수 있게 되었다. 선진국 기업들은 그런 아웃소싱을 통한 효율화 정책의 놀라운 성공으로 고차 서비스 부문에서 큰 이득을 얻어냈다. 공장을 유치한 저임금 국가 중

가장 성공적인 국가였던 중국은 이를 통해 자국의 막대한 농촌 인구를 노동자와 도시 중산층으로 변신시켰다.

중국의 성장으로 이득을 얻은 것은 선진국과 중국뿐인 것도 아니었다. 중국이 세계의 공장이 되고, 세계에서 가장 빠른 속도로 엄청난 도시화가 진행되자 식량, 에너지, 원자재가 대호황을 이루었다. 이 덕분에 세계화로 인한 새로운 산업화의 물결에 참여하지 못한 여러 자원수출국도 무역에서 많은 이득을 얻었다. 특히, 2000년대 이후로 중국의 중산층이 성장함에 따라 중국이 미국에 버금가는 소비시장으로 떠오르기 시작하면서 대중국 무역은 더 큰 폭으로 늘어나기 시작했다. 따라서 탈냉전이 시작되면서 중국과 거래를 튼 모든 나라가 막대한 이득을 얻었다. 말 그대로 '밀물은 모든 배를 들어 올렸던' 것이다.

【중국의 부상과 국제 질서의 위기】

하지만 중국의 성장으로 이득을 본 국가들은 조만간 중국에서 날아오는 청구서를 받아야만 했다. 즉, 세계에서 가장 큰 성장 엔진에 의존하면서 경제를 키운 대가로 그 엔진이 폭거를 부리는 것도 울며 겨자 먹기로 감수해야만 하는 상황이 온 것이다. 먼저 사태를 촉발한 것은 이제 막 타오르기 시작한 중국의 민족주의 정서였다.

본디 새롭게 국제무대에 떠오른 국가들은 언제나 자국이 패권국 때문에 불공정한 대우를 받아왔다는 피해의식을 갖는 경향이 있다. 과거 독일, 일본, 한국도 그런 과정을 거쳤다. 중국 또한 이런 경향에서 예외는 아니었다. 중국 인민의 대중 민족주의는 중국 경제가 성장하고 세계에서 중국의 존재감이 커지면서 급팽창하고 있었다. 이 같은 대중 민족주의는 처음에는 정체성과 역사 문제로 얽힌 대만과 일본을 향했으나, 곧이어 중국을 거스른다고 생각하는 모든 나라로 확대되기에 이르렀다. 중국이 본격적으로 국제무대에서 자기 목소리를 내기 이전부터 중국의 부상은 이미 주변국과의 마찰을 빚어내고 있었다.

이런 상황에서 중국 지도부는 덩샤오핑의 가장 중요한 유산이었던 대외 유화정책 기조, 도광양회에서 점점 거리를 두기 시작했다. 그 원인으로는 대중의 민족주의적 요구, 자꾸 커지는 중국의 국제적 존재감, 미국과의 경쟁의식 등이 있을 수 있겠다. 하여튼 확실한 것은 지도부가 더는 과거 덩샤오핑이 그랬던 것처럼 미국을 배려하면서 대외정책을 짜지 않으리라는 것이었다. 특히 시진핑은 미국에게 이제 중국과 미국이 동격의 강대국으로서 국제 현안을 논할 필요가 있다는 '신형국제관계'를 건설하자고 제안하기도 했다. 이에 오바마 행정부는 '아시아로의 회귀', 트럼프 행정부는 미중 무역전쟁으로 대처해가면서 두 강대국의 갈등은 계속 격해지고 있다. 즉,

기존 패권국의 우산 아래 새로운 도전자가 등장하면서 강대국 간의 긴장이 충돌로 이어지는 '투키디데스 함정'이 작동하기 시작한 것이다. 이는 죽의 장막이 붕괴하고 모두가 성장의 과실을 누린 뒤에 발행된 청구서나 다름없었다.

【미국과 중국의 전략적 경쟁과 아시아 국가의 딜레마】

이렇게 동아시아를 둘러싼 구조가 다시 급변하게 되자, 중국의 인접국들은 심각한 딜레마 상황에 직면할 수밖에 없었다. 본디 중국의 인접국들은 전통적으로 중국의 의도를 항상 경계하면서 행동해왔다. 중국이 잠시 문을 걸어 잠그고 국제무대에서 영향력을 잃긴 했어도, 전통적으로 중국은 언제나 그 거대한 규모로 주변국을 압도하던 강대국이었기 때문이다. 따라서 중국의 인접국들은 중국의 개방을 환영하면서도 중국의 성장이 가져올 안보위협에 대응할 수밖에 없었고, 그들 대부분은 미국의 안보우산에 의존하는 것을 대안으로 선택했다. 즉, 안보는 세계 경찰인 미국이 맡아주니 안심하고 중국과 거래하면서 중국이 창출해내는 막대한 부를 노릴 수 있게 된 것이다.

돌이켜보면 이런 전략은 미국과 중국이 서로를 신뢰하고 협력한다는 전제조건이 없으면 성립조차 할 수 없었다. 미국이 자국의 안보우산에 의존하고 싶으면 중국과 거래를 끊으라고 하든지 중국이 자국과 무역을 계속하고 싶으면 미국의 안보우산을 버리라며 양자 택일을 강요한다면, '안보는 미국, 경제는 중국' 전략은 단숨에 무너지기 때문이다. 따라서 이 전략은 미국과 중국이 서로 신뢰하고 협력하던 1980년대부터 2000년대까지만 유지될 수 있었다.

사드 도입과 그로 인한 경제제재는 위의 딜레마가 가장 잘 드러난 사례 가운데 하나였다. 미국 입장에서 사드는 미국이 한국에게 제공하는 안보우산임과 동시에 우방으로서 한국이 미국에게 제공해야만 하는 전략적 협조였다. 중국 입장에서 사드는 자국과 무역을 통해 막대한 돈을 벌어가는 한국이 자국을 적대할 수 있다는 위협적인 신호였다. 따라서 이제 막대한 소비시장이자 '큰손'이 된 중국은 자국의 레버리지를 적극적으로 사용함으로써 '안보와 경제' 둘 중 하나를 택할 것을 강요한 셈인 것이다.

중국의 성장이 지속되고, 미중 간 전략적 경쟁이 더욱 격화하는 오늘날 한국을 포함한 아시아 국가들의 딜레마는 갈수록 심해질 것으로 보인다. 비록 성장세가 둔화되었다지만, 중국은 여전히 세계 경제성장의 3분의 1을 단독으로 차지하는 성장 엔진이며, 여러 아시아 국가들에게는 최대의 수출시장이다. 만약 중국이 인접국의 수입을 막고 자국 관광객 송출을 중지한다면 그 국가는 엄청난 타격을 입을 것이다. 반대로 미국은 세계에서 가장 강력한 군대를 보유하고 있고, 현재까지 세계의 근간을 형성하는 국제 질서의 규칙을 제정하는 권력을 지닌 패권국이다. 중국으로부터 보호해줄 능력이 있는 유일한 국가이며 역시 경제보복을 통해 심대한 손해를 끼칠 수 있다.

문제는 이것이 단순히 전략적 경쟁을 넘어 '신냉전'으로 비화할 가능성이다. 최근 화웨이와 5G 통신망을 둘러싼 갈등은 그 조짐을 어느 정도 보여주었다. 중국과 미국이 서로 다른 기술표준을 제시하고, 그 기술표준 위에서 독자적인 공급망과 무역망을 만들어낼지도 모르는 상황이 왔기 때문이다. 현재는 미국이 모든 기술표준을 독점하고 있지만, 중국은 일대일로 권역에서 자국에 우호적인 국가들을 중심으로 새로운 기술표준을 수출하는 것을 시도하고 있다. 만약 그런 시도가 성공한다면, 세계는 미국이 주도하는 권역과 중국이 주도하는 권역으로 다시 분리되어 독자적인 발전과 경쟁을 시작할 것이다. 미래 권력의 향방을 결정할 것이라는 4차산업혁명 분야는 가장 격렬한 격전지가 될 것이다. 만약 실제 신냉전 국면이 펼쳐진다면, 중국은 한국을 자신의 권역으로 끌어들이려고 엄청난 노력을 기울일 것이다. 한국과 30년에 가까운 시간 동안 만들어간 거대한 레버리지를 총동원해서라도 말이다. 그때가 온다면, 우리는 사드 보복 때와는 비교도 안 되는 거대한 경제 보복을 맞이해야 할지도 모른다.

한중일, '차세대' 첨단 제조업
경쟁의 전망과 대응

이지평(LG경제연구원 상근자문위원)

한중일 3국은 긴밀한 분업 관계를 통해 아시아 및 세계 제조업의 발전을 촉진하면서 세계 경제의 활성화에 필수적인 역할을 해왔다. 일본의 첨단 소재·부품·장비를 수입해 반도체, 디스플레이 등의 모듈 부품을 생산하는 한국이 이를 중국에 수출하고, 중국은 이를 활용해 완제품을 생산하고 미국 등으로 수출하는 대표적인 국제 분업 패턴을 보였다. 이러한 분업관계는 미중 통상마찰, 일본의 대한국 무역규제 마찰 등의 영향으로 충격을 받는 한편 3국 사이에 차세대 첨단산업을 둘러싼 주도권 확보 경쟁이 더욱 치열해질 것으로 보인다.

디스플레이 분야에서는 중국이 이미 LCD에서 한국을 추월해 이제 차세대 분야인 OLED로 한중 경합의 초점이 옮겨가고 있다. 그리고 반도체 분야에서는 미국의 대중국 통상공세가 어느 정도 영향을 줄 것으로 보이지만 중국이 오히려 국가적으로 반도체 장비를 포함해 국산화에 매진함으로써 그 파장을 예측하기가 어려운 측면이 있다. 한국의 경우 반도체, 디스플레이 분야에서 중국을 견제하는 데 주력하는 한편 일본의 무역규제에 맞서서 첨단 소재, 부품, 장비를 국산화하는 정책에 더욱 주력하고 있다. 그 성과가 앞으로 얼마나 확대될 것인지 주목해야 하며, 이에 따라 일본 산업에 미칠 파장도 중장기적으로 확대될 가능성이 있다.

또한 3국은 4차산업혁명에 대응하면서 AI, IoT, 빅데이터, 로봇, 차세대 자동차, 스마트팩토리 등의 분야에서 기술력을 강화하는 한편 차세대 산업을 육성하고 글로벌 경쟁력을 강화하는 데 주력하고 있다. 과거 산업혁신기에 증기기관이 내연기관과 전력으로 변화하면서 주도국이 영국에서 미국 및 독일로 변화한 바와 같이, 4차산업혁명으로 인한 기술의 변화로 주도국이나 주도 기업이 변화하는 모습을 보게 될 것이다. 한중일 3국은 이러한 기술의 변화에 대응하면서 기존 제조업에서의 강점을 유지하는 데 힘쓰고 있기 때문에 비

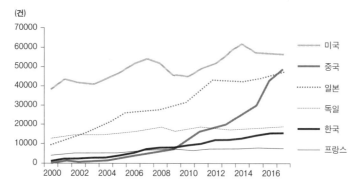

〈그림 1〉 주요국의 특허 출원 건수 추이

(건)

| 미국 |
| 중국 |
| 일본 |
| 독일 |
| 한국 |
| 프랑스 |

자료: 「2018년 통상백서」, 일본 경제산업성, WIPO Statistics Database.

〈표 1〉 주요국과 중국의 기술적 경합도의 변화 평가(2000~2017년)

상대국	기술분야		
	중국우위 확대 (상대국 우위 하락)	제어기술, 광학기술	상대국의 우위 상승 (중국의 우위 하락)
일본	전기통신, 디지털 통신, 운영 및 관리 IT 수법	제어기술, 광학기술	환경기술, 전기기계 및 에너지 등, 반도체, 수송, 계측기술, 기타 특수 기계, 엔진·펌프·터빈, 기계부품
미국	전기통신, 디지털통신, 광학	운영 및 관리 IT 수법	바이오 기술
독일	전기통신, 디지털통신, 광학, 운영 및 관리 IT 수법	없음	환경기술, 화학공학, 엔진·펌프·터빈, 기계부품, 전기기계 및 에너지 등, 조작(엘리베이터, 크레인, 로봇, 포장 등) 기계 기술
한국	제어기술, 광학	디지털통신, 운영 및 관리 IT수법, 전기통신	식품화학, 전기기계 및 에너 지 등, 반도체, 화학공학

*해당국가의 각 분야의 특허 비중을 분자로 하고 해당 분야의 세계(42개국 기준) 평균적 비중을 분모로 해서 기술특화
지수인 RTA(Revealed Technological Advantage)를 산출한 다음에 이를 1~-1의 수치로 전환하는 Revealed Symmetric
Technological Advantage[RSTA = (RTA -1) / (RTA+1)]를 시산함. 그리고 중국과 각국 간 지수의 상대적 관계 및 변
화(2000년, 2017년)를 고려해 경합도를 판단함.
자료: 「2018년 통상백서」, 일본 경제산업성.

슷한 분야에서 치열하게 경합하는 측면이 강해질 것으로 보인다.

특히 중국이 기술력을 높이면서 과거처럼 단순 조립분야에만 머물지 않고 IT 분야를 중심으로 핵심 부품이나 소프트웨어 측면에서의 경쟁력 강화에 매진할 것으로 보인다. 이미 중국의 특허 출원 건수는 2017년에 처음으로 일본을 능가하는 등 그동안 급증세를 띠었으며, 한국의 3배를 넘어서 미국을 능가하는 것도 시간문제일 것으로 보인다.

기술특허의 동향으로 보면 중국은 디지털통신, 전기통신, 광학, 운영 및 관리 IT수법 등에서 일본, 미국, 독일을 추격해왔으며, 한국도 이들 분야에서 중국과 경합하고 있다. 일본은 중국에 대해 제어기술과 광학기술에서 치열하게 경합하고 있다.

【중국은 IT, 일본은 첨단 소재】

중국은 5G 통신 기술 등 IT 분야에서 급속히 기술력을 강화해왔으며, 차세대 IT 기술에서는 미국, 일본 등과 경합하는 위치를 차지했다. 반면, 중국은 첨단화학이나 기계 분야 등은 일본에 뒤지고 있는 것으로 보이지만 이 분야에서는 한국도 경쟁력을 강화하기가 쉽지 않은 상황이다. 중국이 일본에 뒤지고 있는 기계 분야를 강화하는 추세이지만 엔진, 터빈에 크게 주력하는 모습은 아니며, 자동차에서는 차세대 전기자동차EV에 초점을 맞추고 있는 상황이다. 중국으로서는 디지털 기술을 통한 산업의 재편, 자동차의 EV화에 주력하는 모습이라고 할 수 있다. 반면, 일본은 엔진기술을 계속 강화하면서 하이브리드 자동차에도 주력할 전략이다.

한국과 경합도가 높아지고 있는 IT 분야에서 중국은 AI기술에서 미국과 경합할 정도로 우위를 보이고 있으며, 당분간 한일 양국과의 격차가 확대되는 추세다. 중국의 바이두, 알리바바, 텐센트 등의 플랫폼 기업은 AI의 주류가 된 딥러닝 분야에 일찍 진출한 데다 국가적으로 13억 인구의 막대한 데이터를 생성 및 활용할 수 있는 이점을 활용하면서 미국을 추격하고 있다. 딥러닝의 경쟁력은 결국 데이터의 양과 이용 자유도에 좌우되며, 중국이 유리한 측면이 있다. 중국은 강력한 정부 권한으로 감시 카메라 등을 활용해 13억 인구의 안면 데이터를 오랫동안 심도 있게 수집해 이용해왔다. 이 안면인식과 관련한 AI 기술에서는 미국을 능가해서 차별적 발전이 예상된다.

물론, 중국의 통계 조작 등 데이터의 품질 문제가 광범위하게 제기되고 있고, 제조 현장 데이터 측면이나 이에 대한 해석, 전반적인 제조시스템 지식 등에서는 한국이나 일본기업이 우위를 점하고 있는 분야도 있다. 한일 양국으로서는 강점을 가진 제조 현장 등 B2B 분야 등에서의 고품질 디지털 데이터를 활용한 AI 개발 등에서 독자적 우위성 확보에 주력할 것으로 보인다.

한편, 일본은 AI의 열세를 만회하기 위해 AI를 실제로 단말기 차원에서 응용하는 분야에서의 강점을 구축하는 데 주력 중이며, 우위를 가진 산업용 로봇의 진화를 함께 도모하고 있고, 세계최강의 로봇 기업인 화낙Fanuc 등의 자동화 시스템에서 성과가 나타나고 있다. 이와 함께 일본으로서는 데이터 양에 좌우되지 않는 새로운 AI 기술의 개발을 위한 기초 연구에도 주력하고 있다. 도요타 등 일본 유력 기업들이 WBAWhole Brain Architecture 개발에 주력하는 연구 프로젝트 등을 지원하고 있다. 이는 두뇌의 각 부위를 모듈로 분리해서 프로그램을 구성해 이들 프로그램을 통합하는 기술이다.

또한 일본은 강점을 가진 첨단 소재 기술의 경쟁력을 IT 혁신 트렌드에도 활용하면서 강화할 전략이다. 일본기업은 장기적 안목에서 20년, 30년 투자하는 경영이 가능해 반도체 노광 장치 소재, 스텔스 폭격기용 도료, 원자력 잠수함 등 전략무기용 고성능 세라믹 부품 소재 등 첨단·군수산업의 소재 등을 뒷받침하고 있다.

첨단 소재에 필요한 희토류 자원을 통제해 일본기술의 흡수를 유도한 중국 정부에 맞서서 일본정부는 희토류 절약, 대체 자원 소스 개발로 희토류 파동 위기를 극복했으며, 이 첨단 소재 기술을 기반으로 일본은 AI 칩, 양자컴퓨팅, 자율주행, 그린 에너지, 첨단 헬스케어 센서 및 진단 등에 활용되는 첨단 소재를 지속적으로 개발해

산업경쟁력을 강화할 전략이다.

한편, 한국은 일본의 소재·부품·장비에 대한 의존도를 낮추기 위해 7조 8000억 원의 재정지출을 통해 연구 및 기술개발을 지원하는 한편, M&A 지원에 2조 5000억 원 이상의 금융지원 및 세액공제, 29조 원의 금융지원 및 6조 원의 특별지원 등의 정책을 추진하기로 했다(한국정부, 100대핵심전략품목 조기공급안정화대책, 2019. 8. 5). 또한 첨단소재 등의 공장입지를 위해 환경 및 노동 규제의 완화도 추진하게 되었다. 이들 정책이 착실하게 추진될 경우 최근 디스플레이 분야에서 일본제 불화수소의 국산품 대체 성과가 나타나고 있는 바와 같이 혁신 생태계의 기반이 강화될 것으로 보인다.

한국이 반도체, 디스플레이 등에서 차세대 제품개발을 주도하고 있는 상황에서 국내에 기반을 둔 소재 및 기계 기술이 강화되고 차세대 기술의 보안성이 지역에 기반을 둔 산업생태계 차원에서 강화될 경우 중국의 추격을 억제하는 데에도 효과가 나타날 수 있다.

【한중 메모리 반도체 경쟁과 한국의 시스템 반도체 도전】

일본 무역규제 문제나 미중 기술 마찰에서 부각되고 있는 반도체 분야에서의 한중일 경합도 향후 초점이 될 것으로 보인다. 미국의 대중국 견제로 중국의 메모리 반도체산업은 미국 반도체 장비의 조달이 어려워져 그 성장 속도가 둔화할 가능성이 있다. 이는 한국 메모리 반도체산업의 독보적 지위를 강화할 요인이지만 이미 중국이 반도체 제조장치의 자체 개발에 주력하면서 관련 기업 육성에 성과를 보이고 있는 한편 일본이나 유럽의 반도체 장비 업체들은 미국에 동참하지 않을 가능성이 있다.

반도체의 핵심공정인 노광장치의 경우 네덜란드의 AMSL 사가 압도적 우위에 있고 미국계 기업이 강한 드라이 에칭, 열 CVD 등의 기계는 일본의 도쿄일렉트론 등이 공급 가능하다. 플라즈마 CVD의 경우 AMAT, RAM 등의 미국계 기업의 점유율이 높은 것은 사실이지만 이 분야에서도 중국계 기업이 성장하고 있으며, 미중 마찰로 인해 중국정부가 장비 업체 육성에 주력할 것으로 보인다. 이에 따라 일본이나 유럽계 장비 기업뿐 아니라 미국계 기업도 중국의 국산화로 인해 중국 상권을 잃고 중국의 경쟁자가 도약할 것을 우려할 정도라고 할 수 있다. 게다가 최근의 한일 마찰로 인해 대만과 함께 중국 반도체산업이 반사이익을 받을 것으로 기대되어 미중 마찰로 한때 위축된 투자 심리도 살아나고 있다. 중국의 장비를 포함한 전체 반도체산업의 발전과 함께 메모리 분야를 따라잡는 것도 시간 문제로 보인다.

한편, 한국기업은 차세대 기술을 계속 개발하는 한편, 중국정부의 국산화 대책에 맞춰 거점을 중국으로 부분적으로 이전하는 데 나서고 있다. 한국계 기업의 중국거점에서의 기술 및 노하우 보안이 과제가 되고 있다. 이와 함께 한국이 이번 한일 마찰을 계기로 소재, 부품, 장비 국산화에 주력하면서 소니가 절대적인 우위를 점하고 있는 스마트폰 등의 카메라 모듈의 핵심 부품인 CMOS 이미지 센서 등 시스템 반도체에 주력할 전략이 한층 강화될 것으로 보이며, 그 성과 등이 기대되고 있다.

이상에서 본 바와 같이 한중일 3국은 주요한 첨단산업에서 경합하는 동시에 그 기반이 되는 소재·부품·장비의 개발과 차별화에도 주력하면서 전체적인 산업경쟁력을 확보하는 데 주력하고 있다. 이러한 경합과 함께 3국의 분업구조는 지속적으로 발전할 것으로 보이나 우리로서는 치열해지는 경쟁 환경에 대응하기 위해 소재·부품·장비의 국산화 비율을 높이는 한편 이와 연계해 첨단산업을 창조하는 혁신생태계의 강화를 추진할 필요가 있다.

한일 '1965년 체제'의
동요와 극복의 여정

남기정(서울대학교 일본연구소 교수)

한일 관계가 대전환의 시대를 맞이하고 있다. 2018년 한반도 대전환으로 시작된 동북아시아 대전환에 부수한 변화다. 2019년 그것은 위기로 시작했지만, 한반도를 무대로 펼쳐진 식민과 전쟁의 긴 역사를 평화와 협력의 시대로 바꾸기 위해 감수해야 할 불가피한 진통이라면, 시간이 지나면서 위기는 기회로 바뀔 것이다.

대전환의 기점은 2019년 7월 일본 경제산업성이 반도체 디스플레이 관련 핵심 소재 3개 품목에 대한 수출규제 조치를 발표하고

8월 수출우대국 명단(이른바 '화이트국가 리스트')에서 한국을 제외하는 한 달 남짓의 시기다. 3·1운동과 대한민국 임시정부 수립으로부터 100년이 되는 2019년 여름에 일어난 일이다.

무역관리 체제를 활용한 일방적인 조치라는 점에서 이는 무역전쟁 도발이라고 해도 과언이 아니다. 다자주의 협력의 틀 안에서 신중한 외교를 펼치는 일본이 보인 예외적 현상이다. 그러나 2012년에 집권한 제2차 아베 내각에 들어와서 일방주의 외교의 조짐이 보였다.

당내 파벌이 해소되는 자민당 개혁과 내각이 고위공무원 인사를 장악하는 내각인사국 설치가 자민당 내 대안정치 세력의 소멸과 총리대신 아베 신조의 권력을 강화했다. 아베와 수상관저 및 자민당의 아베 측근들이 외교의 주도권을 장악한 결과, 잘못된 상대에게 잘못된 방법으로 잘못된 조치가 취해진 것이 2019년 한국에 대한 무역전쟁 도발로서 수출규제강화 조치였던 것이다.

이에 대한 일본의 공식 설명은 북한으로의 전략물자 유출로 한국에 대한 신뢰가 손상되었다는 것이지만, 일본은 이 조치가 2018년 10월 30일 이후 한국 대법원 판결을 염두에 둔 것이라는 점을 부인하지 않는다. 대법원 판결의 내용은 '식민지 지배의 불법성'을 전제로, '강제동원' 피해자들에 대해 일본의 기업들이 '배상'을 실시하라고 하는 것이다. 그러나 일본은 '식민지 지배는 합법'이었으며,

'징용공' 문제는 '청구권협정'에서 해결되었다고 주장하여, 이에 반발하고 있다. 나아가 일본은 '청구권협정' 3조에 근거해, 한국 정부에 협의와 중재를 요청했지만, 한국 정부는 사법절차에 따른 해법을 강조하며 이를 수용하지 않았다.

대법원 판결 이후 배상과 관련한 해법을 둘러싸고 한일 관계가 악화하는 가운데, 한국 정부는 2019년 6월 말의 오사카 G20을 앞두고 6월 19일에 한국 기업과 일본 기업이 기금을 만들어 대응하는 이른바 '1+1'안을 제시한 바 있다. 그러나 일본은 한국 정부가 주체가 되어 풀어야 한다며 이를 거부했고, G20이 종료되자마자 수출규제강화 조치를 발표하는 것으로 한국의 제안에 대답했다. 이후 한국과 일본의 기업, 한일 양국 정부 등 해결의 네 주체들을 조합하는 방식으로, '1+1+1', '2+1', '2+2' 등 수학공식 같은 해법이 제시되고 있다.

【'국제법 위반'이라는 비난】

문제는 식민지 지배의 불법성을 최종적으로 확인하지 못한 한일기본조약과 배상 원칙을 비켜서 체결된 청구권협정에 기초한 '1965년 체제'에 있다. 2018년의 대법원 판결은 '강제동원 피해자에 대한 배상'이라는 판결이, 역사적 층위와 지정학의 전선을 모두 건드리면서 한일 관계의 시공간을 총체적으로 변경하게 되는 임계점에 한국과 일본이 도달해 있다는 점을 확인하게 해주었다. 이에 2019년 일본이 수출규제조치로 대응함으로써, 바야흐로 한일 '1965년 체제' 종식의 역사가 개시되었다.

2018년 10월 30일의 대법원 판결은 일본의 식민지 지배를 불법으로 보는 우리 헌법에 합치할 뿐 아니라, 1905년부터 1910년까지의 대한제국과 일본의 모든 협약 및 조약을 원천 무효로 해석하고 있는 1965년 기본조약에 대한 우리 정부의 기본 입장에도 합치하는 것이다. 나아가 그동안 이 조약에 대해 '합의할 수 없음에 합의'한 것이라는 한일 양국의 기존 입장과 이를 용인한 관습법으로서의 국제법에 따르더라도 대법원 판결은 정당하다.

이에 대해 일본은 대법원 판결이 나오자마자 바로 그날 외무대신 담화를 발표해 한국이 대법원 판결로 국제법 위반 상태에 있다고 규정했다. 담화는, 청구권협정에서 일본이 한국에 대해 무상 3억 달러, 유상 2억 달러 등 5억 달러의 자금협력을 약속함(1조)과 함께, 청구권에 관한 문제가 완전히 최종적으로 해결되었으며, 어떠한 주장도 할 수 없다(2조)고 되어 있는데, 한국 대법원이 손해배상의 지불을 명령한 것은 청구권 협정 2조에 위반된다는 것으로, 한국이 국제법 위반 상태에 있는 것을 시정하고 적절한 조치를 강구하라고 요구하고 있다.

그러나 일본의 이러한 논리는 다음과 같은 문제를 안고 있다. 무엇보다도 한국의 대법원 판결은 강제동원에 대한 손해배상의 지불을 명하고 있는 것이라서, 배상 청구권은 청구권협정의 대상이 될 수 없다. 청구권협정은 재산상 민사상의 권리 의무 관계를 정치적으로 해결한 것일 뿐이어서, 불법적 식민지 지배 아래서 입은 기본적 인권 침해에 대한 배상 문제는 협정과 무관한 문제이다. 일본이 만일 배상을 지불함으로써 청구권 문제가 해결되었다고 주장한다면, 일본은 청구권협정 1조와 2조의 관계에 대해 '법률적 상관성'이 없다고 주장했던 종래의 해석을 변경하고, 나아가 배상 지불의 전제가 되는 '식민지 지배의 불법성'을 인정한 것이라고 할 수 있다. 그렇다면 대법원 판결에 대한 일본의 반박 논리야말로 '1965년 체제'의 종언을 선언하고 있는 것이나 다름없다.

【미일 동맹 재구축과 한일 관계】

2019년 여름 일본이 한국에 취한 수출규제강화 조치는 군사력을 동원하지 않았을 뿐, 일방주의 외교의 전형이다. 2017년 9월에 나온 「제언, 미일동맹을 재구축한다提言, 日米同盟を組み直す」는 제목의 전략보고서가 일본의 조치를 이해하는 힌트를 제공하고 있다. 한국과 관련한 결론은 다음과 같다. 하나는 문재인 정부에 대해 2015년 합

의 이행을 지속적으로 요구할 것이며, 그 때문에 한일 관계가 냉각되더라도 상관없다는 것이고, 다른 하나는 문재인 정부가 지나치게 대북 화해에 나설 경우 미국과 함께 일본이 견제에 나서야 한다는 것이다. 이번 수출규제 무역전쟁 도발에 아베 총리와 그 주변이 공유하는 대일인식이 거칠게 반영되어 있다.

정치적 현실주의자로서 이들이 추구하는 것은 1920년대 일본의 외교를 모델로 한 것이다. 제국주의 열강의 협조에 불과했던 국제협조주의의 기치 아래 국제연맹을 이끌었던 영광의 일본 외교가 그 모델이다. 자유주의 국제 질서가 1917년의 세계사에서 발원하고 있고, 100년 만에 위기에 처한 자유주의 국제 질서의 수호자로 일본이 나서야 한다는 것이 이러한 생각의 기원이다. 일본의 도발이 3·1운동과 대한민국 임시정부 수립 100년의 해에 나온 것은 일본이 바라보는 1919년이 우리의 그것과 다르다는 점을 여실히 드러내 보여주었다.

일본이 먼저 주장하고 미국이 받아들인 모양새로 전개되는 인도태평양 전략도 재기하는 일본 구상의 일환이다. 트럼프의 미국을 상대로, 한편으로는 미일동맹에 미국을 묶어놓으면서, 다른 한편으로 미국이 일본을 버릴 때를 대비한 이중의 포석이 인도태평양 전략이다. 일본은 인도태평양에 관심을 갖는 미국과 전략적 이익을 선점해 공유하는 한편, 미국이 동아시아에서 빠져나갔을 때를 대비해 이 지역에 돌아오고 있는 영국 프랑스 등과의 관계를 정력적으로 발전시키고 있다.

【남북일 평화 삼각형과 한일 관계 재구축】

인도태평양 전략을 공유하는 미일동맹의 자장 속에서 한일 관계 재구축의 계기는 한일 관계를 밑변으로 삼고 남북 관계의 탑을 세워, 남북일 평화 삼각형을 구축하는 가운데 마련될 수 있다.

남북일 평화 삼각형의 밑변을 이루는 한일협력은 북한의 비핵화에서 일본의 역할을 견인해내는 것으로부터 시작된다. 북한의 비핵화는 동북아 비핵무기지대조약의 창출이라는 동아시아의 미래 구축을 위한 과제로 이어지는 고리가 될 수 있다. 2018년 남북은 판문점선언을 통해 한반도 비핵지대화에 대한 인식을 공유했다. 1998년 한일 파트너십 공동선언에서는 한국이 일본의 비핵 3원칙을 평가함으로써 한일 양국은 비핵평화의 가치를 공유했다. 2002년의 북일공동선언에서는 북한 핵문제를 국제법에 따라 해결한다는 원칙을 공유함으로써 북일 양자 사이에서도 비핵평화의 가치를 공유하고 있다고 할 수 있다.

이미 세 변의 양자 사이에서 확인된 비핵 평화주의를 남북일 공동의 인식으로 엮어내는 것으로 동북아시아에 비핵무기지대를 창출해낼 수 있다. 비핵평화는 아베조차도 쉽게 부인하지 못하는 일본의 국시이며, 일본의 시민사회가 가장 중시하는 가치이다. 2019년 7월에 실시된 참의원 선거에서 개헌 발의 의석을 채우지 못했음에도 오히려 개헌 드라이브를 걸기 시작한 일본에서 반전 비핵평화의 가치를 중심으로 시민사회가 재조직되는 조짐이 보인다.

평화 구축을 위한 한일협력은 한반도 정전을 전제로 성립한 '1965년 체제'와 어울리지 않는다. 남북일 평화 삼각형 구축을 위한 노력이 역사화해를 위한 한일협력을 견인해낼 수 있다. 1965년 한일국교정상화 이래 최악의 한일 관계의 원인은 다름 아닌 1965년 체제 그 자체이다. 1965년 체제란 그해 한일기본조약과 청구권협정을 체결해 국교를 정상화했음에도, 이들 조약과 협정에 대한 해석의 불일치 때문에 그 기초가 늘 흔들려왔던 것을 표현하는 용어다. 그 중에서도 핵심적인 것은 식민지 지배의 불법성 문제다.

이제 1965년 조약과 협정에 대한 양국의 해석을 일치시키는 일에 나서야 한다. 한일 양국이 1965년 체제의 한계를 극복해온 역사는 이 일이 불가능한 일이 아니라는 것을 가르쳐주고 있다. '1965년 체제'에 변화의 계기를 마련한 것이 위안부 문제 해결을 요구하며 조직된 우리 시민사회였다. 민주화를 이룬 영역에서 조직화한 시민사회가 우리 정부를 움직여 일본에 문제제기를 하면서 일본의 역사인식이 조금씩 진보했다.

일본 정부는 1993년 고노담화에서 위안부 문제에 대한 일본군의 관여를 인정했고, 1995년 무라야마담화에서 식민지 지배에 대한 사죄와 반성을 표명했다. 1998년 김대중-오부치 공동선언에서는 한국 국민을 구체적으로 지칭해 식민지 지배에 대한 사죄와 반성을 표명했고, 2010년 간 나오토 담화에 이르러서는 식민지 지배가 한국 국민의 의사에 반한 것이었음을 인정하기에 이르렀다. 이는 식민지 지배의 불법성을 확인할 논거가 될 만한 것이다.

이제 남은 것은 간 나오토 담화의 역사인식을 한국이 평가하고 일본과 공유하는 일이다. 이를 한일 양국이 역사화해의 대원칙으로 삼는다면 배상 문제를 둘러싸고 수학공식처럼 난무하는 해법들은 기술적인 문제에 불과한 것이 돼, 출구 모색은 새로운 단계를 맞이할 수 있다.

나아가 이를 징검다리 삼아 북한과 일본이 식민지 지배를 청산하는 길로 나간다면 2002년 북일공동선언에서 일본이 약속한 경제협력은 배상의 명목으로 실시돼 북일국교정상화의 기초를 이루게 된다. 궁극적으로는 한일과 북일 양자 사이에 공유된 인식을 삼자 사이에서 확인해 남북일 공동선언으로 엮어낸다면 한반도-일본의 과거사를 총괄해서 극복할 수 있을 것이다.

2020년은 도쿄 하계올림픽 대회 및 패럴림픽이 열리는 해다. 평창의 겨울에서 시작된 한반도 해빙의 기운이 도쿄의 여름으로 이어진다면, 남북일 평화 삼각형의 기초가 여기에 마련된다. 일본도 올림픽·패럴림픽의 성공을 위해 북한과의 관계개선을 모색하고 있다. 2019년 9월 국가안전보장국NSS 국장에 대북 접촉을 담당했던 기타무라 시게루北村滋가 임명되고, 이후 가네마루 신고金丸信吾 방북단에 이어 일본 의사회 간부 등의 방북단이 파견되는 움직임에서 그러한 흐름을 읽을 수 있다.

남북일 평화 삼각형의 가장 약한 고리인 북일 사이에서 관계개선을 이끌어내고, 세 가지 양자 관계를 하나로 묶어내는 것으로 위기에 빠진 한일 관계와 정체된 남북 관계를 돌파하는 것이 2020년 한국 외교의 과제다. 2020년 도쿄 올림픽·패럴림픽에 남북 단일팀을 구성해 파견하는 것이 그 시금석이다.

김정은과 트럼프는
다시 만날 수 있을까?

남문희(〈시사IN〉 선임기자)

2019년 10월 5일 스톡홀름에서 열렸던 '북한 비핵화와 한반도 평화 체제 구축을 위한 북미 실무회담'에서 북한이 결렬을 선언했다. 회담이 결렬된 데에는 북미 간 현안을 어떤 형식과 틀로 풀 것인가에 대한 양측의 시각 차이가 근본 원인이라고 할 것이다. 2020년 대선을 앞두고 있는 트럼프 대통령으로서는 2019년 2월의 하노이 회담 같은 실패가 반복되어서는 곤란하다. 따라서 실무회담을 통해 미리 성과에 대한 예측을 가늠할 수 있기를 원했다.

【김정은 위인 만들기 프로젝트】

북한은 생각이 다르다. 북미 회담은 회담의 성과만이 중요한 것이 아니다. 그 과정을 통해 김정은 위원장의 업적이 부각돼야 한다. 김정은 위원장이 역경을 헤치고 북미 관계 개선이라는 업적을 쌓음으로써 희대의 위인으로 북한 주민들에게 부상해야 하는 것이다. 이른바 '사회주의 강국 조선이 조미 대결전에서 최후의 승리'를 거두는 데 결정적인 위업을 쌓은 위인이 되는 것이다.

핵무력의 완성을 통한 '북미 대결전론'은 지난 2017년의 험악했던 정세를 이해하게 하는 단초가 된다. 북미 대결전을 위해 2017년 말까지 5대 핵타격 수단(ICBM, SLBM, 수소폭탄, 핵지뢰, 핵배낭)을 완성하기 위한 강행군을 해나가는 과정에서 불가피한 마찰이었다. 2017년 말 핵무력을 완성하고 2018년부터는 말 그대로 '북미 대결전'의 시대였다. 2018년 6월 12일의 싱가포르 회담과 2019년 2월의 하노이 회담은 바로 미국 대통령과의 담판을 의미하는 것이었다.

북한이 생각하는 앞으로의 북미 대결전의 양상은 무엇일까. '현재까지는' 미국 대선이 있는 2020년을 하이라이트로 설정하고 있다. 대선 직전인 2020년 9월 내지 10월 뉴욕에서 열리는 유엔총회에 김정은 위원장이 참석해 전 세계인을 대상으로 연설을 한다. 그

다음으로 뉴욕 또는 워싱턴에서 트럼프 대통령과 정상회담을 갖고 북한의 비핵화와 북미 관계 정상화를 맞교환하는 북미 공동선언을 채택한다. 이 자리에서 미국은 그동안 북한과의 관계에서 있었던 일들에 대해 유감을 표시한다.

북한 핵무력의 완성을 통한 북미 대결전, 그리고 미국 대통령과의 담판을 통한 비핵화와 북미 관계 정상화라는 위업은 북한 〈노동신문〉을 통해 '사회주의 강국의 최후의 승리'로 포장되어 선전된다. 김정은 위원장은 그 위업을 이끌어낸 위인으로 우뚝 서게 되는 것이다. 그럼 최후의 승리면 더 이상 할 게 없는 것 아니냐는 질문이 있을 수 있다. 그러나 그런 걱정은 하지 않아도 된다. 최후의 승리 다음에는 완전한 승리라는 또 다른 목표가 있기 때문이다. 즉 최후의 승리를 거둔 뒤에도 북한 체제는 북한 주민들을 사회주의 강국의 완전한 승리를 위한 투쟁의 길로 계속 선도하려 할 것이다.

다소 황당한 그림으로 여겨질 수도 있다. 당장 비핵화를 위한 실무회담조차 깨버리고 거친 언사로 대북 적대시 정책을 근본적으로 청산해야 한다는 등의 구태의연한 주장을 되풀이하는 북한 체제가 아닌가.

그러나 북한이 이런 시나리오에 입각해 모종의 준비를 해온 정황이 있다. 바로 2019년 8월 29일 열린 최고인민회의 제14기 2차 회의이다. 이 회의는 국무위원장의 권한을 강화해 국무위원장이 최고인민회의 법령과 국무위원회의 주요 정령 및 결정을 공포하고 특히 다른 나라 주재 외교 대표 임명 또는 소환 등의 권한을 가질 수 있도록 헌법을 개정하는 게 주요 목적이었다. 한마디로 김정은 위원장의 국무위원장으로서의 법적 지위를 더욱 공고하게 한 것으로 보통국가의 대통령 지위를 부여한 것이다. 헌법 개정 전에는 최고인민회의 상임위원장이 북한을 대외적으로 대표했다. 따라서 만약 2020년 10월 유엔총회가 열릴 경우 최룡해 최고인민회의 상임위원장이 가서 연설을 하거나 아니면 과거처럼 이용호 외무상이 하는 식이었을 것이다.

그런데 이제 김정은 위원장도 유엔에서 연설할 법적 지위를 갖추게 된 것이다. 제 나름의 계획이 없다면 구태여 이런 절차를 거칠 이유가 없었을 것이다. 아버지 김정일 위원장은 은둔의 지도자였다. 그러나 김정은 위원장은 다르다. 할아버지 김일성 주석처럼 뜨고 싶어 한다. 유엔총회 연설과 워싱턴 북미 공동선언이야말로 김 위원장이 국제적으로 뜰 수 있는 최상의 기회인 것이다.

【주체파의 등장과 안전보장 중시】

'김정은 위인 만들기'라는 북한 정권 최대 프로젝트를 염두에 두고 하노이 회담 결렬 후 2019년에 전개됐던 북한 내부 상황을 짚어보자. 하노이 회담 실패 후 김영철이 주도한 통전부가 비핵화 협상 일선에서 물러났다. 그 대신 이용호와 최선희가 주도하는 외무성이 최전선으로 복귀했다. 통전부에서 외무성으로의 주도권 변화에서 제일 두드러진 건 한국의 위상 변화다. 평창 올림픽 기간 국정원과 미국 CIA, 북한 통전부를 축으로 한 남북미 정보기관 간의 공조 체제가 무너진 것이다. 우리 국정원으로서는 북한 측 접촉 채널이 힘을 잃은 셈이다. 따라서 남북 관계가 애매해졌다.

그러나 하노이 회담 결렬로 상처를 받은 북한이 북미 관계보다는 북중 관계나 북러 관계 등의 '새로운 길'에 주력할 것이라는 일부의 관측은 오산이다. 통전부에서 외무성으로의 주도권 변화는 협상을 통해 핵문제를 해결하고 국제무대로 나가야 한다는 협상노선의 계승이라는 점에서 본질적 변화가 없다. 오히려 외무성은 전통적으로 북미 관계를 외교의 제일 목표로 한다는 점에서 대미 관계 비중이 커지면 커지지 줄어들지 않았다. 다만 북한이 남북 관계 대신에 북일 관계에 힘을 쏟을 가능성이 있다는 주장은 고려해볼 필요가 있다. 남측에 대한 기대가 충족되지 않음에 따라 북미 관계 다음 북일 관계 그리고 남북 관계는 그다음 수순으로 진행할 것이란 지적도 나온다. 그러나 실제로는 2020년에 북미 관계 정상화가 예정대로 진행되면 남북 관계와 북일 관계는 거의 동시에 재개될 가능성이 높다. 어쨌거나 목표가 북미 관계 정상화라는 점은 변화가 없다.

그럼에도 북한이 대미 관계보다 중국 러시아와의 관계를 더욱 중시할 것이라는 주장이 일각에서 계속 제기되는 이유는 무엇일까. 그것은 바로 북한 권력 내 '주체파'의 존재 때문이다. 주체파란 미국과의 협상에서 확실한 안전보장 담보 없이 핵을 포기하는 것을 극력 반대하는 일군의 세력을 말한다. 북한 권력 속성상 이들이 무리를 지어 있는 것은 아니지만 주로 군부나 당에 이런 주장을 하는 인사들이 꽤 있는 것으로 알려졌다. 미국을 믿을 수 없기 때문에 핵을 함부로 포기해서는 안 되고 포기하더라도 안전보장 방안이 확실하게 마련된 최후의 순간에 해야 한다는 것이다.

이들의 존재가 알려진 것은 2019년 4월경이었다. 당시는 통전부의 협상 노선을 반대하는 일군의 세력이 있다는 식이었다. 김일성 주석시대 이래 내려온 북한 정통 노선을 대변한다는 뜻에서 이들을 정통파라고 부르기도 하고 주체파라고 하기도 한다. 이 같은 명명은 이들과 반대쪽에 있는 통전부나 외무성 등의 협상파 인사들이 붙인 것이다.

주체파의 존재감이 알려진 것과 동시에 북한 내에서 안전보장에 대한 요구가 부쩍 커졌다는 점이 중요하다. 지난 하노이 회담까지만 해도 유엔제재 해제가 북측의 주요 요구사항이었다면 하노이 회담 결렬 이후 갑자기 안전보장에 대한 요구가 급상승했다. 2019년 10월 5일의 스톡홀름 북미 실무회담에서도 마찬가지다. 미국 측은 북한이 영변지역의 플루토늄과 우라늄 농축시설뿐 아니라 영변 바깥의 우라늄 농축시설을 폐쇄하는 대가로 하노이 회담 당시 제안했던 북미연락사무소 개설과 무역·금융 엠바고 해제 및 국제금융기구 진출이라는 기존의 패키지에 섬유 석탄 등 북한의 주요 수출품에 대해 3년간 수출통제를 유예하는 방안 등을 제시한 것으로 알려졌다. 주로 제재완화 등 경제적 보상책들이다.

【북미 관계를 좌우할 미국 정세】

그러나 북측은 지난번 회담에서 안전보장 방안을 집중적으로 들고 나온 것으로 알려졌다. 구체적으로는 한미 훈련 중단과 한국에 대한 미국 최첨단 전략무기 판매 중단 등이다. 김정은 위원장도 이들 주체파의 목소리를 무시할 수 없다는 점에서 이들이 주안점을 두는 안전보장에 대한 요구가 앞으로 북미회담에서 핵심적인 지위를 계속 차지하게 될 것이다.

그다음 통전부가 협상을 맡든 외무성이 협상을 맡든 이들 협상파들의 목표는 모두 똑같다. 협상의 모든 과실이 김정은 위원장 띄우기에 맞춰져야 한다는 점이다. 지난 하노이 회담의 실패는 아직 젊은 지도자인 김 위원장의 평판에 상처를 주는 것이었다. 북미 협상을 '북미 대결전'으로 인식하는 북한 입장에서는 젊은 지도자가 노화한 미국 대통령한테 한방 얻어맞은 셈이다. 따라서 갚아줄 필요가 있다. 그런 면에서 지난 스톡홀름 실무회담은 북한이 하노이에서 당한 수모를 큰 부담 없이 되갚아주기에 매우 적절한 무대였다고 할 것이다. 우크라이나 스캔들로 국내적으로 탄핵 공세에 시달리는 트럼프 대통령으로서는 비난을 피해 한숨을 돌릴 계기로서 회담 성과에 기대가 컸을 텐데 북측의 예기치 않은 '복수극'에 다시 얻어맞은 꼴이다.

그러나 북한의 궁극적인 목표가 북미 회담을 좌절시키겠다는 것이 아니고 더군다나 2020년을 기해 관계를 최정점으로 끌어올리겠다는 것인 만큼 2019년 안에 극적인 타결이 이뤄질 가능성은 배제할 수 없다. 협상이 재개된다면 실무회담 방식은 아닐 것이다. 실무회담은 상대방의 입장을 탐색하는 것에 국한되지 거기서 감히 어떤 식이든 결정을 내릴 수는 없다. 북한에서 그것을 할 수 있는 사람은 김정은 위원장뿐이다. 따라서 늦어도 2019년 12월 중에 김 위원장과 트럼프 대통령이 깜짝 회동을 할 가능성을 배제할 수 없다. 이게 돼야 2020년 1월의 신년사를 비롯해 10월의 유엔총회 연설 및 북미 공동선언 등의 계획을 짤 수 있기 때문이다.

그런데 변수가 한 가지 있다. 바로 미국 국내 정세가 요동을 치고 있는 것이다. 트럼프 대통령의 탄핵국면이 심상치 않다. 탄핵까지는 안 가더라도 재선에 어떤 영향을 미칠 것인가가 변수다. 2020년

9~10월 김정은 위원장의 유엔총회 연설과 워싱턴 북미 공동선언은 트럼프 대통령의 재선을 전제로 한 시나리오이기 때문이다. 스톡홀름 회담 무산 후 미국 측은 2주 안에 다시 실무회담을 갖자고 했지만 북측은 그보다 더 긴 시간을 필요로 할 가능성이 높다. 적어도 미국 내 상황이 어느 정도 윤곽이 드러날 때까지는 관망하려 할 것이다. 대체로 2019년 11월 말까지는 미국 국내 정세 분석에 몰두할 가능성이 높다.

III

제조업 위기와 한국 경제의 전환

한국 경제에서 국제 분업 구조, **불평등, 경제성장의 상호작용**[1]

최병천(소득주도성장특위 전문위원)

'정치를 통해 좋은 세상 만들기'를 성공하려면 두 가지가 필요하다. 첫째, 권력이다. 실제로 권력을 잡아야 한다. 권력은 권한의 확보를 의미한다. 둘째, 솔루션을 갖고 있어야 한다. 대통령이 되어도, 과반이 넘는 국회의석이 있어도, 솔루션이 없으면 좋은 세상을 만들 수 없다. 좋은 세상은 아름다운 수사rhetoric로 만들어지는 것이 아

---

1) 본 내용은 소득주도성장특위 입장과 무관하며, 발표자 개인 의견임을 분명히 밝힙니다.

니라 좋은 정책수단으로 만들어진다.

불평등과 경제성장은 경제 정책에서 가장 중요한 두 가지 테마이다. 불평등과 경제성장에서 실제로 진전이 있으려면, 그간의 역사에서 실제로 불평등과 경제성장이 어떻게 상호작용했는지 정확한 원인분석이 선행되어야 한다.

소득 불평등은 크게 두 종류가 있다. 임금 노동자만을 대상으로 하는 임금 불평등과 미취업자와 비非노동을 포함하는 가구소득 불평등이다. 임금 불평등은 '개인'을, 가구소득 불평등은 '가구'를 기준으로 한다. 이 글은 임금 불평등, 혹은 노동시장 불평등을 중심으로 다룬다.

【1995년 불평등 미스터리】

우리는 흔히 한국의 불평등은 '1997년 IMF 외환위기 때부터' 확대됐다고 알고 있다. 언론에서도 그렇게 보도되고, 경제학자, 사회학자들도 그렇게 말한다. 경제학 교수가 쓴 불평등에 관한 책에서도 흔히 접할 수 있다. 그러나 이런 주장은 모두 사실이 아니다. 그들은 모두 '데이터'를 들여다보지 않고 이야기하는 것이다. 〈그림 1〉은 전체 노동자 중에서 상위 10% 집단의 임금비중이다. 〈그림 1〉에서도 알 수 있듯, 한국의 불평등은 1995년부터 확대되기 시작한다

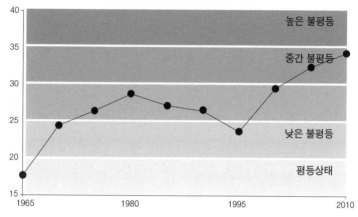

〈그림 1〉 상위 10% 집단의 임금 비중

자료: 홍민기(2015), 「최상위 임금비중의 장기추세(1958~2013)」, 「산업노동연구 제21권 제1호」, 191~220쪽.

(사용하는 자료에 따라 1994년부터 불평등이 확대되기도 한다. 임금 불평등은 1994년~1995년경부터 확대된다).

박정희는 1973년 중화학공업을 추진하고, 1978년에 불평등은 정점을 찍는다. 이후, 1995년까지 꾸준히 감소한다. 그러니까 1978~1995년까지, 무려 17년 동안 불평등은 '축소'된다. 이 기간 동안 한국 자본주의에서 경제성장과 불평등 축소가 동시에 이뤄진다. 박정희가 주장하던 낙수落水효과가 실현됐다는 점에서, '낙수효과의 전성기'라고 할 수 있다. 이후 1995년부터 불평등이 확대되기 시작한다. '1995년 불평등 미스터리'이다. 왜, 1995년부터 불평등이 확대되기 시작한 것일까? 내가 과문해서인지, 이에 대해 명쾌하게 설명하는 경제학자의 주장을 접하지 못했다. 개인적으로 지난 몇 년간 씨름했던 화두이기도 하다. 1995년부터 불평등이 확대된 원인을 정확히 분석할 수 있다면, 우리는 불평등을 해결할 실마리도 찾을 수 있을 것이다.

【1987년 노동자 대투쟁, 1992년 덩샤오핑의 개방, 1992년 한중 수교】

결론부터 말해, 1995년부터 불평등이 확대된 원인은 세 가지 사건이 결합했기 때문이다. ①1987년 노동자 대투쟁 ②1992년 덩샤오핑의 남순강화 ③1992년 한중 수교이다.

첫째, 1987년 6월항쟁 이후 민주화 공간이 열리면서, 1987년 7, 8, 9월을 시작으로 노동자 대투쟁이 벌어진다. 1987~1991년 사이에 약 5000개의 노동조합이 새로 설립된다. 조합원 수는 1986년 100만 명 수준에서 1989년 193만 명으로 급증한다. 〈그림 2〉는 1985~2006년까지 노사분규 지표 추이를 보여준다. 1987~1991년까지 5년 동안 노사분규 발생건수는 약 7500건에 달한다. 파업 참가자 규모는 약 200만 명, 파업손실 일수는 2만 7000일에 달한다. 이 기간 동안 '급격한' 임금인상이 발생했음은 물론이다.

둘째, 1992년 1~2월 덩샤오핑이 남순강화를 한다. 1976년 마오

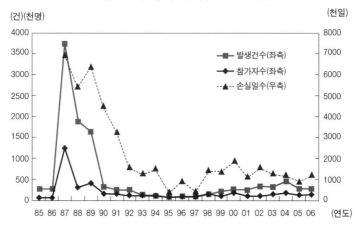

〈그림 2〉 노사분규 지표 추이 (1985~2006년)

(건)(천명)   (천일)

- ■ 발생건수(좌측)
- ◆ 참가자수(좌측)
- ▲ 손실일수(우측)

85 86 87 88 89 90 91 92 93 94 95 96 97 98 99 00 01 02 03 04 05 06 (연도)

자료: 배규식 외(2008), 『87년 이후 노동조합과 노동운동』 한국노동연구원, 247쪽.

쩌둥이 죽고, 1978년 덩샤오핑은 주석이 된다. 덩샤오핑은 개혁개

방을 추진한다. 그러나 보수파의 반발도 만만치 않았다. 1989년 천

안문사건이 발생한다. 개혁개방을 지지하던 학생들이 미국식 민주

주의를 요구하며 시위를 했다. 천안문 시위 학생들은 넓게 보아 덩

샤오핑의 개혁개방을 지지하던 사람들이다. 다만, '미국식 민주주

의'까지 요구했으며, 중국 공산당의 일당독재를 부정하려 했다. 덩

샤오핑은 무력진압을 지시한다. 천안문 진압 이후, 덩샤오핑의 입지

는 좁아졌다. 섣부른 개혁개방으로 학생들의 민주화 시위를 불러일

으키고, 유혈진압을 지시한 모양새가 됐다. 보수파의 승리인 것처

럼 보였다. 그런데 새로운 상황이 발생한다. 1989~1991년에 걸쳐

동독, 동유럽 공산주의 국가들, 소비에트 연방이 순차적으로 붕괴한다. 중국 공산당의 보수파들 역시 충격을 받는다. 중국 공산당의 다수는 개혁개방을 하지 않으면 체제가 붕괴될 수 있다는 공감대를 형성한다. 이때 덩샤오핑이 '마지막 승부수'를 던진다. 정계 은퇴와 함께, 그간 자신이 추진했던 경제특구 지역을 방문한다. 상하이, 선전, 주하이 등이다. 소득상승 혜택을 봤던 남쪽 경제특구의 지역에서는 엄청난 인파가 몰려들어 덩샤오핑을 환영했다. 덩샤오핑은 개혁개방의 필요성을 재차 주장한다. 덩샤오핑의 남순강화를 계기로 중국 공산당 내부에서는 '개혁개방 노선'이 완전한 주도권을 갖게 된다. 이후 중국은 외국자본 유치, 수출 확대, 제조업 육성을 적극적으로 추진한다.

셋째, 1992년 한중 수교이다. 당시 노태우 대통령은 88올림픽을 계기로 북방외교를 했다. 1990년에는 소련과 수교를 맺고, 1992년에는 중국과 수교를 맺었다. 1987~1991년은 대규모 노사분규로 인해 인건비가 급상승한 상태였다. 한국 제조업은 수출중심 모델이었다. 박정희 정부는 수출시장에서 가격 경쟁력을 위해 노동3권과 노동기본권을 탄압했다. 임금은 노동생산성을 넘지 않는 수준으로 '억제'되었다. 1987년 민주화 이후, 노동운동도 함께 폭발한다. 한국 제조업은 가격 경쟁력을 앞세운 수출로 먹고살았다. 노동운동의 활성화는 박정희 모델의 위기를 의미했고, 이는 동시에 경쟁력의

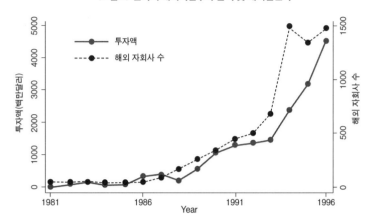

〈그림 3〉 한국의 해외직접투자 금액 및 해외법인 수

자료: 이홍식(2013), 「해외직접투자가 고용 및 생산성에 미치는 효과」, 『생산의 국제화와 고용구조의 변화』,
KDI 연구보고서, 121~123쪽.

위기를 의미했다. 임금 경쟁력에 의존하던 기업은 실제로 힘들어졌다. 바로 그때, 1992년부터 중국이 본격적인 개방을 추진했다. 중국은 자본의 해방구 혹은 탈출구로 작동하게 된다. 중국으로 진출하는 한국의 해외직접투자FDI가 급증한다. 다른 한 축으로, 국제 시장에서 저底기술-제조업 분야의 한국 제품은 비교우위를 상실하게 된다. 〈그림 3〉은 '한국의 해외직접투자 금액 및 해외법인 수'를 보여준다. 1981년 50개뿐이던 FDI 법인 수는 1996년 1480개로 증가했다. 1981년 5700만 달러에 불과하던 투자금액은 1995년 32억 2000만 달러로 급증한다.

1992년 즈음부터 해외직접투자가 '급증'하는 것을 한눈에 알 수 있다. 〈그림 3〉은 '자본의 탈출 현황'을 보여주는 그래프이기도 하다. 이때 대구의 섬유산업, 부산의 신발산업, 가죽산업 들이 경쟁력을 잃게 된다. 이들은 한국 노동시장 전체로 보면, 중임금 노동자들이었다. 제조업은 교역재, 서비스업은 비非교역재 특성이 강하다. 저기술-경공업 제조업 분야는 가성비 경쟁에서 중국에게 밀리게 되어 노동시장에서 퇴출된다. 반면, 서비스업은 '내수 시장'의 성격이 강하다. 제조업에서 퇴출된 노동자들은 내수를 기반으로 하는 저부가가치-서비스업으로 대규모 이동을 하게 된다. 음식숙박-도소매업이다. 음식숙박-도소매업 분야는 이때부터 공급과잉-과당경쟁 상태가 된다.

중임금 노동자는 줄어들고 저임금 노동자는 늘어났다. 왜? 자본의 착취 때문에? 재벌의 갑질 때문에? 신자유주의 때문에? 아니다. 가장 주된 이유는 중국경제의 부상 때문이다. 더 정확하게 표현하면, 민주화 이후 가성비 경쟁에서 중국에 밀렸기 때문이다. 직관적으로 비유하면, 한국 노동자들이 200만 원에 만드는 제품을 중국에서는 100만 원에 만들었기 때문이다. 사실 이 구도는 1980년대 후발공업화 국가였던 한국이 조선산업에서 스페인, 스웨덴 등 유럽 제조업을 추격하던 방법이기도 하다.

【1990년대 공산주의 몰락 이후 세 가지 변화】

우리는 지금까지 한국의 노동시장 불평등이 '1995년부터' 증가된 것을 살펴봤다. 그런데 미국, 유럽을 포함한 대부분의 선진국도 1990년대 중반부터 불평등이 심화된다. 국제 분업 구조와 한국의 불평등과 경제성장의 상호작용을 알기 위해서는 1990년대 이후 세계경제의 변화를 거시적으로 조망할 필요가 있다.

1989~1991년 사이에 동독, 동유럽, 소련이 순차적으로 몰락한다. 20세기 냉전은 미국과 소련의 대결이었다. 동유럽에서는 민중의 봉기로 인해, 중국에서는 덩샤오핑의 개혁개방 노선을 통해 계획경제에 기반한 공산주의 일당독재 모델은 붕괴한다. 정치적으로는 자유민주주의, 경제적으로는 자본주의 체제가 승리한 것처럼 보이게 된다. 이후, 몰락한 공산주의 국가들도 '자본주의적 산업화' 대열에 뛰어들게 된다. 해외자본을 유치하고, 제조업을 키우고, 수출 경쟁에 참가한다. 이때 합류한 나라들이 중국, 인도, 동유럽, 러시아 등이다. 자본주의 국제 분업 구조 관점에서 볼 때, 1990년대 이후 세 가지 변화가 발생한다.

첫째, '거대한 두 배great doubling'이다. 〈그림 4〉는 공산주의 붕괴 이후, 전 세계 노동자 수의 변화를 나타낸 것으로, 1990년과 2000년을 비교한 수치다.

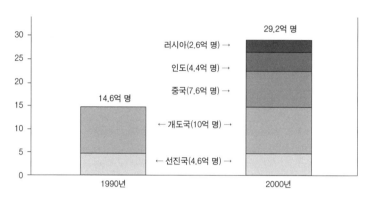

〈그림 4〉 공산주의 붕괴 이후, 전 세계 노동인력 규모

자료: 윤희숙(2015), 「복지부문 발전과정과 이슈」, KDI(한국개발원), 재인용.

1990년, 공산주의 국가들이 몰락하기 이전의 세계 인구는 60억 이었다. 그중에서 자본주의 시장경제에 해당하는 나라는 의외로 많지 않았다. 중국, 인도, 동유럽, 아프리카, 남미, 동남아시아는 공산주의 국가였거나 농업 국가였다. 비자본주의 국가들이 훨씬 더 많았다. 1990년에 세계적으로 '자본주의적 임금 노동자' 규모는 약 14억 6000명이었다. 공산주의 몰락 이후, '추가로 합류한' 임금 노동자의 수 또한 14억 6000명 규모였고, 합계 29억 2000명으로 늘어났다. 세계적으로 보면, 노동자 수는 두 배로 늘어났다. 경제학자 리처드 프리먼은 이를 두고 '거대한 두 배'라고 표현한다.

둘째, 하이퍼 글로벌라이제이션hyper-globalization, 즉 국제교역량이 급증한다. 〈그림 5〉는 1960년대부터 2010년대까지 세계 GDP 대

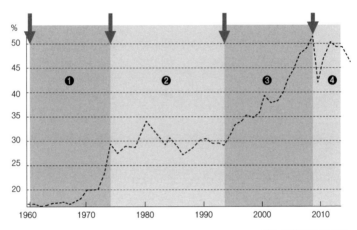

〈그림 5〉 1990년대 이후, 국제교역량의 급증

자료: 세계은행 데이터베이스.

비 교역량의 변화를 보여준다. 〈그림 5〉는 크게 네 개의 시기로 구분할 수 있다. ①구간은 1960년대~1970년대 중반까지 국제교역량 확대기 ②구간은 1970년대 중반~1990년대 중반까지 국제교역량의 정체기 ③구간은 1990년대 중반~2008년까지 국제교역량의 급증기 ④구간은 2008년 세계금융위기 이후~현재까지 국제교역량의 정체 혹은 하락기이다. 이 중에서 특히 ③구간이 하이퍼 글로벌라이제이션 구간이다.

〈그림 6〉은 세계 경제성장률 추이(1700~2007년)를 보여준다. 1990년대 중반은 하락하던 세계 경제성장률 추세가 다시 반등할 정도로 강력한 힘을 발휘했다. 세계적으로 성장률이 급증했다는 점

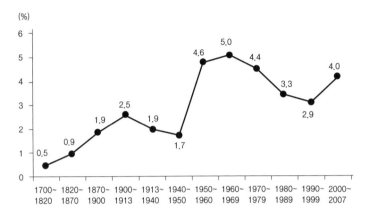

〈그림 6〉 세계 경제성장률 추이(1700~2007년)

자료: 기획재정부(2013), 『대한민국 중장기 정책과제』 31쪽 재인용. 자료 : Angus Maddison(2008.10), Statistics on World Population, GDP and per Capita, 1~2006 AD.

에서 '제2의 황금기'라고 표현한다. 1990년대 이후~2000년대 이후 한국의 높은 경제성장률은 상당부분 '중국 효과' 때문이었다. 이 시기에 한국은 1인당 국민소득 2만 달러를 돌파하게 된다.

셋째, 중숙련-중임금 노동자의 몰락이다. 〈그림 7〉은 1995년과 2015년의 기술수준별 고용비중의 변화를 나타내고 있다. 남유럽, 북유럽, 서유럽, 북미(미국, 캐나다, 멕시코), 일본, 중부유럽(헝가리 등)을 구분하고 있다. 기술수준을 셋으로 나눴다. 저숙련, 중숙련, 고숙련이다. 〈그림 7〉에서 가장 중요한 관전 포인트는 '중숙련-중임금 노동자'의 몰락이다. 반면, 저숙련-저임금 노동자와 고숙련-고임금 노동자는 고용이 확대됐다. 1990년대 이후, 이러한 변화는 미국 노

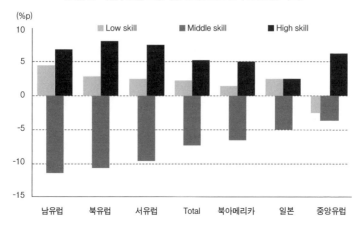

〈그림 7〉 기술수준별 고용비중 변화(1995년과 2015년 비교)

자료: 이재우(2019), 한국수출입은행 해외경제연구소, 「대외경제 환경변화와 한국경제의 과제」,
「급변하는 대외환경과 한국경제의 대응방안」, 한국경제학회-소득주도성장특별위원회 공동토론회.

동시장에서도 나타나고, 한국 노동시장에서도 유사하게 나타난다. 중국 등 후후발後後發 공업화 국가에 비해, 자본주의 산업화 수준이 성숙했던 선진국의 거의 모든 나라에서 노동시장 불평등이 확대되는 근본 원인이다.

【전 세계적 경쟁격화와 비교우위 양극화 시대에 무엇을 할 것인가?】

중숙련-중임금 노동자는 왜 몰락하고 있는가? 고숙련-고임금 노동자의 고용은 왜 증가하는가? 저숙련-저임금 노동자의 고용은 왜 증가하는가? 그 이유는 1990년대 이후 세계화의 본질이 '경쟁격화'이기 때문이다. 다르게 말하면, 비교우위의 양극화이다. 누구의 경쟁이 격화됐는가? 모든 경제주체가 다 포함된다. 국가, 산업, 기업, 지역, 개인이 모두 경쟁격화 상황에 놓이게 됐다.

요컨대, 현재 우리가 겪고 있는 노동시장 불평등의 원인은 자본의 음모 때문도 아니고, 신자유주의적 반격 때문도 아니고, 재벌의 갑질 때문도 아니다. 물론 이런 요인들도 부분적으로 영향을 미쳤을 수 있다. 그러나 상대적으로 부차적인 요인이다. 1990년대 이후, 불평등 확대도, 경제성장률의 상승과 둔화도 '국제 분업 구조의 재편'이 결정적이었다.

'글로벌, 경쟁격화' 상황에서 대안적 방향성은 무엇인가? 크게 세 가지 대응이 중요하다. ① 국제 경쟁력을 갖추는 공급 측 역량강화가 중요하다. 공급측 역량강화의 핵심은 '규모의 경제'이다. 더 많은 중소기업이 대기업이 될 수 있도록 도와줘야 한다. 중소기업에 대한 과잉보호 정책은 '규모의 비경제'를 촉진하는 것과 같다. 신중해야 한다. R&D 투자, 수출 지원 체계의 정비, 고등교육 내실화가 중요하다. ② 우리 내부의 비효율과 투쟁해야 한다. 생산성과 괴리가 심한 연공급 임금체계 개혁, 규제 개혁, 공공부문 개혁 등이 중요하다. ③ 효율적이면서도 포용력 있는 사회안전망 체계를 갖춰야 한다. 경쟁격화는 필연적으로 더 많은 패자를 만들어낸다. 패자부활전이 가능하도록 도와줘야 한다. 소득의 50%에 달하는 높은 수준

의 세율과 보편증세를 전제로 설계된 북유럽 방식의 보편복지가 한
국에서도 적절한 것인지 의문이다. 자칫 가난한 사람이 더 배제되
는 복지체계가 될 가능성이 높다. 재원 마련 방안과 더불어, 국제 분
업 구조, 산업 구조, 고용 구조와의 연계를 전제로 복지제도 재설계
를 검토해야 한다.

글로벌 금융시장을 중심으로 보는
세계 경제와 한국 경제

이기원(한화자산운용 펀드매니저)

은행이 예금에 보관 비용을 부과한다면 누가 예금을 할까? 은행에서 돈을 빌릴 때 이자가 없다면 대출을 받지 않을 사람이 있을까? 상상하기 힘든 일이 현실이 됐다. 유럽중앙은행European Central Bank, ECB이 2014년 6월 예금 금리를 -0.1%로 내린 후, 유럽의 은행들은 중앙은행에 예치한 예금에 이자를 지불한다. 은행들은 곧 고객들의 요구불예금 계좌에 비용을 전가했다. 예금 금리가 마이너스가 된 것이다. 이후 유럽중앙은행이 추가로 예금 금리를 인하하면서 마이너스 금리의 골이 더 깊어졌다. 독일, 프랑스, 벨기에 등 유럽 주요국의 장기 국채 금리도 마이너스로 떨어졌다. 지멘스Siemens 같은 독일 우량 대기업은 마이너스 금리로 채권을 발행한다. 기업이 돈을 빌리는데 오히려 이자를 얹어준 것이다. 그뿐만 아니라 일부 국가에서는 주택담보대출 금리도 마이너스다. 덴마크의 유스케 은행Jyske Bank은 10년 만기 주택담보대출 금리를 -0.5%로 설정했다. 이제 은행에서 돈을 빌리면 이자를 받는다.

【마이너스 금리 시대】

2019년 글로벌 금융시장의 화두는 마이너스 금리였다. 주요국 금리가 동반 하락하면서 미국을 제외한 대부분의 선진국(독일, 프랑스, 일본 등) 채권은 마이너스 금리에 거래된다. 2019년 8월 말 기준, 전 세계 유통 채권의 약 25%가 마이너스 금리 상태다. 마이너스 금리 채권 잔액은 약 16조 달러(한화 1904조 원)에 달한다.

마이너스 금리는 이제 일반적인 현상이다. 유럽중앙은행이 2019년 9월 예금 금리를 -0.5%로 추가 인하하면서 상당 기간 현재 수준의 금리를 유지할 것이라고 밝혔다. 유로Euro를 사용하지 않는 다른 유럽 선진국도 잇달아 마이너스 금리를 도입했다. 스위스, 덴마크, 스웨덴의 기준 금리와 국채 금리(10년 금리 기준)는 모두 마이너스 상태다. 일본도 2016년 1월 기준 금리를 -0.1%로 내리면서 마이너스 대열에 동참했다. 심지어 일본은행Bank of Japan은 국채 10년 금리를 -0.1%로 고정하는 방안까지 실행했다. 국채 금리를 강제로 마이너스에 못 박아둔 것이다.

주요 선진국이 경쟁적으로 마이너스 금리를 도입한 까닭은 침체된 경제에 활력을 불어넣고, 낮아진 물가 상승률을 높이기 위해서다. 예금 금리가 마이너스가 되면, 고객들이 은행 예금을 찾아서 현금으로 유통할 수 있다. 이 과정에서 예금 일부가 재화와 서비스를 소비하는 데 흘러들어갈 것이다. 또 기업들이 무이자로 돈을 빌릴 수 있다면 설비투자를 늘리는 데 큰 부담이 없다. 공장을 짓고 기계 설비를 확충하는 과정에서 수요가 창출되고 경기가 회복될 것으로 기대한 것이다. 하지만 한편으로 유럽중앙은행의 선제적인 마이너스 금리 정책은 주변 국가에 부담으로 작용했다. 극단적인 통화정책(마이너스 금리와 양적 완화)으로 유로화가 저평가되면 주변국의 통화는 상대적으로 고평가되기 때문에 수출 경쟁력이 훼손된다. 그뿐 아니라 통화가 고평가되면 수입품 가격이 하락해 물가 상승률도 낮아진다. 한 나라가 강하게 마이너스 금리 정책을 도입할수록 이웃 국가는 경제성장과 물가 상승률 부양 측면에서 불리해진다. 이를 예방하려면 이웃 국가도 경쟁적으로 마이너스 금리 정책을 도입할 수밖에 없다. 유럽중앙은행이 전격적으로 마이너스 금리 정책을 시행하면서, 유로를 사용하지 않는 스위스, 스웨덴, 덴마크 금리가 모두 마이너스로 떨어진 이유다. 마이너스 금리는 마이너스 금리를 낳는다.

마이너스 금리 시대는 생각보다 오래 이어질 가능성이 높다. 경제성장률과 물가 상승률을 높이기 위해 도입한 마이너스 금리 정책이 큰 효과를 발휘하지 못하고 있기 때문이다. 우선, 마이너스 금리를 도입한 대부분의 나라에서 소비자물가 상승률이 예상보다 낮은 수준을 유지하고 있다. 유로존 소비자물가 상승률은 유럽중앙은행이 전격적으로 마이너스 금리를 도입한 2014년 6월 이후 평균 0.9% 수준에 머물러 있다. 중앙은행이 목표로 삼는 2% 물가 상승률에 크게 미달하는 수준이다. 심지어 그리스, 포르투갈 등 유로 주변부 국가는 2019년에 디플레이션에 진입했다. 디플레이션은 재화와 서비스의 명목가격이 지속적으로 하락하는 현상으로, 물가가 한번 낮아지기 시작하면 벗어나기 쉽지 않다. 일본도 이른바 아베노믹스라는 강력한 통화와 재정 정책을 수년간 지속 중이지만 물가 상승률은 1% 아래에 머물러 있다.

유럽중앙은행과 일본은행이 수년 이상 마이너스 금리 정책을 시행하고 있지만 끝이 보이지 않는다. 오히려 마이너스 금리의 골이 깊어지고 있다. 마이너스 금리는 저성장·저물가를 벗어나기 위한 고육지책이라 해당 정책을 시행해야 할 만큼 궁지에 몰렸다면 이미

늦었을 수도 있다. 일본의 경우 지난 20년 동안 이어진 저성장과 디플레이션으로 경제 구조가 만성적인 침체에 빠졌다. 마이너스 금리는 저성장·저물가의 결과이기 때문에 경제 활력이 살아나지 않는다면 마이너스 금리에서 벗어나기 힘들다.

몇몇 공신력 있는 기관은 마이너스 금리 정책이 오히려 해로울 수 있다고 경고한다. 미국 샌프란시스코 연방준비은행FRBSF은 2019년 8월 일본의 마이너스 금리 정책이 물가 상승률을 견인했다는 증거가 없다는 보고서(「Negative Interest Rates and Inflation Expectations in Japan」)를 발표했다. 마이너스 금리 시행이 디플레이션이 올 거라는 우려를 더 악화시켰을 수도 있다는 것이다. 국제결제은행Bank for International Settlements도 지나치게 낮은 금리가 금융기관의 건전성을 저해해 경제에 악영향을 준다는 견해를 여러 차례 표명했다. 마이너스 금리 정책이 경제성장과 물가를 제고하지 못한다면 우리나라를 포함한 다른 나라들도 모두 불행해진다. 세계 2위(유럽)와 4위(일본) 규모 경제권이 만성적인 저성장·저물가에서 벗어나지 못하면 주변 나라도 성장·물가에 부정적인 영향을 받을 수밖에 없기 때문이다.

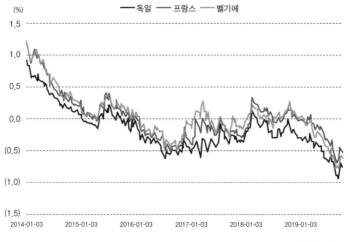

〈그림 1〉 독일, 프랑스, 벨기에 국채 5년 금리

━━ 독일 ━━ 프랑스 ━━ 벨기에

자료: Bloomberg.

【한국의 저성장·저물가 시대】

　한국도 상당 기간 저성장·저물가 기조가 지속될 수 있다. 우선 2019년 8월 소비자물가지수 전년 동월 대비 상승률은 −0.04%, 반올림해 0%로 통계청이 소비자물가지수를 집계한 이래 최저 상승률을 기록했다. 소비자물가지수 상승률이 2017년 8월 이래 지속적으로 낮아지면서 우리도 인플레이션보다 디플레이션을 걱정해야 할 상황이다. 중국 같은 주변국 및 유럽, 미국 등 선진국 물가 상승률이 전반적으로 하락하는 상황에서 한국의 물가 상승률만 반등하기는 어려워 보인다. 무엇보다 경제성장률도 낮아지고 있다. 2019년 2분기 한국의 GDP 전년동기 대비 성장률은 2%로 잠재성장률 아래로 내려왔다. 잠재성장률은 한 나라가 물가 상승을 유발하지 않고 달성할 수 있는 경제성장률의 최대치를 뜻한다. 한국은행은 우리나라 잠재성장률을 2%대 중반으로 추정한다. 2017년 3분기를 정점으로 성장률이 지속적으로 둔화하고 있다.

세계적인 경기둔화로 수출 수요가 감소하는 상황에서 한국의 물가와 성장률 제고는 쉽지 않다. 금융위기 이후 중국의 강력한 재정 지출과 투자 수요는 한국의 수출을 견인해왔다. 하지만 중국의 경제성장률은 2011년 10%를 정점으로 2019년 2분기에는 6.2%까지 지속적으로 낮아졌다. 성장률 증가 속도와 투자 수요가 함께 감소하면서 중국이 예전처럼 다른 나라의 재화를 수입하지 못한다. 연평균 두 자리 수로 증가하던 중국의 수입은 2019년 8월에 5.6% 감소했다. 우리나라 수출 비중 1위를 차지하는 중국의 수요 둔화는 현재 우리 경제가 직면한 가장 큰 위협이다.

【마이너스 금리 시대가 의미하는 것】

마이너스 금리가 펼쳐진 세상은 우울하고 활력이 떨어질 가능성이 높다. 마이너스 금리는 저성장·저물가를 극복하지 못해서 지속

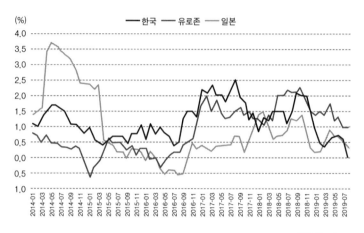

〈그림 2〉 한국, 유로존, 일본 소비자물가 상승률

자료: Bloomberg.

된다. 마이너스 금리는 가계와 기업이 물가 또는 성장률이 미래에도 하락한다고 체념할 때 발생한다. 기업이 열심히 사업해도 매출이 오르기 힘들고, 개인이 열심히 일해도 소득이 오르기 어려운 세상이다. 20년 앞서 저성장·저물가·저금리를 경험한 일본이 암울한 터널이 어떤 모습인지 보여줬다. 미래에 대한 희망이 거세된 소비자는 더욱 지갑을 닫고 저축에 힘쓴다. 기업에서는 내수 매출이 감소해서 투자를 줄이는 악순환이 나타난다. 설령 대출 이자가 없어도 투자 수익에 대한 기대가 없어서 돈을 빌려가지 않는다.

마이너스 금리는 저성장·저물가가 빚어낸 현상이다. 마이너스 금리 자체가 부정적인 경제 상황을 잉태하진 않는다. 경제가 다시 활기를 띠고 물가 상승에 불이 붙는다면 이자율도 다시 높아질 것이다. 단지, 마이너스 금리가 지속되는 현상은 예전 같은 경제성장이 힘들다는 방증일 뿐이다.

경제가 저성장과 물가하락의 악순환에 빠지면 탈출이 쉽지 않다. 일본은 20년째 물가하락 속에서 발버둥치는 중이나 해결이 요원하다. 유럽은 일본의 길을 뒤따르고 있다. 따라서 기조적인 저성장과 물가하락에 빠져들기 전에 강력한 사전 예방조치로 경제를 다시 정상궤도에 올려놓아야 한다. 일본의 경우 1990년대 초반 주식/부동산 버블 붕괴 이후 부양책이 미온적이고 후행적이었다는 비판을 받는다. 버블 붕괴 초기에 적극적으로 통화 및 재정 정책으로 경기를 부양했다면 물가하락 악순환을 조기에 차단할 수 있었다는 것이다. 유럽은 각국의 이해관계가 얽힌 상황에서 독일처럼 경제 체력이 튼튼한 국가가 그리스, 포르투갈 등 체력이 약한 국가를 위해 재정부양 조치를 취하는 일을 망설이면서 상황을 악화시켰다.

한국을 둘러싼 환경은 결코 우호적이지 않다. 한국 소비자물가 상승률은 디플레이션을 눈앞에 두고 있고, 중국과 미국 제조업 경기가 둔화하면서 한국 경제의 주축인 수출이 감소하고 있다. 이런 상황에서 다른 선진국이 경기 침체라도 겪는다면 한국도 동반 침체를 겪을 가능성이 높다. 다행히 한국은 필요할 때 쓸 수 있는 카드가 아직 남았다. 우선 한국은 정부 재정 건전성이 우수하다. 2017년

IMF 기준, 한국의 GDP 대비 국가부채는 38%로 주요국(미국 105%, 독일 64%, 일본 253%)보다 낮다. 글로벌 신용평가사 스탠더드앤드 푸어스Standard And Poors는 한국에 AA0의 높은 신용등급을 부여했다. 높은 재정 건전성은 유사시 강력한 재정 지출을 집행할 수 있는 토대가 된다. 또, 통화정책 여력도 있다. 한국 기준금리는 1.5%로 미국을 제외한 다른 선진국보다 높다. 필요한 경우 금리를 인하해서 경기 부양에 사용할 수 있을 것이다. 비기축통화국인 체코 공화국이 기준금리를 0%까지 내린 전례도 있다. 우물쭈물 일본과 유럽의 전철을 밟게 되면 더 큰 대가를 치러야 한다. 우리를 둘러싼 경제 상황이 더 악화된다면 사용할 수 있는 정책 수단을 망설이지 않고 사용해야 할 것이다.

일본의 수출규제 이후,
부품·소재 국산화는 가능한가?

정남구《한겨레》경제팀 기자)

현재 일본의 지배 아래 있는 오키나와 서남쪽 센카쿠 열도(중국명 댜오위다오)는 중국도 자국 고유의 영토라고 주장하는 곳이다. 2010년 9월 7일 오전, 그 근처에서 일본의 해상보안청 순시선과 중국 어선이 충돌하는 사건이 일어났다. 일본은 해당 선박의 중국인 선장을 구금했다. 이에 대해 중국은 희토류의 대일 수출 통관을 막는 방식으로 응수했다. 이런 조처 이후 세계 희토류 시장에서 어떤 일이 일어났는지를 살펴보는 것은 2019년 7월 일본이 '한국 대법원의 징용피해자 위로금 지급 판결과 집행'을 문제 삼아 반도체 소재 세 품목에 대한 대한국 수출 통관 우대 조처를 폐지한 뒤 일어날 일을 예상하는 데 도움이 된다.

희토류稀土類는 원소기호 57번부터 71번까지의 란타넘Lanthanum 계 원소 15개와, 21번인 스칸듐Sc, 39번 이트륨Y 등 원소 17종류를 총칭한다. 단일원소를 추출해서 가공하기가 어렵기 때문에 '희귀한 흙'이라 부르는 것이다. 희토류는 1960년대 중반 이후 유로퓸 Europium이 컬러텔레비전 제조에 쓰이면서 이용되기 시작됐다. 지금은 강력한 영구자석, 유리연마제와 첨가제, 촉매, 형광체 등에 폭넓게 쓰인다. 구체적으로 전기자동차나 로봇의 모터, 니켈수소 2차전지, 콘덴서, 필터, 센서 등의 전자·전기제품, 석유정제와 자동차배기가스 조절용 촉매 등에 쓰이며, 쓰임새가 계속 다양해지고 있다.

【중국의 수출규제에 일본은 어떻게 대응했는가?】

1960~1980년대까지 희토류의 주요 생산국은 미국이었다. 그 이후에는 중국이 주요 생산국이 됐다. 희토류 원소는 추출하고 분리할 때 화학적 처리를 해야 하고, 그 과정에서 대량의 폐수가 발생해 환경 파괴가 크다. 매장량이 많은 중국은 희토류가 석유처럼 중요한 자원가치가 있다고 보고, 환경 파괴를 감수하면서 희토류 분

리·가공 능력을 키웠다. 중국 외의 나라는 희토류 가격이 하락함에 따라 점차 생산을 접었다. 이에 따라 2010년 중국은 11만 8900톤을 생산하며, 전 세계 희토류 생산량의 97%를 차지할 정도가 됐다. 인도가 2%, 브라질과 말레이시아가 소량을 생산했다.

중국은 2009년 희토류 자원확보 계획을 발표하고, 2010년 7월에는 수출 삭감 방침을 밝혔다. 희토류 가격은 폭등했다. 그런 국면에서 그해 9월 센카쿠 열도 충돌 사건이 일어나자, 중국은 일본에 사실상 희토류 금수 조처를 취했다.

일본은 2010년 2만 4035톤의 희토류를 수입(일본 석유천연가스·금속광물자원기구 발행 「광물자원Material Flow 2018」)했는데, 그 가운데 82%를 중국에서 수입하고 있었다. 희토류 가격 급등과 중국의 금수 조처로 일본 기업들은 그해 희토류 재고를 늘리는 데 애를 썼다. 희토류 수입이 전년 대비 52.3%나 급증했다. 한편으로 정부계 기관과 민간기업은 희토류를 사용하지 않거나 더 적은 양을 사용해서 같은 성능을 내는 제품을 개발하는 데 나섰다. 또 희토류 재활용 기술 개발을 가속화해 희토류를 비축하고, 중국 외의 나라로 수입처를 다변화하기 위해 노력했다. 그 결과 2012년 희토류 수입이 급감했고, 중국 의존도도 52%로 떨어졌다.

일본은 2017년에는 2만 726톤의 희토류를 수입했는데, 중국 의존도는 60%였다. 나머지는 베트남에서 19%, 프랑스에서 11%, 인도에서 3%를 수입했다. 하지만 중국 의존도를 줄인 것은 주로 가격이 싼 경희토류이고, 희소가치가 높은 중희토류(이트륨, 디스프로슘 등)는 중국이 대부분 생산하고 있어 중국 의존도를 낮추지 못했다.

미국, 유럽연합, 일본이 희토류 등 3종의 자원에 대한 중국의 수출규제 조처에 대해 세계무역기구에 제소해 2014년 승소했지만, 중국의 희토류 패권은 여전히 확고하다. 미국 최대의 희토류 업체이던 몰리코프는 중국이 희토류 수출 제한을 폐지하고 수출세를 철폐한 뒤 가격이 급락하자 2015년 파산하고 말았다. 미국도 희토류의 80%를 여전히 중국에 의존하고 있다.

일본의 종합상사 소지쓰와 석유천연가스·금속광물자원기구 JOGMEC는 2011년 호주의 희토류 업체인 라이너스에 2억 5000만 달러를 투자해 지분 일부를 인수했다. 말레이시아에 공장을 두고 있는 라이너스는 2019년, 미국 기업 블루라인과 손을 잡고 2021년 가동을 목표로 미국 텍사스 주에 희토류 공장을 짓기로 했다. 채굴한 광물에서 전기자동차 배터리 등에 쓰이는 디스프로슘을 분리·생산하는 것을 목표로 하고 있다. 미국 정부감독원GAO은 2016년 미국 내 희토류 공급망을 재구축하는 데까지 15년이 걸릴 것이라고 내다봤다.

중국의 희토류 대일본 수출통제 이후 일어난 일들은 한 국가가 정치적 목적으로 공급망을 건드릴 경우 수요자 쪽에서 매우 강한

반작용이 일어나 오히려 경제적 손실을 입을 수도 있음을 보여준다. 미국과 일본 등이 '희토류 독립'을 추구함에 따라, 대부분의 희토류 가격은 2019년 현재 2009년보다 낮은 수준으로 떨어져 있다. 한편으로 공급망의 재구축도 그리 쉬운 일은 아니며, 시장 원리에 기반을 두지 않고는 불가능함을 일깨워주고 있다.

【일본의 수출규제, 한국의 대응 방안】

중국의 희토류 수출규제와 비슷한 일을 이번에는 일본이 벌였다. 일본 정부는 2019년 7월 1일 고순도 불화수소(에칭가스), 포토레지스트(감광액), 플루오린 폴리이미드 등 반도체 및 디스플레이 관련 필수 소재 3품목에 대해 대한국 수출규제를 단행했다. 한국 대법원이 징용피해자에 대해 일본 기업으로 하여금 위로금을 지급하라는 판결을 내리고, 한국 정부가 그 집행을 막지 않은 데 외교적 불만을 표하는 조처인 것으로 여겨지고 있다.

일본 정부는 '대한민국에 대한 수출과 기술 이전에 대해 포괄적 수출 허가 대상에서 제외해, 개별 수출 허가 신청을 통해 수출심사를 실시한다'고 밝혔다. 일본의 생산업체는 이들 품목들을 수출할 때마다 일본 정부로부터 허가를 새로 받아야 한다. 허가를 받기까지 심사 기간이 길게는 몇 달이 될 수 있다. 일본은 또 외환수출무역 관리령의 '화이트 국가'(백색 국가, 전략물자 수출 심사 우대국)에서 한국을 제외했다. 이에 따라 포괄 허가를 받아온 110개의 수출품이 개별 허가로 바뀌고 수출 허가에 길게는 90일이 걸리게 됐다.

일본은 수출 절차 간소화 폐지의 이유로 "양국간 신뢰관계가 훼손됐다"고 설명했다. 그러면서 "금수 조처는 아니다"라고 강조했다. 실제 일본 정부는 8월 7일 "수출 신청 허가가 있었던 한국기업 상대 계약 1건에 대해 수출을 허가했다"고 밝혔다. 일본이 금수 조처가 아니라고 밝힌 대로, 일본의 수출 허가가 지연되거나 수출 불허로 한국에서 반도체나 디스플레이 생산에 차질을 빚는 일은 일어나지 않았다. 그러나 일본이 향후 어떤 조처를 취할지 여전히 불확실하다. 한국 기업들로서는 수입 차질이 빚어지는 상황에 대비할 수밖에 없는 형편이다.

한국에서는 일본의 조처가 한국의 반도체산업을 견제하려는 것일 가능성도 있다고 보고, 3개 소재 품목의 대체 공급처를 모색하거나 신속한 국산화를 추진하고 있다. 김영호 전 산업자원부 장관은 〈월간중앙〉과 8월 13일에 인터뷰하며 '전문가들의 의견을 들어보니 포토레지스트는 국산화가 어렵고, 나머지는 대체 공급이나 국산화가 가능할 것이라고 보더라'라고 전했다. 다만, 국산화에는 시간이 걸릴 것이라고 덧붙였다.

포토레지스트의 경우 디램 공정에 쓰이는 불화아르곤Arf 포토레지스트, 3D 낸드에 쓰이는 불화크립톤Krf 포토레지스트가 중요한데, 일본은 이것들은 수출규제 대상에 포함시키지 않았다. 수출규제는 극자외선EUV 공정용 포토레지스트만 해당되는데, 미국 다우듀퐁에서도 수입할 수 있다.

불화수소의 경우 우리나라가 2018년 1억 6000만 달러어치를 외국에서 수입했는데, 이 가운데 42%를 일본에서, 52%는 중국에서 수입했다. 중국산은 순도가 낮은 제품이고, 일본산은 고순도 제품이다. 고순도 불화수소는 일본 업체가 세계시장을 거의 100% 차지하고 있다. 일본은 전체 불화수소의 89%를 한국에 판다. 국내 반도체 생산업체들은 일본산에 견줘 순도가 조금 떨어지더라도 신속히 국산화하려고 애쓰고 있다. 액체인 경우 외국산이나 국산으로 대체가 가능하지만, 기체는 완전 대체가 어려워서 장기 투자가 필요한 처지다.

불화 폴리이미드의 경우 2018년 2334만 달러어치를 외국에서 수입했는데, 일본산이 85%였다. 플렉서블 OLED용 패널 등 생산량이 많지 않은 차세대 디스플레이용 소재로 주로 쓰인다. 수출을 규제해도 우리나라에 큰 타격이 되지는 않는다.

【국산화만이 정답일까?】

일본이 한국을 화이트 국가에서 제외함에 따라, 다른 품목도 수출규제 대상에 포함될 가능성이 있다. 한국의 부품 소재 대일 무역수지는 연간 150억 달러 안팎에 이른다. 역대 정부는 2001년 소재부품특별법 제정을 시작으로, 일본산 부품·소재의 국산화를 위한 정책을 추진한 바 있다. 이명박 정부 때인 2009년에는 제2차 부품소재발전기본계획(2009~2012년)에서 '부품소재 세계 5대 강국 진입'을 목표로 내세웠다. 2010년에는 매년 1조 원씩 10년간 10조 원을 지원하는 '10대 소재 국산화 프로젝트'를 추진했다. 박근혜 정부도 2013년 제3차 소재부품발전기본계획(2013~2016년)에서 '소재부품 세계 4강 달성'과 '민관 2조 원 투자계획'을 내세웠다. 그러나 외형성장만 이뤘을 뿐, 만성적인 대일적자는 해소하지 못했다. 핵심기술을 확보하지 못한 탓이다.

문재인 정부도 일본의 수출규제 조처에 맞서, 2019년 8월 5일 '대외의존형 산업구조 탈피를 위한 소재·부품·장비 경쟁력 강화대책'을 발표했다. 기술개발 예산 지원 규모를 과거 19년간 연평균 2900억 원에서 앞으로는 매년 1조 원 이상으로 늘리고 핵심 품목에 집중 지원하겠다고 밝혔다. 반도체와 디스플레이 공정 소재, 이차전지 핵심 소재를 중심으로 20대 품목은 1년 안에, 80대 품목은

5년 안에 공급을 안정화하겠다는 내용이다. 예비타당성 조사도 면제해 신속하게 지원하겠다고 밝혔다. 기업들도 일본산 부품·소재를 국산화하겠다는 적극적인 의지를 보이고 있다. 그러나 성과는 섣불리 장담하기 어렵다.

우선 일본산을 대체할 공급처가 있으면 국산화는 덜 시급하다. 그것이 기업들의 국산화 의지를 제약할 수 있다. 대체 공급처가 마땅치 않은 경우에는 기술적으로 생산이 가능하느냐가 문제인데, 기술 개발에는 적잖은 시간이 걸리고 돈이 든다. 기술 개발이 가능해도 경제성 전망에 따라 국산화 추진 속도가 달라진다. 가격 경쟁력을 갖추기 어렵거나 시장 수요가 너무 작으면 국산화 추진 의욕은 떨어질 수밖에 없다.

무엇보다 부품·소재를 지금처럼 일본에서 차질 없이 계속 수입할 수 있다면, 국산화 추진 의지가 다시 약해질 가능성도 배제할 수 없다. 국제 분업의 이점을 고려하면 일본에서 수입하던 부품 소재를 무차별적으로 국산화하는 것이 바람직한 길이라고는 할 수 없다. 일본이 수출규제를 풀고 기존 공급망을 건드리지 않는다고 보장하는 가운데, 한국은 장래성이 큰 고부가가치 소재 부품에 한정해 집중적으로 기술 개발 자원을 투입하는 쪽이 더 효율적이기 때문이다.

격변기 한국 자동차산업,
4대 미래 변화에 발 빠른 대응이
필요하다

고태봉(하이투자증권 리서치본부장)

자동차산업은 한국 제조업에서 중추적인 역할을 맡고 있다. 약 7만 개의 제조업체 중 자동차 관련 업체는 4605개로 6.6%에 불과하지만, 전체 제조업 출하액의 12.7%, 부가가치의 10.1%, 고용의 11.9%, 수출의 11.3%가 자동차산업에서 비롯할 만큼 존재감이 크다. 미우니 고우니 해도 자동차가 한국을 지탱하는 핵심 산업임은 부인할 수 없다. 그런 자동차산업이 몇 년간 크게 앓고 있다. 한국 자동차산업을 위태롭게 하는 세 가지 요소를 살펴보자.

【한국 자동차산업의 현재를 진단하다】

첫째, 가동률이 심상치 않다. 자동차산업은 전형적인 제조업이므로 가동률과 재고가 건강을 체크할 수 있는 핵심지표다. 한국 자동차산업의 전성기였던 2009~2012년 사이 가동률은 100%를 상회했고, 미국의 재고보유일수MOS는 2개월이 안 될 정도로 상황이 좋았다. 하지만 제법 오랜 기간 핵심지역인 한국, 미국, 중국의 가동률이 크게 하락하고 재고보유일수는 3~4개월로 늘어났다. 호시절에 결정했던 신공장 증설이 지금은 부담이다. 한국GM과 르노삼성, 쌍용차 역시 낮은 가동률로 고생이 이만저만 아니다. 완성차는 가동률 70% 중반, 부품업체는 가동률 80% 후반이 손익분기의 경계다. 가동률을 높이려면 판매량을 늘리든지, 생산 능력을 줄여야 한다. 할인이나 인센티브 지급으로 판매량을 늘리는 전략을 써왔지만 그 대가가 만만치 않았다. 이제 남은 방법은 신차를 앞세운 판매량 증가나 중국공장 폐쇄와 같은 생산 능력 축소밖에 없다.

둘째, 자유무역의 첨병인 자동차도 각국의 보호무역 덫에 걸렸다. 완성차 브랜드를 소유한 국가는 사실 미국, 유럽, 일본, 한국이 다였다. 자동차 없이 살 수 없으니 이들에게 전 세계가 의지할 수밖에 없었고, 그래서 수출과 해외공장 건설은 필연적이었다. 하지만 값싼 인건비와 규모의 경제를 앞세운 중국이 등장했고, 최근에는 기술까지 진일보하면서 기존 질서가 바뀔 기세다. 중국차가 수출되기 시작하면 자동차 분야에서 또 한 차례 가격파괴가 진행될 수밖에 없다. 따라서 각국이 기술 장벽과 보호무역으로 방벽을 쌓기 시작했다. 미국은 무역확장법 232조 카드를 계속 만지작거리고 있다. 한미 FTA에서 관세 2.5%를 0%로 낮추려고 온 국민이 고생했던 것에 비추어 25%로 관세를 높이라는 압박은 아예 수출을 하지 말라는 의미와 같다. 900여만 대 생산 능력이 있는 현대, 기아차는 국내에서 120만 대를 판매할 뿐, 나머지는 모두 해외에서 팔아야 한다.

셋째, 기반산업의 건강이 매우 안 좋다. 자동차는 3만 개의 부품으로 구성되는 복잡한 조립품이다. 부품업의 가치사슬value chain은 2, 3차 벤더까지 내려가면 엄청난 수의 기업들이 얽혀 있다. 최근 업체들의 도산이 줄을 잇고 있다. 낮은 가동률로 적자기업이 속출하고, 해외진출 등으로 투자에 대출을 많이 쓰고 있는 상황에서 인건비가 상승하고 가동률이 낮아지다 보니 한꺼번에 어려움이 가중된 것이다. 거기다가 상대적으로 매출액이 크고 이윤이 높았던 중국 비즈니스가 사드 이후 크게 무너지다 보니 이를 만회할 수 있는 국가나 기회가 없어졌다. 부품 한 개라도 생산이 안 된다면 라인은 멈출 수밖에 없다. 최근 정부나 산업은행, 자산관리공사 등이 모니터링을 더 면밀히 하는 이유도 여기에 있다. 르노삼성이나 한국GM 역시 처지가 다르지 않다. 신용등급 하락이나 대출한도 축소, 조기상

환 압박 등도 벤더들의 어려움을 키우고 있다.

【자동차산업의 미래를 바꿀 네 가지 변화 C.A.S.E】

현재도 녹록지 않은데 급작스러운 미래의 변화가 한꺼번에 몰려오고 있어 걱정이 이만저만이 아니다. 초연결Connectivity, 자율주행 Autonomous, 차량공유Shared&service, 전동화Electric, 이른바 C.A.S.E로 불리는 네 가지 미래변화가 동시다발적으로 몰려오고 있고, 이에 대한 국가적 차원의 준비가 필요하다. 이 네 가지 기술을 짧게 살펴보자.

초연결은 5G시대에 자동차가 다양한 디바이스와 인터넷으로 연결됨을 의미한다. 쉽게 말해 자동차판 사물인터넷이며 이를 V2XVehicle to Everything라고도 칭한다. 차량과 인프라, 차량과 보행자, 차량과 차량, 차량과 클라우드, 차량과 스마트폰, 차량과 초정밀지도HD Map 등 실로 다양한 연결이 자동차를 더 똑똑하고, 즐겁고, 안전한 공간으로 바꾸어줄 수 있다. 게임이나 음악, 영화, 스케줄 관리 같은 인포테인먼트infortainment는 기본이고, 자율주행 시대에 OS 업데이트는 물론, 스스로 충전소를 찾아 충전하고 차량호출 때에도 더 정확한 측위가 가능해져 차량과 다수의 탑승자를 최단거리로 정확히 매칭시키는 등 다양한 역할을 할 것이다. 지연성이 0에 가깝고, 끊어짐이 없는 통신망이 완성되면 자동차가 무선 프로그래밍 업데이트OTA, Over the Air를 통해 매일같이 최신 기술로 업그레이드될 것이다. 이 분야에서 한국은 통신 인프라가 우수할 뿐 아니라 국토면적이 좁아 앞설 가능성이 높다. 그러나 해외수출, 생산차량은 모두 현지 서비스업체와의 협업, 시스템 매칭 작업이 필요하다.

자율주행은 다양한 기술의 복합체다. 센싱, 컴퓨팅, 매핑 기술과 AI, V2X, 빅데이터 등 IT 기술이 총망라될 때 실현될 수 있다. 특히 정지되어 있는 제품이 아닌, 시속 200km 이상의 상태에서도 인지, 판단, 제어의 3단계에 전혀 문제가 발생하지 않아야 한다. 초음파센서, 카메라, 레이더, 라이더의 4개 센서가 각자의 특성으로 받아들인 정보를 조합시킬 뿐 아니라, 다층 구조의 초정밀 지도로 정치定置해 위치를 잡고, AI가 내재된 컴퓨터를 통해 스스로 판단해 구동, 조향, 완충, 제동을 담당하는 구동기에 전기신호로 명령을 내려 완전한 주행을 가능케 한다. 자율주행을 위해 SLAMSimultaneous Localization & Mapping 기술이 점차 중요해지고 있고, 일상 주행에서의 숱한 예외적 경우를 빅데이터로 모아 머신러닝을 통한 솔루션을 제공하기도 한다. 구글 웨이모는 이를 위해 지구 400바퀴 이상의 거리를 실제 운행하며 데이터를 수집했으며, 테슬라의 오토파일럿은 구글의 100배에 달하는 데이터를 모았다고 발표한 바 있다. 자율주행 기술이 완성되면 다양한 교통, 운송산업은 물론, 물류, 농업, 국방, 건설, 의료 등 대부분의 산업에 획기적 변화를 초래할 수 있다. 여기서 언어지는 인지, 판단, 제어의 알고리즘은 로봇기술에서도 동일하게 요구된다. 워낙 많은 기술이 필요한 탓에 다수 업체들이 전략적 제휴의 방법으로 부담을 줄이고 있다. 역시 수많은 기술의 조합인 만큼 한국산 수출차량과 해외생산 차량의 경우 다양한 현지업체와 협업하는 것뿐 아니라 오랜 기간에 걸친 테스트가 필요하다.

차량공유는 단순한 서비스 차원이 아니라 게임의 규칙을 송두리째 바꾸는 핵심 영역이다. 모빌리티 플랫폼이 나머지 하드웨어 변화에 따른 부가가치를 흡수할 수도 있다. 지금까지 자동차산업은 공장에서 만든 차량을 고객에게 인도하면서 '소유권'을 이전하는 데서 부가가치의 이동이 생겼다. 하지만 우버, 리프트, 디디, 그랩 같은 차량공유 플랫폼이 활성화되고 결국엔 이들의 필요에 의해서 자율주행 전기차를 플랫폼에 들일 것이 확실시되고 있다. 전기차로의 변화는 엔진룸을 없애고, 자율주행으로의 변화는 운전자-차량 간 인터페이스 시스템HMI을 불필요하게 만들기에 차량 공간에 변화가 생긴다. 4명이 아닌 8~10명의 인원이 탈 수 있고, 1톤 트럭에 맞먹는 물자를 수송할 수 있게 된다. 이때부터는 시장점유율이 중요한 게 아니라 공유를 통한 '시간점유율'이 수익의 근간이 된다. 차를 이용하면 그 이용대금을 플랫폼업체가 핀테크를 통해 직접 수취한다. 시간과 돈을 붙잡기 위해 플랫폼은 사람뿐 아니라 빈 시간에는 물건까지 배송하는 24시간 서비스의 TaaS3.0Transportaiton as a Service, 서비스로의 수송 시대를 꿈꾸고 있다. 아마존이나 구글처럼 제조업체가 아닌 플랫폼이 모든 수익을 흡수하는 블랙홀이 될 수 있는 것이다. 이런 이유로 미국의 우버와 리프트가 천문학적 시가총액으로 상장될 뿐 아니라, 소프트뱅크의 비전펀드가 가장 많은 투자액을 전 세계 1등 모빌리티 플랫폼에 쏟아붓고 있는 것이다. 한국은 많은 수요에도 불구하고 공급을 택시의 총량에 맞춰버리는 현실적 타협을 해버렸다. 상당 기간 플랫폼이 자라지 못하는, 차량공유의 불모지가 될 수밖에 없다. 당장의 갈등은 봉합했으나 미래가 막힐 수 있음을 간과해서는 안 된다.

전동화는 이미 불확실의 영역에서 탈피해 확실한 변화 영역으로 분류된다. 전동화로 갈지 안 갈지를 고민하는 단계가 아니라 안 가면 안 되는 기술이 되어버렸다. 전동화는 HEV, PHEV 같은 엔진탑재형 하이브리드와 BEV, FCEV처럼 엔진 없는 순수한 전기차의 형태로 나뉜다. CAFE(기업평균연비제도) 시행으로 HEV를 통한 연비개선도 필요하지만, 이산화탄소 배출이 0인 차를 의무적으로 판매해야 하는 ZEV Zero Emission Vehicle 정책 시행으로 BEV, FCEV 일정 대수를 반드시 판매해야 한다. 문제는 부가가치가 가장 큰 파워트레인(엔진+트랜스미션)에 소요되는 9000여 개의 부품을 비롯해 1만 1000개의 부품이 사라져 공급망에 큰 타격을 줄 수 있다는 점이다. 배터리 가격이 전체 자동차 원가에서 대부분을 차지하게 됨으로 인해 산업구조가 바

뛸 수 있으며, 정유회사, 전력회사 등의 생태계도 크게 바뀔 수 있다. 다행히 한국은 3원계 배터리 양산기술이 세계적 수준이므로 전동화 변화에는 비교적 능동적으로 대처할 수 있다.

【피할 수 없다면 대비하라!】

이처럼 한 가지 기술변화로도 큰 변화가 불가피한데 네 가지 변화가 동시에 필요하다는 점에서 우려가 클 수밖에 없다. 전부 기존 자동차업체가 해보지 않았던 새로운 영역이다. 기계 엔지니어들 위주로 구성된 연구소는 이제 전기·전자, 컴퓨터, 소프트웨어, 인공지능, 빅데이터 분석과 관련된 인재들을 요구한다. 미국은 이미 전기차 테슬라와 차량공유 우버, 자율주행차 구글 웨이모의 등장으로 기존 완성차업체들의 긴장감이 최고조에 이르렀다. 살아남기 위해 기존 공장을 폐쇄하고 자산을 매각해 미래를 위한 인수합병과 기술습득에 총력을 기울이고 있다. 이렇게까지 할 필요가 있을까 하는 생각이 들 정도로 정말 독하게 준비하고 있다.

그럼에도 불구하고 주주들은 지난 10여 년간 미국 주식시장의 대세상승기에 새로운 기술을 장착한 플레이어들에 비해 변화가 늦어 주가가 부진하다며 호된 질책을 하고 있으니 한국과는 너무도 대비된다. 이에 유럽과 일본은 처음 맞이하는 새로운 변화에 오랜

〈표 1〉 전기차 전환 시 없어지는 부품

(단위:개, %)	가솔린차 부품(A)	필요없는 부품(B)	사라지는 부품(A/B)
엔진부품	6900	6900	100%
구동전달부품	5700	2100	37%
차체부품	4500	-	-
현가 및 제동부품	4500	-	-
전장품	3000	2100	70%
기타	5400	-	-
합계	30000	11000	37%

경쟁자 관계에서 벗어나 불확실한 미래를 함께 준비하자며 전략적 제휴를 맺고 있다.

한국 자동차산업은 늦게 출발했지만 전 세계에서 가장 빠르고 제대로 성장한, 한국의 보배 같은 존재다. 여기서 넘어져서는 안 된다. 경기가 좋고 가장 좋은 실적을 기록하는 상황에서도 뼈를 깎는 체질개선을 진행 중인 미국을 보면서 느끼는 바가 없으면 안 된다. 어느 방향으로 전개되는지 학습했다면 한국인의 빠른 판단과 속도가 여기에서 발현되어야 한다.

롤러코스터 반도체시장,
2020년은?

이주완(하나금융경영연구소 연구위원)

2017년부터 2019년까지, 지난 3년간 한국 경제에 가장 큰 영
향을 끼친 산업은 단연 반도체다. 3년 가운데 앞의 2년은 이른바 반
도체 초호황으로 인해, 그리고 마지막 1년은 패닉에 가까운 추락으
로 인해서다. 수출이 GDP의 40% 가까이 되는 국가에서 반도체 한
품목이 전체 수출의 20%를 차지하고 설비투자 또한 전체의 20%를
차지하다 보니 그 영향력이 매우 클 수밖에 없다. 반도체시장의 성
장이 한국 경제를 지탱해주었고, 반도체시장의 침체가 한국 경제를

억누르고 있다.

　모든 결과에는 원인이 있고 또한 과정이 있다. 특히, 경제 분야를 분석하다 보면 대부분 인과법칙에 따라 해석이 가능하다는 것을 알 수 있다. 그렇다면 지난 3년간 롤러코스터와 같았던 반도체시장 역시 그러한 법칙에서 벗어나지 않았고 예측 가능했을까? 물론이다. 다만, 반도체와 같은 장치산업은 1년 정도의 짧은 기간이 아닌 장기간 시계열 분석을 거쳐야 현상을 제대로 이해할 수 있다.

【과연 반도체시장의 수요는 증가했는가】

　먼저, 2016~2018년의 가격 급등 현상에 대해 살펴보도록 하자. 어떤 상품의 가격이 상승하는 원인은 둘 중 하나이다. 수요가 넘치거나 아니면 공급이 부족한 경우이다. 혹자는 수요가 넘치든 공급이 부족하든 결과적으로 수급밸런스가 수요 우위인 상황이므로 별 차이가 없다고 주장할 수도 있다. 그러나 수요와 공급 가운데 어느 것이 변수가 되고 어느 것이 상수가 되느냐에 따라 미래를 예측하는 방향이 완전히 달라질 수 있다.

　2018년 각종 기관에서 발표한 자료에는 2019년의 반도체시장은 2018년보다 더욱 좋을 것이고 앞으로 3~5년간은 초호황이 지속될 것이라는 내용이 주를 이루었다. 그리고 이러한 예측의 근거로 기업의 데이터센터, 빅데이터, AI 등 4차산업혁명과 관련한 새로운 수요의 급성장을 언급했다. 다시 말하면 과거에 비해 수요가 크게 증가했기 때문에 공급 부족이 발생했고 가격이 급등했다는 논리이다. 그리고 이제 패러다임이 바뀌었기 때문에 호황이 지속될 것이라고 주장하기도 했다. 그렇다면 정말 과거에 비해 수요가 크게 증가했는지를 먼저 살펴보는 일이 순서가 될 것이다.

일반적으로 반도체 수요, 특히 메모리 수요는 금액보다는 용량을 기준으로 집계한다. 왜냐하면 디램DRAM, 낸드NAND와 같은 메모리 제품은 가격 변동이 매우 크기 때문이다. 보통 비트 그로스bit growth라는 표현을 많이 사용하는데, 이는 메모리 용량 기준 연간 수요 증가율을 의미한다(비트bit는 반도체 용량의 최소 단위이다). 이른바 반도체 호황기였던 2017년과 2018년 디램의 비트 그로스는 각각 19.5%와 22.5%로 추정된다. 그리고 같은 시기 낸드의 비트 그로스는 각각 40%와 37%를 기록했다. 1년 사이에 수요가 20~40% 증가하는 산업이 과연 반도체를 제외하고 몇이나 있을까 싶을 정도로 높은 수치이다. 분석가들이 수요를 바탕으로 반도체 호황을 언급하는 것이 너무도 자연스러울 정도이다.

그런데 수요 증가로 인해 메모리 가격이 급등했다는 것을 입증하려면 이 수치가 과거의 비트 그로스보다 훨씬 높은 수준이라는 것을 보여주어야 한다. 하지만 아쉽게도 객관적인 데이터는 오히려 그 반대이다. 디램, 낸드 모두 2015년을 기점으로 비트 그로스가 크게 낮아졌다. 2005년부터 2014년까지 10년간 연평균 비트 그로스는 디램이 49.3%, 낸드가 104.1%였다. 2017~2018년 수요증가율은 과거의 절반 수준에 불과했다는 얘기가 된다. 결국 수요가 넘쳐 가격이 급등했다는 주장은 사실이 아닌 것으로 판명되었다. 앞서 언급했듯이 가격 급등의 원인이 수요가 아니라면 남은 것은 공급 부족이다.

【공급 부족이 반도체 가격 급등의 원인인가】

반도체 공장은 새로 짓는 데 2년 정도가 소요된다. 2년 가운데 1년은 도로, 전기, 상하수도, 정화시설 등 기반시설을 구축하고 공장 건물을 짓고 유틸리티, 클린룸 등 기본 설비를 갖추는 데 사용된다. 그리고 남은 1년 동안 반도체 공정 장비를 입고해 설치하고 테스트하게 된다. 따라서 새로운 공장에서 제품이 나오기 시작하는 시점은 대략 장비 입고 후 1년 후가 되며, 시험 생산을 통해 수율과 품질을 검증하고 본격적으로 웨이퍼가 투입되는 시점은 또다시 6개월에서 1년 정도 이후가 된다. 따라서 반도체 장비의 출하 동향을 분석하면 반도체 공급(생산)을 예측할 수 있다.

전 세계 반도체 장비 출하 관련 통계는 국제반도체장비재료협회인 SEMI_{Semiconductor Equipment and Material International}에서 발표하는 자료가 가장 공신력이 높다. SEMI는 분기별 전 세계 반도체 설비투자 규모를 발표하는데, 여기서 말하는 설비투자는 반도체 공정 장비 출하를 의미한다. SEMI의 데이터를 분석해보면 2012년 일본의 메모리 업체 엘피다가 파산하고 결국 2013년 미국 마이크론에 매각되면서 전 세계 반도체 설비투자가 크게 위축된 것으로 나타난다. 2011년 435억 달러에 이르던 전 세계 반도체 설비투자가 2012년 369억 달러, 2013년 318억 달러로 2년 새 27%나 감소했다. 그 후로도 2015년까지 설비투자 부진은 지속되었다. 반도체 수요는 연평균 50~100%씩 증가하는데 설비투자는 감소했기에 전 세계 반도체 매출 대비 설비투자 비율은 14.5%에서 10~11%대로 낮아졌고, 이 시기의 설비투자 부진이 장기적인 공급 부족의 원인이 되었던 것이다.

일반적으로 부실기업을 인수하는 방식의 합병이 성공하려면 자본을 투입해서 재무건전성을 높이고 설비투자를 확대해 경쟁력을 높여야 한다. 그런데 마이크론의 경우 2011년 말 보유하고 있던 현금성자산이 21억 달러에 불과했고 2012년에는 인텔이 보유한 IMFT(마이크론, 인텔의 합작사) 지분 6억 달러와 이노테라 지분 1억 7000만 달러를 지불해야 하는 상황이었다. 그리고 비록 채권단이 분할납부 방식을 용인하긴 했지만 엘피다 인수 금액은 25억 달러였다. 즉, 마이크론이 엘피다를 인수하더라도 신규 설비투자를 할 만한 재정적 여력이 없었던 것이다.

그 결과 엘피다 인수 후 5년 동안 마이크론의 설비투자는 극심한 부진을 겪었고 (구)엘피다에도 적절한 설비투자를 하지 못해 한국, 중국, 대만의 설비투자 비중이 높아진 반면 미국과 일본의 설비투자 비중은 작아지게 되었다. 특히, 미국의 경우 마이크론이 엘피다를 인수하기 전인 2012년 전 세계 반도체 설비투자의 22.1%를 차지했는데 2017년에는 설비투자 비중이 9.9%로 급락했다.

이처럼 잘못된 합병으로 인해 디램 시장의 24%를 차지하던 마이크론-엘피다 진영이 공급자로서 역할을 못 하게 되었고 그 후로 4년간 설비투자 공백이 발생하자 만성적인 설비투자 부족이 발생했다. 그리고 이렇게 설비투자 부족이 누적되자 2016년부터 메모리 가격이 급등하기 시작한 것이다.

이제 우리는 2016년부터 시작된 메모리 가격 급등의 원인을 파악할 수 있게 되었다. 그렇다면 2018년 4분기부터 시작해 2019년 내내 지속된 가격 급락은 도대체 왜 발생한 것일까? 이 질문에 대한 해답 역시 공급에 있다. 가격이 급락했다면 당연히 공급과잉이 발생했다는 의미이다. SEMI의 데이터를 다시 살펴보자. 2012년 이후 반기(6개월) 기준 세계 반도체 설비투자(반도체 장비 구매 기준) 규모는 평균 176억 달러에 불과했는데 2016년 하반기에 225억 달러를 기록하더니 2017~2018년에는 72.6% 증가한 303억 달러에 달했다. 이미 기술한 바와 같이 설비투자가 증가하면 1~1.5년 후에는 공급(생산)이 증가하게 된다.

수요가 확대되면서 설비투자가 증가하는 것은 자연스러운 현상이다. 그런데 문제는 여기에 있다. 2017년부터 반도체 설비투자가 과거 평균의 1.7배로 확대되었는데 최근 3~4년간 수요증가율(비트 그로스)은 오히려 과거의 절반 수준으로 대폭 둔화되었다. 즉, 공급과잉이 발생할 수밖에 없는 구조인 것이다. 주요 메모리 제품의 현물가격spot price은 이미 2017년 4분기부터 떨어지기 시작했다. 그런데 삼성전자, SK하이닉스와 같은 대기업들은 고정거래가격contract price에 거래하기 때문에 가격 하락을 피부로 느끼지 못하고 있었을 뿐이다. 그러나 현물가격의 움직임은 필연적으로 고정거래가격에 영향을 미칠 수밖에 없고 2018년 3분기부터 고정거래가격도 급락하기 시작했다. 그 이후에 벌어진 일들은 우리가 익히 알고 있는 대로다.

【거품이 제거된 2020 반도체시장】

결국 2017~2018년의 반도체시장은 많은 이들이 주장했던 초호황이 아니었다. 호황이란 수요가 확대되어 공급이 부족한 상황을 말하는 것이지 수요가 둔화되는데 설비투자 부진으로 공급이 부족한 상황을 의미하지는 않기 때문이다. 그 증거로 이른바 반도체 호황이라던 2018년 국내 반도체 제조업에 속한 130여 기업 가운데 50.6%는 매출이 감소했고 29.4%는 적자를 기록했다. 2017~2018년은 호황이 아니라 버블이라 부르는 것이 정확한 표현이다. 그렇기에 2019년 우리가 목격한 반도체 가격 폭락은 자연스럽게 버블이 해소되는 과정이었을 뿐이다. 국내에서는 극소수의 전문가들이 사태의 본질을 이해하고 2018년 초부터 버블 붕괴를 경고한 바 있다.

과거에 대한 정확한 진단이 내려졌다면 이제 미래를, 2020년을 살펴볼 시간이다. 과연 가격 하락은 언제까지 계속될 것인가? 기업 실적은 반등할 수 있을 것인가? 통상적으로 메모리 반도체는 어느 정도 정형화된 가격 흐름을 나타낸다. 지진이나 정전 등 특별한 이벤트가 발생하지 않는다면 제품 출시 초기 6개월간 급락 후 완만한 하락이 지속된다. 이러한 정상적인 가격 패턴과 비교할 때 현시점에서 메모리 가격은 조금 더 하락할 것이다. 그러나 현재의 빠른 하락 속도를 보건대 2019년 말까지는 대부분의 가격 거품이 해소될 것으로 보인다. 다시 말해 2020년에는 2019년과 같은 가격 폭락은 없을 것이다. 그리고 반도체시장에는 다음과 같은 통설이 있다. "연간 가격 하락이 20% 미만이라면 호황이다." 2019년 우리 기업들은 선방했다고 본다. 2020년에는 가격효과에 의한 실적 악화가 해소되므로 2019년보다 개선될 것이다.

2020년의 반도체시장은 거품이 제거된 상태에서 수요, 공급의 원리에 의해 결정될 것이다. 그런데 문제는 아직 공급과잉이 완전히 해소된 것이 아니라는 점이다. 2019년 가격 거품이 해소되는 과정을 보면 자연스러운 수요 공급 균형에 의해 이루어진 것이 아니라 인위적인 감산에 의해 이루어진 측면이 강하다. 즉, 공장을 지어놓고 가동률을 100%보다 낮춤으로써 공급량을 조절했다. 만약 시장 상황이 조금 호전되면 곧바로 공장 설비 가동률을 높일 것이고 공급이 급증할 것이다. 더욱이 2018~2019년의 설비투자 역시 과거 대비 여전히 높은 수준이다. 2020년 공급이 크게 증가할 잠재적인 요소가 있는 셈이다. 그뿐 아니라 2020년에는 다시 공격적인 설비투자가 이루어질 가능성이 높다. 이는 생존을 위한 어쩔 수 없는 선택이다.

이 모든 것의 발단은 중국이다. 중국이 반도체에 투자하기 시작하자 한국 기업들이 중국을 견제하기 위해 선제적인 투자를 한 것이 공급 과잉의 원인이 되었다. 그런데 한국이 실적 악화로 설비투자를 줄이는 사이 대만과 중국이 한국보다 더 많은 투자를 집행했고 미국도 설비투자를 크게 확대했다. 시장을 빼앗기지 않으려면 한국도 다시 투자를 확대할 수밖에 없다. 그런데 반도체 수요 자체가 이제 점차 성숙기로 접어들어 과거와 같은 높은 성장을 유지할 수는 없다. 그렇기에 공급 과잉 이슈는 2019년에 끝나는 것이 아니라 2020년 그리고 그 이후로도 계속 고민거리가 될 것이다.

한국 스타트업의
지속적인 성장을 위해 필요한 것

최성진(코리아스타트업포럼 대표)

세계는 모든 산업 영역에서 디지털 전환이 일어나는 4차산업 혁명 시대가 본격화되고 있다. 인공지능, 빅데이터, 초연결 등을 특징으로 하는 4차산업혁명은 전 세계적으로 스타트업이 주도적 역할을 하고 있다. IT분야 리서치 기업 가트너Gartner가 선정한 주요 4차산업혁명 요소 기술 유망업체 발표 자료에 따르면 클라우드 분야 60%, 빅데이터/AI 분야 85%, 블록체인 분야 87%, IoT 분야 54%, 자율주행 분야 83%, 3D 프린팅 분야 50%를 차지하는 유망

업체가 스타트업인 것으로 나타났다. 이른바 '유니콘 기업'이라 불리는 기업가치 10억 달러 이상의 스타트업들은 전 세계에 360여 개가 있으며 1400조 원가량의 기업 가치를 보이고 있다(시비인사이츠CB Insights 집계, 2019년 6월 기준).

한국의 상황 역시 이와 크게 다르지 않다. 스타트업들의 노력과 생태계의 개선으로 인해 지난 5년 동안 상당한 양적 성장을 달성했다. 2019년 3월 정부가 발표한「제2벤처 붐 확산 전략」에 따르면 벤처인증을 받은 기업은 2018년 3만 7000개, 매출 1000억 원 이상 벤처기업도 572개로 사상 최대치를 달성했으며, 2019년 유니콘 기업은 9개로 2018년 12월 대비 3개가 증가했다. 또한 2018년 투자 회수 규모도 2조 7000억 원으로 역시 사상 최대치를 기록했다. 유니콘 개수로 본 한국의 스타트업 위상 역시 세계 5위 수준으로 크게 성장했다. 2019년의 신규 스타트업 투자는 사상 최초로 4조 원을 넘을 것으로 예상되고 있다.

【시장·기술·자본·사람】

최근 한국 경제의 성장률이 연 3% 이하로 하락한 것을 감안할 때 스타트업이 한국 경제에서 차지하는 위치와 향후 한국 경제 성장의 주요 동력으로서의 중요성을 쉽게 가늠할 수 있다. 이에 따라

정부는 2017년 11월 발표한 「혁신 창업 생태계 조성방안」의 후속
대책으로 2019년 3월 「제2벤처 붐 확산 전략」을 발표했다. 이 전략
은 신규 벤처 투자액 5조 원 달성, 유니콘 기업 20개 육성, 그리고 인
수합병M&A을 통한 투자 회수Exit 비중 10% 달성을 목표로 신산업/고
기술 스타트업의 발굴, 벤처 투자 시장 내 민간 자본 유입 촉진, 스타
트업의 스케일업과 글로벌화 지원, 벤처 투자 회수와 재투자 촉진
등 스타트업 생태계 전반의 활성화를 위한 방안이 포괄적으로 포함
되어 있다.

이처럼 한국의 스타트업이 빠르게 성장해왔으며 이미 한국 경제
에 중요한 역할을 수행하고 있다는 것은 명확한 사실이다. 그러나
여전히 스타트업에 불리한 환경 또한 많은 것도 사실이기 때문에
스타트업이 지속적으로 성장하기 위해서는 이를 개선하려는 노력
이 필요하다.

전 세계 스타트업 생태계를 주도하는 미국과 중국의 다수 스타
트업들이 혁신적 사업 모델과 자본력으로 글로벌 스케일을 확보한
데 비해, 한국 기업들은 여전히 내수 시장을 중심으로 사업을 영위
하고 있다. 상대적으로 작은 한국의 내수 시장 규모를 감안하면 이
는 성장 잠재력을 제한하는 중요한 요인이다. 글로벌 시장으로 진
출하기 위해서도 내수 시장 환경이 글로벌 경쟁력을 갖출 필요가
있다. 그러나 국내 시장 환경은 스타트업들의 진입과 성장을 가로

막는 각종 규제로 인해 경제 규모만큼의 시장 기회도 스타트업에 주어지지 않는 상황이다.

규제 중에서도 기술 발전과 시장 진출을 가로막는 규제는 치명적이다. 스타트업은 혁신적인 아이디어나 기술로 창업해서 빠르게 성장하는 기업인 만큼 기술을 보호하고 발전시키는 것이 중요하기 때문이다.

한국 스타트업들은 본격적인 성장(스케일업)단계부터는 투자가 부족하고 인수합병이나 기업공개IPO를 통한 회수가 어렵다는 것이 또 하나의 불리한 점이다. 투자 생태계의 양적 성장뿐 아니라 질적 도약까지 필요한 상황이다.

가장 중요한 것은 스타트업에 인재들이 몰릴 수 있는 환경 조성이다. 국내 스타트업 창업자들의 역량은 세계 최고 수준이나, 창업하거나 스타트업에서 일하겠다는 사람들은 줄어들고 있다. 스타트업은 사람이 곧 경쟁력이기 때문에, 인재 확보의 어려움은 곧 불투명한 미래일 수밖에 없다.

스타트업의 생태계는 다양한 요소로 구성되어 있으나, 스타트업의 창업-성장-회수-재투자의 선순환 구조를 고려할 때 ① 시장 창출을 위한 자유로운 진입 규제 환경, ② 혁신적 서비스, 제품 개발을 위한 데이터 인프라 환경, ③ 창업-성장-회수-재투자의 선순환을 위한 투자 환경, ④ 스타트업이 필요로 하는 인재 유입 환경이 핵심이다. 우리나라 스타트업 생태계의 성장을 지속하기 위해서 이 네 가지 핵심 쟁점이 해결되어야 한다.

【규제와 제도의 재검토】

한국의 스타트업 진입 규제 환경은 정부, 여론, 스타트업 종사자들의 다양한 노력에 힘입어 개선되는 모습을 보이고 있으나 세계 기준에서 보면 여전히 뒤처져 있다. 글로벌기업가정신연구Global Entrepreneurship Monitor, GEM의 2018/2019 연구보고서에 따르면 한국의 진입 규제 강도 순위는 2017년 49위에서 2018년 38위로 상승하기는 했지만 여전히 하위권에 머물고 있다.

법무법인 린(테크앤로 부문)의 조사에 따르면 글로벌 누적 투자 상위 100대 스타트업 중 31%는 해당 사업모델이 한국에서 금지되어 사업을 시작할 수 없거나(13개), 제한적으로 가능한 것으로 나타났다(18개). 누적 투자액 기준으로는 글로벌 혁신 사업모델의 53%는 여전히 진입 규제로 한국에서 사업화에 제한을 받고 있는 상황이다(아산나눔재단 등, 「스타트업생태계 활성화를 위한 스타트업코리아!」, 2019).

이 같은 진입 규제는 국내 스타트업의 성장은 물론 글로벌 경쟁력을 악화시키는 주원인이다. O2O, 모빌리티, 디지털 헬스케어와 같이 기존 산업의 이해관계자가 있으면 규제가 더 심한 경우가 많다.

정부는 이에 대해 스타트업들의 신기술과 서비스를 우선 허용하고 사후적으로 관리하는 '포괄적 네거티브' 규제로 전환한다는 정책 방향을 갖고, 2019년부터 '규제샌드박스' 제도를 시행하는 등 노력하고 있다. 그러나 속도와 내용 면에서 규제혁신을 체감하기 어렵고, 오히려 새로운 규제로 작동한다는 비판도 제기되고 있다. 없어지는 규제 이상으로 신설되는 규제 또한 문제다. 이를 해결하기 위한 엄격한 규제영향 분석과 규제일몰제 강화가 필요한 상황이다. 스타트업과 기존 산업의 갈등에서 공정한 경쟁 규칙을 세우고 "국민 전체의 이익을 기준"으로 하는 적극적인 행정도 필요하다.

데이터는 21세기의 쌀이나 원유라고 할 정도로 4차산업혁명의 핵심 자원이다. 우리나라는 데이터 축적을 위한 기술적 인프라 측면에서는 세계 최고 수준이나 데이터 기반 사업의 경쟁력은 한참 뒤처지는 수준이다. 국민 1인당 빅데이터 시장 규모는 미국의 10분의 1 수준, 영국의 4분의 1 수준에 불과하며, 글로벌 상위 100대 AI 스타트업 목록에는 한국 업체가 단 하나도 포함되지 않았다(시비인사이츠 집계, 2019년 6월 기준).

이 같은 데이터 관련 스타트업의 부진은 자유롭고 효율적으로 데이터를 활용하기 어려운 환경에 기인한다. 정부는 데이터와 AI를 가장 안전하게 잘 쓰는 나라라는 비전 아래 데이터산업 활성화 정책을 꾸준히 발표하고 있지만, 가장 중요한 데이터 관련 규제는 세계에서 가장 지키기 힘들고 높은 수준이라는 오명을 갖고 있다. 4차 산업혁명위원회 '규제 해커톤'에서 산업계, 시민단체 등이 합의한 '개인정보 범위 명확화' '비식별화' 등의 내용을 담은 데이터3법(개인정보법, 정보통신망법, 신용정보법) 개정안은 1년 넘게 국회에서 통과되지 못하고 있다. 유럽연합의 개인정보규제GDPR를 국가 단위로 적정성을 심사받아 국내 기업이 국내법만 준수하면 되도록 하는 조치도 통과하지 못해, 스타트업과 중소기업들의 유럽시장 진출이 가로막혀 있다.

개인정보 보호는 국민의 기본권에 해당하는 중요한 가치이나, '보호와 활용의 균형'을 지향하는 것이 세계적인 추세이다. 모든 산업과 연결되는 데이터의 가치를 키우고 이용자의 권리도 지키는 방향으로 환경을 개선해야 하는 상황이다.

한국의 스타트업 투자 규모 확대는 정부의 꾸준한 정책자금 지원에 힘입어 빠르게 성장하고 있다. 그러나 장기적 관점에서 투자 생태계가 자생력을 갖추고 지속적으로 성장하려면 정책 자금의 시장 투입 외에 기업, 개인 등 다양한 민간 자본의 유입을 통한 투자 재원 확보 및 인수합병, 기업공개 등 다양한 회수 수단의 활성화가 필수적이다. 그중에서도 국내 대기업 등 이미 성장한 기업의 스타트업 투자와 성공한 창업자가 투자자로 나서는 투자 선순환 구조를 만드는 것이 중요하다.

벤처캐피탈협회 연간보고서에 따르면 민간 기업의 출자액이 전체 출자액에서 차지하는 비중은 매년 감소해 2018년에는 10% 수준에 그쳤다. 국내 기업이 기업 벤처캐피탈 등을 통해 관여한 투자 건의 총 규모도 타 선진국과 비교할 때 낮은 수준이다(시비인사이츠 집계, 2019년 6월 기준). 스타트업 업계에서는 대기업의 투자를 촉진하려면 기업벤처캐피탈cvc 설립 허용을 통한 투자 다양화가 필요하다는 입장이다.

성공한 창업자의 재투자 촉진과 경영권 보호 제도가 미흡하다는 지적도 많다. 미국, 영국, 독일, 프랑스, 일본과 같은 주요 선진국은 스타트업 같은 비상장기업에 차등의결권을 허용하고 있지만 한국은 이를 허용하지 않는다. 대다수 주주의 동의를 얻어 창업자 등에게만 한정적으로 주식 수 이상의 의결권을 부여하는 것이 차등의결권 제도로, 스타트업 창업자들이 꼭 필요로 하는 제도이다. CVC와 차등의결권을 허용하는 법안이 2019년 국회에서 발의되어 통과를 기다리고 있다.

【인재가 올 수 있는 환경을 만들어야 한다】

우리나라는 대학생 가운데 55%가 공무원과 공기업을 장래 희망

직업으로 꼽을 정도로 위험회피형 사회문화가 형성되어 있다. 글로벌 대학생 기업가정신 조사GUESSS 연구 결과에 따르면, 한국 대학생의 창업 선호는 23%로 세계 평균(44%) 대비 낮고, 소규모 사업 취업 선호도 역시 8% 수준으로 세계 평균(18%) 대비 낮다. 국민 전체의 스타트업에 대한 긍정 비율이나 선호도 역시 떨어진다.

여기에 스타트업의 필수 인력인 개발자 부족현상이 더해져 인재난이 심해지고 있다. 소프트웨어정책연구소의 보고서 「유망 SW 분야의 미래 일자리 전망」(2018)에 따르면, 특히 중/고급 개발자 인력난이 심각하고, 중/고급 개발자 미충원율은 2018년 16%에서 2022년 77%까지 악화할 전망이다. 인력난이 이렇게 심각한데도 지난 10년간 주요 대학의 컴퓨터공학과 정원은 거의 그대로이다. 미국 스탠퍼드 대학교의 경우 컴퓨터공학과 정원이 같은 기간 5배 이상 증가했다.

해외 개발자 등 글로벌 인재 영입도 어렵다. 법무부가 외국인 취업 시 스타트업이 받는 부담을 완화해주기 위해 노력 중이지만, 프랑스의 '프렌치테크 비자', 핀란드의 '스타트업 비자' 등과 같은 제도적 지원은 없는 상황이다.

이 같은 인재난 때문에 우아한형제들의 '우아한 테크코스'와 삼성의 '삼성청년소프트웨어아카데미'와 같은 민간 교육프로그램과 정부가 지원하는 '이노베이션 아카데미' 등이 등장하고 있다. 프랑스의 자기주도형 민간 소프트웨어 교육기관인 '에꼴42'와 비슷한 시도라고 할 수 있다.

스타트업들은 우수한 인재가 많이 양성되더라도 대기업과 글로벌기업 취업으로 이어지고 스타트업으로는 유입되지 않는 것을 걱정한다. 앞으로는 기업가정신entrepreneurship 교육을 통해 창업가 자질과 문제 해결 능력을 갖춘 인재를 육성하고, 스타트업 생태계에 도움을 줄 수 있는 환경을 조성해야 할 것이다.

서울 부동산 가격은
안정화될 수 있을까?

최준영(공학박사, 법무법인 율촌 전문위원)

2019년 부동산 시장의 특징은 서울 부동산 시장의 강세로 정리할 수 있다. 2018년 말 나를 포함한 많은 전문가들은 정부의 공급 확대 및 유동성 규제로 인해 2019년 주택시장이 주춤세를 보이면서 안정될 것으로 전망했지만 그 결과는 예상과 달리 서울 부동산 시장의 급등으로 나타났다. 모든 일에는 다 제 나름대로 원인이 있으며, 이러한 원인을 정확하게 파악하는 것이 문제 해결을 위한 첫걸음이기도 하다. 2019년 부동산 시장, 특히 서울의 부동산 시장은 왜 급등했을까?

【서울 부동산 가격 상승의 배경】

2018년 발표된 9·13대책으로 인해 전국 대부분 지역이 하락세를 기록했으며, 가격 상승을 주도했던 서울의 경우도 2018년 11월 둘째 주부터 32주간 지속적으로 하락했다. 그렇지만 강남의 재건축 아파트를 중심으로 한 상승세가 2019년 6월부터 나타나기 시작했으며 이후 13주 연속으로 상승했다.

2019년 부동산 가격 상승의 가장 큰 특징은 오로지 '서울'이라는 하나의 테마로 정리할 수 있다. 강남 4구는 물론 오랫동안 상승과는 거리가 멀었던 노원·도봉·강북이나 금천·관악·구로 등의 비인기 지역에서도 정도의 차이가 있을 뿐 상승세는 공통적으로 나타났다.

서울의 부동산 가격 상승은 2016년을 전후해 나타나기 시작해 3년 넘게 이어지고 있다. 장기간 지속되고 있는 서울 아파트 가격 상승의 원인은 여러 가지가 있으며, 이들이 시간 흐름에 따라 단계적으로 나타나면서 시장을 이끄는 양상을 보였다. 이러한 변화는 과거의 상승요인에 초점을 맞춘 정책과 대책의 효과를 제한해 정책에 대한 신뢰성을 낮추는 요인이 되었다.

2010년대 서울 부동산 가격의 상승은 지방의 수요가 서울로 옮겨오면서 시작됐다는 점이 특징이다. 2008년 글로벌 금융위기 이후 얼어붙었던 부동산 시장은 2010년을 전후해 부산·대구 등 지방 대도시를 중심으로 활기를 띠기 시작했다. 이 지역들은 2000년대 중반 수도권 부동산 상승시기에 소외된 지역으로, 거품이 거의 없었다. 대도시로서 양호한 주택을 선호하는 수요는 존재했지만 이들 수요를 충족할 공급이 제대로 이루어지지 못함에 따라 이러한 수요가 드러나지 않았던 것이 해당 지역의 특성이기도 했다.

서울과 수도권 부동산 시장의 침체가 길어지면서 대형 건설사들은 수도권을 떠나 이들 지역을 대상으로 아파트 공급에 나섰다. 질적으로나 이미지 면에서 우월하다고 평가받던 대형 건설사 브랜드를 단 아파트의 공급은 지역 내에 잠재되어 있던 수요를 촉발했다. 이후 이 지역의 부동산 가격은 지속적으로 상승했으며, 당시 완화된 대출규정과 세제를 적극적으로 이용한 투자자들은 높은 수익을 올릴 수 있었다.

부산·대구 등 지방 대도시 아파트 가격의 급속한 상승은 그 이전까지 높아 보이던 수도권과 서울 아파트 가격을 상대적으로 저렴해 보이도록 만들었다. 서울의 아파트 가격이 저평가되었다는 인식이 퍼지면서 부산·대구 지역의 투자자들이 서울 지역으로 이동해 본격적인 투자에 나섰다. 이 과정에서 주택구매 수요의 감소로 인해 상대적으로 (매매가의 80% 이상으로) 높아진 전세가 비율이 소액투자를 통한 주택구매, 일명 갭투자를 용이하게 했다.

2014년 전반기까지 미분양으로 남아 있던 아파트들이 이들 투자자에 의해 매각되고, 전세가 및 주택가격이 모두 오르기 시작하자 수요자들은 갑자기 저렴한 아파트가 사라졌다는 느낌을 받으면서 서둘러 주택 구매에 나서기 시작했다. 2000년대 중반에 시작되었던 뉴타운 사업을 통해 2010년대 초반부터 마포, 교남 등에 새로운 아파트들이 공급되었으나 사람들에게 이 지역들은 교통은 편리하지만 실제 거주지로 선호받지는 않았던 곳들이었다. 그러나 맞벌이가 일반화돼 직주 근접이 중시되면서 이러한 아파트들의 편리성이 완공 이후 각광받기 시작했고, 수요 증가는 급속한 가격 상승으로 이어졌다.

과거와 달리 대기업 및 전문직 종사자 간의 결혼이 일반화되면서 상대적으로 젊은 층의 가구당 소득은 급속히 높아졌으며, 여기에 저금리 기조가 맞물리면서 주택 구매의 수요층은 예상을 뛰어넘는 수준으로 확대되었다. 일단 수요가 커지기 시작하자 새삼 서울 시내의 아파트 공급 한계가 인식되기 시작했으며, 이에 가격 상승 가능성이 높다고 판단한 사람들이 추가로 몰리면서 그 결과로 부동산 가격이 올랐고, 이런 양상이 2017년까지 지속되었다. 이 시기 아파트 가격 상승의 특징은 전통적인 강남권보다는 주변지역인 마포,

용산, 성동 지역이 주도했다는 점이다.

【문재인 정부 이후 부동산 정책】

2017년 새롭게 출범한 문재인 정부는 부동산 가격 상승의 원인으로 재건축 기대수요를 지목하면서 재건축 아파트를 중심으로 한 규제를 본격화했다. 8·2대책은 과열지역 투기수요를 차단하기 위해 투기과열지구 및 투기지역을 지정했고, 유예되어오던 재건축 초과이익 환수제 실시를 결정했다. 이와 더불어 양도세를 강화하고 주택담보대출비율LTV을 하향조정했다. 가수요를 차단할 경우 주택시장은 안정세를 찾을 것이라는 판단이었다.

그러나 한번 들썩이기 시작한 시장은 정부의 대책이 '공급부족 심화'를 가져올 것이라고 판단하고 지속적으로 부동산 가격을 올리기 시작했다. 2018년 부동산 시장은 공급 확대를 둘러싼 논쟁이 지속되었으며, 이 과정에서 그린벨트 해제를 둘러싼 논쟁이 치열하게 펼쳐졌다. 결국 정부는 2018년 수도권 지역의 신도시 공급을 포함한 9·13대책을 발표하면서 공급 확대와 광역교통망 구축으로 정책 방향을 전환했다. 그러나 이러한 대책을 발표했음에도 부동산 가격 상승의 핵심인 서울지역에서의 공급 확대가 여의치 않을 것이라는 전망이 대두되면서 시장은 쉽게 안정되지 않았다. 모든 자산시장은 일단 강력한 상승 또는 하락세를 타기 시작하면 상황을 유리한 쪽으로 해석하며 시황을 설명하는 논리로 활용하는 경향을 보이는데 2018년 부동산 시장 역시 그러했다고 볼 수 있다.

불안한 균형상태를 보이던 서울의 부동산 시장은 2019년 상반기부터 강남권을 중심으로 상승세로 돌아섰다. 이 시기의 상승은 가격 상승을 기대하는 잠재적 수요가 특정 지역에 집중되면서 시작되었다. 2018년까지 단기간에 급속한 상승을 기록하면서 고평가되었다는 인식이 퍼졌지만, 강남권의 경우 더 오를 여력이 있다고 판단한 투자자들이 정부의 주택대출 규제를 우회하면서 자금을 조달해 강남권을 중심으로 투자에 나섰다.

규제를 피하기 위해 투자자들은 법인설립을 통한 LTV 규정의 우회와 더불어 가족단위 투자로 필요한 자금을 조달했다. 이와 함께 서울 지역 부동산 가격의 상승에 대한 믿음이 강해지면서 서울과 수도권이 아닌 타 지역에서 서울 아파트에 투자하는 수요가 증가했다. 결국 전체적으로 서울 아파트에 대한 투자수요가 확대되었고, 이는 서울 부동산 가격의 상승으로 나타났다.

정부는 이러한 상승세에 대응하려고 분양가격 상한제 도입을 위한 제도정비에 나섰으며, 2019년 10월 1일에는 관계부처 합동으로 '최근 부동산 시장점검결과 및 보완방안'을 발표했다. 부동산 시장이 전국적으로 안정적인 흐름을 보이고 있지만 서울을 중심으로 국

지적 상승세가 나타나고 있으며, 이에 따라 추가적인 대책이 필요하다는 것이 정부의 판단이었다.

정부가 새롭게 발표한 10·1대책은 편법을 써 주택을 구매하는 일을 차단하는 데 초점을 맞추고 있다. 법인 및 부동산담보신탁에 대해서도 개인과 동일한 LTV 40% 규정을 적용하고, 편법증여를 포함한 자금출처에 대한 조사를 강화하겠다는 내용이 10·1대책의 핵심이라 할 수 있다. 주택가격 상승의 원인으로 과도한 유동성을 지목하고 이를 차단하는 데 초점을 맞추었다고 할 수 있다. 이와 더불어 분양가상한제 실시를 위한 제도정비를 포함함으로써 향후 부동산 가격 상승이 나타날 경우 추가적인 조치에 나설 것임을 분명히 밝혔다.

【시장 안정화를 위한 여러 대안들】

시장 일각에서는 정부가 사용 가능한 정책적 수단이 많지 않음을 들어 지속적인 상승을 예상하기도 하지만, 이는 지나친 낙관론이다. 정부는 시장안정화를 위해 분양가상한제를 비롯해 양도세, 보유세 강화 등 다양한 수단을 동원할 수 있다. 이러한 정책들이 시장에 부작용을 가져올 수 있기 때문에 사용에 신중을 기하고 있지만, 부작용을 감내하고서라도 주택시장을 안정화해야 한다는 결정이 내려지면 정부는 시장이 안정화될 때까지 지속적으로 대책을 쏟아낼 수 있다. 정부는 과거 부동산 시장이 침체되었을 때 시장이 되살아날 때까지 수많은 정책과 대책을 시행했으며, 이는 부동산 시장을 안정시키는 데에도 똑같이 적용되는 법칙이다.

돌이켜보면 2015년 이후 서울 부동산 시장의 상승은 그동안 계획되었던 광역교통망 확충이 지연되면서 서울 회귀 현상이 강화됨에 따라 촉발되었고, 이로 인해 서울 아파트의 투자수익률이 개선되면서 확대되었다고 볼 수 있다. 이러한 문제를 근본적으로 해결하기 위해서는 현재 계획되어 있는 교통망의 지속적인 확충, 그리고 3기신도시를 포함한 공급계획의 차질 없는 시행이 무엇보다 중요하다.

GTX로 대표되는 광역교통망이 계획대로 완공될 경우 2020년 이후 수도권에 공급되는 대량의 주택들은 서울 부동산 시장에 대한 간접적 공급 확대 효과를 가져오면서 시장의 안정화에 기여할 수 있을 것이다. 하지만 이러한 계획이 제대로 이행되지 않을 경우 시장은 '결국 서울'이라는 논리가 득세하면서 강력한 상승세로 돌아설 가능성이 높다.

이와 더불어 양도세제에 대한 근본적인 재검토가 필요한 시점이 되었다. 1가구 1주택일 때 양도차액에 대해 거의 과세하지 않는 현행 세제는 주택을 거주의 공간이 아닌 자산증식의 수단으로 간주하도록 만드는 핵심 요소다. 1인 또는 1가구가 주택을 통해 얻을 수 있는 양도차액의 상한을 설정하고 이를 넘어서는 수익에는 거의 전액 환수에 가까운 높은 세율을 적용하는 방안을 검토해야 할 것이다.

밀레니얼 세대가
자영업·유통 지형을 바꾼다

이은형(국민대학교 경영학부 교수)

천년의 마지막에 태어났다고 해서 밀레니얼(천년의) 세대라 불리는 신세대. 1981년부터 1996년 사이에 태어난 밀레니얼 세대는 기존의 규칙을 파괴하고, 소비시장의 최대권력으로 등장했다. 〈파이낸셜 타임스〉는 밀레니얼 세대를 모르면 조직의 생존을 장담할 수 없다는 의미에서 '밀레니얼 모멘트가 왔다'고 선언했다(2018년 6월 19일 자 기사). 우리나라도 예외는 아니다. 특히 1990년대생을 주축으로 밀레니얼 세대가 빠르게 소비시장을 재편하면서 도시의

상권 지도가 변화하고, 유통 강자가 뒤바뀌는 결과가 눈앞에 펼쳐
진다.

【밀레니얼 세대의 세 가지 특징】

밀레니얼 세대의 특징 중 유통 지형에 영향을 미치는 것을 꼽자
면 개인화, 속도, 공유 및 구독이다. 먼저 개인화를 살펴보자. 밀레니
얼 세대는 '나의 선택' '나의 취향'을 중시하는 개인화 세대다. 모두
의 취향에 맞는 범용제품은 더는 매력이 없다고 느낀다. 누구나 다
아는 빅브랜드를 선택하기보다 소수의 취향을 저격하는 스몰브랜
드에 열광한다. 슬로커피를 표방하는 블루보틀은 소수의 매니아들
이 팬덤을 형성한 덕분에 '커피계의 애플'로 유명세를 얻게 되었다.
넷플릭스는 개인의 취향에 맞게 콘텐츠를 추천하는 큐레이션 시스
템으로 밀레니얼 세대를 사로잡았다. 길거리스포츠인 스케이트보
드 매니아를 위한 프리미엄 브랜드로 출발한 슈프림은 소수의 열광
적인 매니아 덕분에 세계적으로 이름을 알렸다.

두 번째 특징은 속도다. 밀레니얼 세대는 인내심이 없다. 그들에
게 시간이란 즉시다. 즉시결제, 즉시배송, 즉시확인, 즉시반납. 상품
을 사고 건네받고, 반납하는 모든 과정에서 시간이 걸리거나 걸리
적거리는 불편사항이 있으면 즉시 떠난다. 로켓배송, 샛별배송 등

지금 유통시장을 지배하는 과도한 속도경쟁, 그리고 모바일앱의 혁신경쟁 등이 모두 밀레니얼 고객을 확보하려는 전쟁이다.

밀레니얼 세대의 소비생활은 모바일에서 이루어진다. 모바일앱으로 쇼핑을 즐기는 밀레니얼 세대를 사로잡으려면 두 가지가 모두 충족되어야 한다. 개인의 취향을 정확하게 파악해 추천해주는 큐레이션 기능, 그리고 자신의 취향에 맞는 물건을 골라서 사기까지의 모든 과정이 신속하고 편리하게 이루어지는 사용자경험. 따라서 모바일을 포함한 온라인쇼핑 업체의 경쟁은 큐레이션과 사용자경험을 모두 충족하되 속도까지 앞서나가야 하는 무한경쟁이다.

세 번째 특징은 밀레니얼 세대가 소유보다 공유, 구독경제를 추구한다는 점이다. 밀레니얼 세대는 부모세대인 베이비부머들로부터 많은 투자를 받으며 자랐다. 자수성가한 베이비부머 세대는 자식들에게 사교육을 시키면서 풍족하게 키웠다. 하지만 밀레니얼 세대는 경제가 수축하는 시기에 사회활동을 시작하게 되었고, 부모세대보다 못살게 된 첫 번째 세대다. 풍족하게 자랐고, 돈 없이는 못살지만 돈을 그만큼 벌 수는 없는 세대. 허리띠를 졸라매는 법을 배우지 못했는데 경제적 여유가 없는 밀레니얼 세대는 '소유보다 공유' '월정액을 내고 원하는 서비스를 사용하는 구독'에 열광하게 되었다. 개인의 취향을 중시하고, 속도와 혁신을 사랑하는, 그리고 돈이 없지만 소비는 해야 하는 '밀레니얼 세대'가 어떻게 소비권력을 행사하는지 주목할 필요가 있다.

【밀레니얼 세대가 가져온 변화】

위와 같은 특징이 구체적으로 어떤 변화를 가져오는지 살펴보자. 첫째, 온라인쇼핑으로의 거대한 전환이 빠르게 이뤄진다. 온라인쇼핑 거래액은 높은 증가율을 보이며 매년 역대 최고금액을 경신하고 있다. 통계청에 따르면 2019년 8월 온라인쇼핑 거래액이 역대 최대치를 경신하면서 11조 2535억 원을 기록했다. 2018년 동월보다 21.4% 증가한 금액이며 상품군별로는 음식서비스가 83.9% 증가해 가장 큰 증가율을 보였다. 현재 온라인쇼핑 매출 규모는 전체 유통업에서 21%를 차지하고 있으며 지속적으로 늘어나는 추세다. 지난해 110조 원을 기록했던 온라인마켓 규모는 2019년 130조 원을 넘어설 전망이다. 이렇게 온라인쇼핑 규모가 커지면 당연히 오프라인 유통 규모는 줄어든다. 한국은행에 따르면 온라인 매출이 100억 늘어날 때마다 점포 8.22개가 감소한다. 결과적으로 오프라인 점포, 특히 외식업 점포의 어려움이 가장 클 수밖에 없다.

〈KB 부동산시장 리뷰〉 2019년 5월 호에 따르면 2019년 1/4분기 상가 수익률은 전기 대비 각각 0.22%p 하락했다. 전국 상가공실률도 중대형상가 11.3%, 소규모상가 5.3%로 전년동기 대비 각

<표 1> 전 세계 소매시장 및 온라인 거래 규모

(단위 : 십억 달러, %)

구분	2015년	2016년	2017년	2018년	2019년(F)	2020년(F)	2021년(F)
전체 소매시장	20,795	21,453	22,974	23,956	25,038	26,074	27,243
온라인 거래	1,548	1,845	2,382	2,928	3,535	4,206	4,927
온라인 거래 비중	7.4	8.6	10.4	12.2	14.1	16.1	18.1

주 : 2019-2021년 데이터는 추정치임.
자료 : eMarketer(2019), Global Ecommerce 2019
자료: 중소기업연구원.

각 0.9%p, 0.6%p 증가했다. 같은 기간 임대료 변동 추이를 나타내는 임대가격지수는 중대형상가와 소규모상가, 집합상가 모두 전년 동기 대비 하락했다. 소규모상가의 경우 5분기 연속 하락세다. 외식업은 더욱 큰 어려움을 겪고 있다. 2018년 외식업 종합경기지수는 67.5로, 6년 연속 하락세를 기록 중이다. 2019년 1분기에는 66.0을 기록해, 하락세가 더욱 가파름을 보여준다. 이런 하락세는 앞으로 더욱 가파르게 전개될 것으로 보인다.

또 다른 현상은 대로변의 유명 브랜드, 역세권의 대형매장 등이 쇠퇴하고 뒷골목의 작은 브랜드, 소규모 점포가 오히려 인기를 끈다는 점이다. 모두가 아는, 모두를 겨냥하는 빅브랜드는 이제 밀레니얼 세대의 관심을 끌지 못한다. 그들은 자신들만의, 소수의 취향을 정확하게 저격하는 스몰브랜드에 열광한다. 뒷골목에 숨어 있는 맛집을 찾고, 동네 서점을 탐방하고, 스토리 가득한 문화공간을 사랑한다. 온라인으로는 편리함을, 오프라인으로는 특별한 경험을 추구한다. 즉 생활필수품이나 일상적인 식사는 온라인으로 주문하지만 자신의 취향을 즐기거나 특별한 경험을 원할 때는 오프라인 공간을 찾는다. 취향이 비슷한 사람끼리 모여서 대화를 나누는 '취향관', 역사책을 팔면서 역사기행 등 역사와 관련한 스토리와 커뮤니티를 연결하는 '역사책방', 책을 읽고 토론하는 커뮤니티 '트레바리 독서클럽' 등이 대표적이다.

온라인에서 충족할 수 있는 제품이나 서비스를 아무런 부가가치 없이 제공하는 오프라인 공간은 이제 더는 생존할 수 없다. 예를 들어 백화점의 변신은 불가피하다. 미국의 노드스트롬백화점이 체험 공간으로 변모한 것도 이 때문이다. 노드스트롬백화점 매장을 찾은 고객이 옷을 입어보고 마음에 들면 바로 온라인으로 주문하는 것이다. 바니스백화점은 1년에 며칠간 매장을 완전히 비우고 클럽으로 변신한다. 밀레니얼이 좋아하는 인플루언서, 디제이, 댄서 들을 초청해 파티를 열고 이 기간에 매장을 방문해야만 살 수 있는 한정판을 판매하면서 큰 호응을 얻고 있다. 국내 백화점산업의 경우 '오프라인 매장에서의 고객경험'을 확실하게 차별화하는 방향으로 대책을 찾아야 할 것이다. 대형할인업체 이마트의 최고 강점은 전국에서 가장 많은 매장을, 그것도 최고의 요충지에 확보하고 있다는 것이었다. 하지만 이것은 더는 강점이 아니다. 가족 단위의 생필품을 구매하려고 카트를 밀며 매장을 누비는 고객이 급감하는 시기에 '많은 수의 매장'은 오히려 짐이다. 이마트가 2019년 2분기에 사상 처음으로 적자전환하며 영업적자 299억 원을 기록한 것은 어쩌면 시작에 불과할지도 모른다.

【고객경험이 핵심이다】

소유보다 공유 및 구독하기를 좋아하는 밀레니얼 세대는 점점 더 권력을 강화하게 될 것이다. 공유하거나 구독하는 소비자는 제품이나 서비스가 마음에 들지 않으면 언제든지 떠날 수 있다. 소비자가 차를 소유하는 경우 그 차를 팔기가 쉽지 않지만, 공유 및 구독하는 경우 바로 끊을 수 있다. 전자제품, 자동차, 가구 등 가격이 비싼 제품일수록 밀레니얼 소비자들은 소유하기보다는 공유하려고 한다. 공유 및 구독 서비스가 활성화될 업종에 종사하는 이들은 고객체험을 개선하는 데 집중해야 한다. 서비스의 속도가 빨라야 함은 물론, 불편함이 최소화되어야 한다. 무엇보다 고객의 입장에서 도움이 되는 제품과 서비스를 제공하도록 진정성 있게 노력해야 한다.

2020년에는 온라인마켓으로의 전환이 더욱 가속화될 것이다. 빠르고 정확한 배송, 편리한 사용자경험 등을 앞세운 특정 온라인쇼핑 기업의 시장지배력은 더 강력해질 것으로 보인다. 글로벌 시장에서의 온라인쇼핑 비중은 2019년 현재 14%로 추정되지만 한국은 그보다 훨씬 크다. 2018년 21%를 기록했고 앞으로 빠르게 늘어날 것으로 예상된다. 자영업 및 오프라인 매장의 경쟁력을 근본적으로 검토해야만 하는 시점이다. 고객이 찾아오게 만드는 포인트가 있어야 한다. 그것은 스토리일 수도, 제품력일 수도, 고객과의 연결성일 수도, 커뮤니티 경험일 수도 있다. 아니면 그 모든 것일 수도 있다. 고객을 개인화시켜 맞춤형 제품과 서비스를 큐레이션하고, 추천하고, 비슷한 취향끼리 커뮤니티를 만들어 연결시켜주고, 매장을 방문했을 때만 느낄 수 있는 특별한 경험을 제공하는 것. 지역의 특색과 스토리를 잘 살려서 매장의 콘셉트를 잡고 그것을 고집스럽게 유지하려고 노력하는 것. 밀레니얼 세대는 이런 고객경험을 찾아서 골목골목을 누빌 의향이 충분히 있다. 심지어 인스타그램으로 홍보까지 해준다. 자영업, 유통산업의 지형을 바꾸는 밀레니얼 세대의 특징을 잘 이해하고, 대응할 수 있다면 오히려 희망이 있다. 어느 때보다 어렵지만 길이 없는 것은 아니다.

계급·세대·자산,
청년 문제에 대한 다층적 분석

조귀동(서강대학교 경제학과 박사과정)

많은 '세대론'이 전제로 하는 것처럼 20대(2019년 기준 1990년 대생)는 이전 세대보다 더 가난할까. 실제 20대들의 노동시장 진입 결과를 보면 20대를 한 묶음으로 놓고 볼 수 없다. 어떤 20대는 이전 세대처럼 높은 급여와 직업안정성이 보장된 일자리를 얻고, 또 다른 20대는 그들의 삼촌이나 부모들보다 일자리 기회가 적다. 그리고 경제적으로 안정된 지위에 안착하는 데 성공한 20대의 수가 적은 것도 아니다.

오히려 문제가 되는 것은 '중산층' 정확히는 '중상위층'에 진입하는 데 성공한 20대와 그렇지 못한 20대의 격차다. 그리고 그 격차에 부모의 사회경제적 지위가 미치는 영향력이 30대보다 크다. 이른바 '90년대생'의 문제는 이전 세대보다 평균적인 경제적 지위가 내려간 것이 아니라, 이전 세대보다 불평등이 공고해지고 세대 간(부모와 자녀 간), 세대 내(개인의 평생 소득 내) 이동 가능성이 급격히 낮아진 데 기인한다.

【가난한 20대를 만든 것은 대학이다?】

교육부는 2018년 말 발간한 「2017년 고등교육기관 졸업자 취업통계연보」에서 대졸 취업자들의 소득 현황을 처음으로 집계해 발표했다. 이 자료에서는 2016년 8월~2017년 2월 일반대학, 2~3년제 대학, 대학원 등을 졸업하고 취업하는 데 성공한 30만 2000명의 임금 분포가 고용보험, 국민연금 등의 행정자료를 기반으로 나타나 있다. 「취업통계연보」가 그해 졸업 후 취업자로 집계한 인원 33만 8000명의 89.3%에 해당한다. 파악률이나 정확성 모두 신뢰할 수 있다.

이 자료에 따르면 대졸(대학원 포함) 취업자 가운데 월 급여가 300만 원이 넘는 사람은 21.3%에 달한다. 월 300만~399만 원은 11.6%, 월 400만 원 이상은 9.7%다. 2017년 대졸 취업자 숫자를 곱하면, 월 300만 원 이상 급여를 받는 데 성공한 취업자는 7만 2000명이라는 얘기다. 월 400만 원만 추려도 3만 3000명에 달한다. 대학·대학원을 졸업하고 초임으로 연 5000만 원 이상을 받는 사람이 3만 명 가까이 된다는 의미다.

그런데 대졸자의 임금 분포를 살펴보면 월 200만 원에 못 미치는 급여를 받는 이들이 압도적으로 많다. 월 100만~199만 원 구간이 전체 취업자의 42.1%에 달한다. 월 100만 원에 못 미치는 취업자 비율도 3.3%다. 임금 순으로 쭉 세웠을 때 한가운데에 해당하는 중간값은 월 200만 원을 살짝 웃도는 수준인 셈이다. 2019년 최저임금이 월 환산(주 40시간 근무, 유급 주휴 8시간 포함) 174만 5150원이라는 것을 고려하면, 이들의 '중위임금'은 최저임금보다 15~20% 정도 높은 수준에 지나지 않는다.

그나마 취업을 한 대졸자라면 사정이 낫다. 2017년 전체 대학·대학원 졸업자는 57만 4000명이고, 4년 전인 2013년 기준으로 고등학교 졸업자는 61만 3000명이다. 대학·대졸자의 58.9%만 취업에 성공한다. 그리고 전체 대학·대학원 졸업자의 12.5%만 월 300만 원 이상을 받는 일자리를 얻는다. 고등학교 졸업자를 분모에 집어넣을 경우 그 비율은 11.4%에 불과하다.

2019년 8월 한국청소년정책연구원이 발간한 보고서 「학교 밖

청소년 지역사회 지원모델 개발연구」에 따르면 만 20~24세 청년 (300만 명) 가운데 14.3%인 41만 2000명은 학교에 다니지도 않고, 직업도 없었다. 구직활동 경험이 없는 비율은 71.8%에 달했다. 고등학교 행정통계에 따르면 2011년 이후 고교 졸업자 가운데 연 10만 명 이상이 진학, 취업 여부 등이 파악되지 않은 '미상자'다. 이들 중 다수가 취업하지 않고 니트족NEET, Not in Education, Employment or Training(직장에 다니지도 않고 교육을 받지도 않는 이들)으로 있을 것으로 보는 게 자연스럽다.

'부유한' 20대가 될 것인지 아니면 '가난한' 20대가 될 것인지에는 어떤 대학을 나왔느냐가 결정적인 영향력을 미친다. 채창균 한국고용정보원 선임연구원은 2014년 발표한 보고서 「4년제 대졸과 전문대졸의 초기 노동시장 성과 비교」(〈KRIVET 이슈브리프〉, 50호)에서 2011년 대졸 취업자의 임금을 출신 학교별로 나누어 분석했다. 그 결과 상위 10개 대학(2013년 〈중앙일보〉 대학 평가 기준으로 포항공대, KAIST, 성균관대, 고려대, 서울대, 연세대, 한양대, 서강대, 중앙대, 경희대가 해당) 졸업자의 평균 급여는 월 269만 5000원이었는데, 나머지 수도권 대학은 월 208만 2000원으로 떨어졌다. 지방 대학은 월 196만 2000원이었고, 전문대학은 월 202만 원이었다. 이른바 '명문대'라 불리는 극소수 대학 졸업자가 아닐 경우 나머지 대학의 급여 수준은 큰 차이가 없다는 얘기다.

명문대 출신과 나머지 대학 졸업자의 급여 격차가 벌어지는 이유는 대기업에서 일자리를 얻을 수 있는 '기회'가 명문대 출신들에게 주어지기 때문이다. 권혜자 한국직업능력개발원 연구위원 등이 2014년 졸업한 대졸 취업자의 초임을 대상으로 기업별 임금을 분석한 보고서 「대기업집단 및 중견기업의 임금 프리미엄: 대졸 청년층을 중심으로」(《노동정책연구》, 2019, vol. 19, no. 1)에 따르면 이른바 재벌이라 불리는 대기업집단의 계열사 정규직으로 취업하면 월 305만 1000원을 받는데 중견기업은 월 245만 2000원, 중소기업은 월 191만 4000원을 받는 것으로 나타났다.

【'노오력'도 계층의 영향을 받는다】

결국 '반듯한' 또는 '괜찮은' 일자리를 얻기 위해서는 일단 명문대를 입학한 뒤, 대기업에 취업을 해야 한다는 것이다. 그런데 그 첫 단계인 명문대 입학에서부터 오늘날의 20대는 이전과 다른 계급 격차를 경험한다. 김영미 연세대 교수가 2016년 당시 20대(1987~1996년생·현재 23~32세)와 30대(1977~1986년생·현재 33~42세)를 대상으로 부모의 사회경제적 지위에 따른 서울 소재 대학 진학 비율을 계산한 결과가 대표적이다. 30대에는 부모의 사회경제적 지위와 자녀의 '인서울' 확률이 완만한 정비례 관계였는데,

20대로 가면 기하급수적으로 확률이 높아졌다. 다시 말해 부모의 사회경제적 지위가 높으면 자녀가 '인서울' 대학을 가고, 낮으면 진입에 실패하게 됐다. 김영미 교수는 이 논문(「계층화된 젊음: 일, 가족 형성에서 나타나는 청년기 기회불평등」, 〈사회과학논집〉, 47권 2호)에서 부모의 사회경제적 지위에 따라 20대의 노동 소득 및 취업률이 영향을 받는다고 분석한다. '부모의 계층 → 자녀의 학벌 → 자녀의 대기업 취업 및 고소득 일자리 확보'라는 연결고리가 존재하고, 그것이 20대에 더 강력해졌음을 의미하는 것이다.

이 같은 '학벌'의 차이는 단순히 중·고등학교 때 사교육에 자원을 투입하는 규모가 차이가 나서 벌어지는 게 아니다. 먼저 이미 중학교 때부터 학력은 부모의 사회경제적 계층, 특히 학력의 영향을 받는다. 주병기 서울대학교 교수가 발표한 「소득과 교육의 공정한 기회평등: 우리사회의 현실과 개선안」 연구보고서(서울대 분배정의 연구센터 워킹페이퍼 DP201813, 2018)를 보면, 2005년 중학교에 입학한 중학교 3학년 학생 6908명의 당시 수학, 영어, 국어 성적을 분석한 결과, 고학력-고소득 집단 자녀의 수학 성적이 90점대에서 가장 많았고, 성적별로 비슷한 분포였다. 그런데 저학력-저소득, 중학력-중소득 집단은 30점 전후 성적을 받은 자녀 비율이 봉우리처럼 우뚝 섰다. 그리고 그 이상 점수를 맞은 자녀 비율은 급격히 내려가는 양상이었다. 노력 수준도 계층에 따라 달랐다. 서울대 박사학위

과정을 밟고 있는 오성재 씨가 주병기 교수 등과 함께 쓴 2018년 논문 「대학수학능력시험 성적을 이용한 교육성취의 기회평등에 대한 연구」(한국재정학회, 2015)에서는 아버지 학력이 높아질수록, 그리고 부모 소득이 늘어날수록 고3 자녀의 자기학습 시간이 늘어나는 경향이 확률적으로 뚜렷하다는 것이 드러난다. 다시 말해 '노력'도 계층의 영향을 받는 셈이다.

같은 대학, 같은 학과에 진학했더라도 어학연수, 교환학생 등에 따르는 경제적 비용과 인턴 등을 좌우하는 부모의 사회적 네트워크는 취업 단계에서 성과를 좌우하는 주요 변수다.

【부모 세대의 격차까지 물려받은 초격차 세대】

여기서 부모 세대인 60년대생의 경험을 이야기하지 않을 수 없다. 한국노동연구원이 지난 1990년 발간한 「중장기 노동력 수급 전망」 보고서에 따르면 과학기술자·회계 및 법무 종사자·의료종사자·언론인 등이 속한 '전문·기술직' 직종의 종사자는 1973년 28만 4000명, 1975년 34만 6000명에서 1980년 54만 9000명, 1985년 87만 200명, 1989년 120만 5000명으로 급격히 늘어났다. 1973년 대비 1980년의 증가폭이 26만 5000명인 데 비해, 1980년 대비 1989년의 증가폭은 65만 6000명에 달한다. 행정·관리직은 1973년 5만 3000명에서 1980년 18만 3000명, 1989년 24만 8000명으로 각각 증가했다. 이른바 '586'이라고 불리는 80년대 학번-60년대생은 경제구조 고도화와 그에 따른 전문·기술·관리인력 수요의 폭증 덕분에 기회를 잡은 사람들이었다.

이들은 1997년 IMF 외환위기 때 30대 중후반으로 기업에서 구조조정 대상이 아니었다. 되레 베이비붐 세대가 물러난 자리를 채웠다. 금융 IT 등 새로운 산업에서 벤처기업을 창업해 1세대로서 해당 산업의 핵심 자리를 20년 넘게 차지한다. 오늘날 90년대생이 80년대생보다 극심한 불평등을 경험하는 것은, 부모 세대에서 명문대를 졸업하고 대기업 상층부에 진입한 대규모 화이트칼라 중산층이 등장한 것과 관련이 깊다. 80년대생의 부모 세대인 50년대생의 대학 진학률은 1959년생(80학번)만 해도 전체 인구의 12.4%에 불과했다(김태윤 등, 「취업할 땐 '3저 호황' 퇴직 앞두고 '정년연장' … 불로장생 386」, 〈중앙일보〉 2019년 9월 23일 자). 이는 1990년 36.5%로 급증하는데, 결국 이들이 중산층을 모두 채우게 된다.

2002~2007년 서울의 아파트 가격 급등은 당시 대기업의 성장과 80년대 학번-60년대생의 소득 증가가 핵심 동력이다. 서울의 아파트 가격은 상위 10% 또는 상위 20%의 근로소득에 따라 좌우되는 시장이며, 그들의 소득은 대기업 실적에 의해 좌우된다. 1986년 아파트 매매지수를 100이라 할 때, 서울 강남 지역의 매매지수는

2001년 228.3에서 2007년 566.2로 두 배 이상 뛴다. 같은 기간 전국 아파트 매매지수는 2001년 206.8에서 2007년 322.3으로 50% 정도 늘어난 데 그쳤다. 그 결과 벌어진 자산 격차는 그대로 자녀 세대인 90년대생에게 대물림된다. 마강래 중앙대 교수가 2013년 발표한 논문 「주택자산의 세대간 이동성에 관한 연구」(《주택연구》, 제21권 2호)에 따르면 부모가 주택을 소유했을 경우, 자녀가 주택을 소유하는 비율을 대폭 끌어올리는 것으로 나타났다. 마 교수는 "부모의 사회경제적 자산이 자식에게 크게 전이되어 자녀들에게 선발의 이익을 만들어, 후발 세대 간의 사회경제적 격차를 심화시킬 수 있는 여지를 지닌다"고 서술했다.

결국 오늘날의 20대는 부모 세대에서 형성된 격차를 그대로 물려받으면서 출신 학교, 직업, 소득, 자산 나아가 사회적·문화적 경험에 이르기까지 다중의 불평등을 경험하는 집단이다. 따라서 그들은 '세대'로 묶을 수 있는 단일한 실체가 아니다. 성별, 계층별, 거주 지역별로 불평등 확대와 격차 고정 상황에서 겪는 경험이 상이하며 정치·사회 인식에 큰 영향을 미친다. 굳이 세대론의 용어를 사용하자면 '불평등 세대' 내지는 '초超격차 세대'가 어울릴 것이다.

IV

권위의 위기와 생활 감각의 전환

청년 담론의 한계,
'진짜 청년'은 존재하는가?

김선기(신촌문화정치연구그룹 연구원, 『청년팔이 사회』저자)

2018년 개봉한 〈버닝〉은 오늘날의 청년을 다룬 영화로 소개되어왔다. 이창동 감독은 칸 영화제 공식 기자회견에서 "특히 젊은 사람들이 뭔가 표현할 수 없는 마음속 분노를 가지고 있고 현실에 무력한 모습을 보이고 있다고 생각한다"고 직접 말하기도 했다. 〈버닝〉은 미스터리 그 자체, 혹은 무언가에 대한 은유로 읽으면 매우 흥미로운 텍스트일지 모르지만, 청년 문제의 재현이라는 측면에서 보면 매우 안일하게 기존 청년 담론의 대표적인 문제점을 답습하는 데 그치고 만다.

【〈버닝〉은 청년을 어떻게 재현하는가】

〈버닝〉에서 청년의 대푯값, 즉 주인공은 종수로 설정된다. 종수는 집안 배경 면에서도(가난한 농가) 현재 직업 면에서도(유통회사 알바생) 가난하지만 어떤 낭만과 열정을 간직하고 있는 남성 청년(소설을 쓴다)이다. 내레이터 모델인 여성 해미, 무슨 일을 하는지는 모르겠지만 어쨌든 부유한 남성 벤, 그리고 수많은 단역도 연령 기준으로는 청년에 해당하지만 그들은 모두 종수의 관점에서 이야기를 전개하기 위한 배경으로만 활용된다. 해미와 벤은 주요 인물이지만 종수가 마주하는 세계의 일부, 즉 객체화된 상태의 미스터리로 재현될 뿐, 영화 내에서 그들의 주체적인 목소리를 발견할 수 없다. 다수의 청년 담론이 그 자체로 몰성적인desexualized 표현인 '청년'을 사실상 남성 중심적으로 사용해왔다는 비판은 이미 숱하게 이루어진 바 있다. 청년은 단순 생애주기를 지칭하는 말로써 천만 명 이상의 이질적인 개인들을 포함하는데, 의아하게도 많은 청년 담론은 평범한(부유하지 않은) 남성 명문대생(엘리트)들을 유일한 발화의 주체로 설정하곤 한다.

일단 주인공이긴 하지만 〈버닝〉에서 종수가 온전히 자율적인 주체로 묘사되고 있다고 보기도 어렵다. 종수는 갑작스럽게 해미가 사라진 이후 일종의 '비이성'을 체현한다. 불에 탄 비닐하우스가 없는지 지역을 샅샅이 뒤지고, 벤을 무작정 미행하는 종수의 행동과 그 이면에 있는 분노는 논리적으로 말끔히 설명되지 않는 영역에 놓여 있다. 이성과 감성 혹은 비이성의 분할 체계에 기반한 근대 사회에서 이성은 언제나 비이성보다 우월한 지위를 누려왔으며, 특정한 존재를 이성적이지 못한/않은 상태에 연결하는 것은 그 존재를 타자화하는 매우 익숙한 전략이다.

〈버닝〉이라는 텍스트 내에서는 결말부에 이르러 종수(혹은 그를 통해 재현되는 청년)가 세계를 새롭게 써나갈 수 있는 주체적인 가능성을 암시하기는 한다. 그러나 감독은 '청년'을 미래에는 주체가 될 수 있을지 모르지만 아직은 미숙하고 불능한 존재로 인식하고 있음을 한 발언을 통해 드러낸다. 그는 "젊은이들에게 이 세계 자체가 하나의 미스터리로 보이지 않을까 생각한다"고 말했다. 이는 청년들의 상황에 이입하고 공감하려는 태도에서 나온 성찰이지만, 젊은이들을 세계를 논리적으로 해석할 수 없고 '미스터리'로 바라볼 수밖에 없는 위치에 배치시키는 언어이기도 하다. 청년 담론은 오래도록 청년을 '좌절' '분노' '포기' '무력함'과 같은 부정적 정동의 차원에 묶어둠으로써 청년의 주체성을 격하해왔다.

218

【'이남자'라는 문제설정 자체가 오류다】

2018년 말 20대/남성 코호트의 국정수행 지지율이 급락하면서 나타나, 2019년 주간지 〈시사IN〉이 20대 남자 공동기획 시리즈를 내놓으면서 정점에 이른, 소위 '이남자(20대 남자)' 담론은 앞서 〈버닝〉으로 우회해 설명한 청년 담론의 특징을 또다시 반복한다. 20대 남자는 결코 단일한 특성으로 환원될 수 있는 사회집단이 아니다. 개인이 갖는 수많은 속성 내지는 변수 중 하나일 뿐. 그런데 기존의 청년 담론이 청년 일부(평범한 명문대생 남성)를 내세워 전체 청년을 지시하는 어긋난 제유를 활용해왔듯, '이남자'론은 20대 남성 중 일부에 해당하는 안티-페미니즘 집단과 20대 남성을 무리하게 동일시하는 오류를 범했다. 사회학적으로 청년이라는 집단과 거기에 속한 청년 개인의 관계는 전체와 부분의 관계로 환원될 수 없다. 안티-페미니즘 집단은 "남성과 여성의 고정된 정체성을 기준으로 남성들을 악마화하고 있다"는 식의 논리로 젊은 여성 페미니스트들을 비판하곤 한다. 그러나 막상 20대/남성 코호트를 특정하게 규정하는 정체성 정치를 실행하는 것은, 안티-페미니즘 집단을 '인정'하고 이들의 정치적 열망을 추수하기까지 하는 '이남자'론, 그리고 여기에 동조하는 젊은 안티-페미니즘 집단 자신이다. 이러한 20대/남성 버전의 정체성 정치는 20대/남성이라는 코호트 내의 다양성을 바탕으로 지금과는 다른 방식의 대안적인 담론이 등장할 잠재력을 닫아버린다.

안티-페미니스트가 아닌 20대 남성만 타자화된 것이 아니다. 이들이 재현되지 못하고 주변화된 반면, 안티-페미니스트들은 '괴물화'된다. '이남자' 담론은 〈버닝〉에서 종수가 재현되는 방식 그대로, 안티-페미니즘 성향의 20대 남성들을 스스로 세계를 '이성적으로' 해석하고 다른 사회 구성원들과 다를 바 없는 평등한 주체가 아니라 무언가 논리적으로 잘 이해되지 않는 '특이 현상'으로 전제한다. 안티-페미니스트로 규정된 20대 남성들이 내비치는 의견들이 토론과 정치의 대상이 아니라 교육과 치유의 대상으로 성급하게 설정되기도 하는데, 이때 '이남자'는 동료 시민의 위치가 아니라 무언가 이성의 영역에서 분리된 일종의 '괴물'의 위치로 분리되어 나간다. 최근 공정성 문제를 제기하는 젊은층에 관한 담론에서도 비슷한 배치가 반복되는데, 실상 이러한 청년의 '괴물'화는 오늘날 20대에 대한 규정에 커다란 영향력을 발휘해온 단행본 『우리는 차별에 찬성합니다』(오찬호 지음, 개마고원, 2013)의 부제 '괴물이 된 이십대의 자화상'에 의해서 선취된 바 있다.

결함이 있는 담론에 근거한 정책이 제안, 설계, 실행된다면 우리는 각각의 단계에 또다시 같은 비판을 하는 수밖에 없다. '이남자' 담론이 나타난 이후 청년 정책을 논했던 수많은 담론과 실제 논의된 정책안들은 이 비판으로부터 자유롭지 않다. 일단 20대/남성 코호트의 지지율 하락 내지는 20대의 '분노'에 대한 해결책으로 '청년 정책'이라는 범주가 자연스럽게 상상되는 현상 자체에 의문이 제기되어야 한다. 20대 남성, 그중에서도 안티-페미니스트 성향을 지닌 일부가 '20대 남성' 전체, 나아가 '청년'의 제유로 받아들여지는 커다란 오류가 발생했기 때문이다. 이러한 담론을 바탕으로 만들어진 청년 정책은 청년층 중 매우 일부의 이해가 과잉 대표되고, 다른 청년들을 배제하는 잘못으로 이어질 가능성이 크다. 더욱더 크고 우스운 문제는 20대/남성 코호트의 지지율 하락이라는 현상을 청년 정책으로 회복할 수 있다는 상상 자체다. 정권에 등을 돌렸다고 여겨지는 '이남자'는 안티-페미니스트이기도 하지만, 정부가 추진하는 방식의 청년 정책에 대해서도 이미 부정적인 경우가 많다.

【청년 정책이 담아야 할 청년 담론】

게다가 오늘날 한국 사회에서 추진되어온 청년 정책은 이미 인구로서의 청년을 넘어 가치로서의 '청년'을 바탕에 두고 발전해왔다는 점을 고려해야 한다. 정책이 실제 추진되는 과정에서 실증적인 '청년' 개념과 경합하게 되기는 하지만, 오히려 '청년'은 오히려 우리 사회가 앓고 있는 다층적인 증상들에 대한 환유로서 첨예한 정치적, 정책적 문제로 등장하게 된 맥락을 이미 포함하고 있다. 따라서 이행의 지연이나 불능, 불평등 및 격차 문제, 일상의 민주화 및 다양성 인정 같은 다양한 의제의 환유인 '청년' 담론, 그리고 거기에서 출발한 청년 정책은 어차피 '분노'한 집단으로 상상되는 '이남자'들에게 대체로 해당하지도 않는다. 그러므로 많은 정치인의 상상과는 다르게 청년 정책으로 '이남자'의 분노를 달래는 것은 불가능하다.

청년 인구 전체 중 일부가 청년 전체를 대표할 수 있다는 가정을 기반으로 사용되는 '청년' 담론과 한국 사회의 미래 방향에 개입하기 위해 정치적 수단으로 도입되어온 '청년' 담론은 같은 기호를 사용하기는 하지만 완전히 다른 것이다. 그러나 이렇게 명백한 차이는 정책 전문가들에 의해서도 쉽사리 인지되고 있지 못하며, 둘 사이의 혼동으로부터 빚어지는 오류는 지금까지도 그랬고, 향후 청년 정책의 도입과 '발전'에서 장애물로 작용할 것이다.

2018년 연말 '이남자'론, 그리고 2019년 가을 조국 장관 임명을 둘러싼 '공정성' 논란이 일며 갑자기 '청년'과 '청년 정책'이 주목을 받았다. 그리고 세대주의가 만연한 한국 사회에서 이러한 국면은 앞으로도 끊임없이 나타날 것이다. 하지만 그러한 국면이 결코 청년 정책의 발전이나 '청년 문제'의 해결, 청년활동가들의 온전한 주체성 발화에 긍정적인 기회 구조를 마련해주지 않았다는 점을 명확히 해두고 싶다. 이제는 '청년'이, '20대 남성'이 도대체 어떤 사람들인지 물으면서 '진짜 청년'을 찾으려는 끝없고 답 없는 '노오오오력'에서 벗어나, '청년'이 무엇의 환유이고 무엇의 환유여야 하는지를 묻는 정치에 집중해야 한다.

가짜뉴스 환경과
한국 언론의 신뢰도

구본권(〈한겨레〉 선임기자)

언론의 생명은 사실 보도다. 저널리즘의 최우선 책무가 사실 보도를 통한 진실 추구라는 것에는 이견이 없다. 하지만 『저널리즘의 기본 원칙』(빌 코바치·톰 로젠스틸 지음, 이재경 옮김, 한국언론진흥재단, 2014)에서 지적하듯 그 '진실'의 의미에 대해서는 상당한 인식 차이가 있다. 사람의 인지적 한계와 특성은 진실 자체를 명확하게 알 수도, 입증할 수도, 문장의 형태로 옮길 수도 없기 때문이다. 진실은 사실과 다를 뿐 아니라 신속성을 추구하는 언론의 진실 보도는 매우 어려운 작업이다. 대중사회에서 매스미디어 역할이 커진 배경에는 언론이 뉴스의 신뢰도와 영향력을 키우기 위해 고안한 사실성 확보 장치가 있다. 객관주의 저널리즘이다.

【도전받는 언론의 사실성과 가짜뉴스의 범람】

19세기 미국에서 신문 발행이 늘고 언론사 간 경쟁이 치열해지자 객관주의 저널리즘이 등장했다. 초창기 신문은 정치집단의 영향력 아래 발간됐지만, 보도 경쟁이 심화하면서 확인되지 않은 루머와 소설 같은 기사가 뉴스로 포장돼 실리는 경우도 늘어났다. 신문이 객관적 사실 보도를 내세워 전체 독자를 대상으로 한다면 상업적 성공을 거둘 수 있다고 본 언론사들이 늘어나고 신문사들이 공동 해외취재 목적으로 설립한 AP와 같은 통신사가 등장하면서 언론에 객관적 사실 보도가 자리 잡게 됐다. 신뢰할 수 있는 객관적 사실 보도를 위해 저널리즘은 과학 연구 방법론의 접근법을 가져왔다. 물리적 연구와 달리 언론이 다루는 사회 현상은 재현이 불가능하지만, 과학의 검증 가능성을 기사에 적용했다. 범죄 사건이나 화재 사고를 나중에 제3자가 재현하는 것은 불가능하지만, 이를 보도하는 기사에서 누구나 확인할 수 있는 객관적 요소들로 구성할 수 있다. 바로 '육하원칙'이다. 초기 신문은 현장감과 사실성을 높이기 위해 삽화를 이용했지만, 사진술의 발명 이후 포토저널리즘도 언론의 사실 보도에서 주요한 역할을 담당하게 되었다. 라디오와 텔레비전의 발달은 활자 매체가 전달할 수 없는 생생한 현장감과 동시성을 기반으로 언론의 사실성과 신뢰성을 한층 높이는 도구가 됐다. 저널리즘에서 사실 증명이 필수적 요건과 규범은 아니지만, 취재 경쟁 심화와 보도 노하우 발달은 저널리즘이 불문율의 형태로 사실성 구축 관행을 만들도록 했다.

그런데 언론이 사회에서 담당해온 사실성과 객관성이 전례 없이 도전받는 환경이 됐다. 역사상 루머와 사기 정보가 사라진 적도 없지만, '가짜뉴스'로 불리는 허위 왜곡 정보의 폐해가 지금처럼 범세계적인 문제가 된 적은 일찍이 없다. 2016년 가짜뉴스는 미국 대통령 선거와 영국의 브렉시트 탈퇴 국민투표에 상당한 영향을 끼쳤으며 여파는 현재 진행형이다. 2016년 말 영국 옥스퍼드사전은 '탈진실'을 올해의 단어로 선정했으며, 2017년 3월 시사주간지 〈타임〉은 "진실은 죽었는가"를 커버스토리로 보도했다. 국내에서도 가짜뉴스와 팩트체크가 활발하다. 페이스북과 유튜브 등 소셜미디어 플랫폼도 문제 해결에 나섰다. 많은 국가에서는 가짜뉴스를 처벌하고 차단하는 법률 제정에 나서는 등 기술적·비기술적 대응이 본격화하고 있다.

하지만 컨설팅기업 가트너가 2017년 10월 미래보고서를 통해

"2022년이 되면 대부분의 사람들이 진짜보다 가짜 정보를 더 많이 접하게 될 것"이라는 예측을 발표한 데서 보듯, 가짜뉴스 현상은 시간이 지나면서 해결되기보다 오히려 심각해질 전망이다.

【인간은 가짜뉴스에 친화적일 수밖에 없다?】

정보기술이 발달할수록 허위 왜곡 정보와 가짜뉴스의 피해가 커질 것이라는 예측은 미디어 환경 변화와 인간 인지적 적응능력 간의 격차 때문이다. 그중 소셜미디어와 딥페이크 기술의 영향이 크다. 매스미디어 시대에는 뉴스를 생산하고 분류·유통하는 신문과 방송 등 전문 중개자의 역할이 필수적이었지만, 모바일과 소셜미디어 환경에서는 중개자 없이 플랫폼 위에서 콘텐츠 이용이 이뤄진다. 소셜미디어에서 이용자는 정보에 직접 접근해 이용할 수 있는데, 이는 편집, 검증, 필터링하는 절차도 없다. 이용자의 정보 접근성과 편의성이 높아졌지만, 중개자와 필터링 없는 정보 이용은 이용자 스스로 정보의 사실 여부, 유용성, 중요도를 판단해야 하는 상황을 불렀다.

인공지능 기계학습 기반의 '듀플렉스' '딥페이크'처럼 진짜와 식별불가능한 가짜 동영상, 가짜 음성을 만들어내는 기술의 출현은 가짜뉴스 현상을 더욱 어렵고 복잡한 문제로 만들고 있다. 정치적·상업적 의도를 갖고 가짜뉴스를 만드는 세력은 첨단기술을 활용해

진짜와 구분할 수 없는 가짜 사진과 동영상을 손쉽게 만들어내어 유통시키지만 식별은 점점 어려워진다. 페이스북처럼 방대한 이용자 정보를 기반으로 다양한 심리실험을 통해 특정한 반응을 유도해 낼 수 있는 소셜미디어는 인간의 인지적 취약점을 공략하는 가짜뉴스 플랫폼으로 쓰인다.

정보기술 발전은 갈수록 가속도가 붙지만, 인간 인지능력은 수천 년 전과 비교해 거의 진화하지 않았다. 포토샵과 딥페이크 기술은 손쉽게 사진과 동영상을 조작할 수 있지만, 여전히 인간은 본능적으로 시각정보에 절대적으로 의존한다. "보는 게 믿는 것"이라는 말처럼 사진과 동영상이 있으면 의심 없이 사실로 받아들인다. 유튜브가 가짜뉴스 온상인 이유다.

사람이 가짜를 믿어온 역사는 뿌리 깊다. 유발 하라리는 『21세기를 위한 21가지 제언』에서 인간의 주요한 인지적 특성으로 허구를 만들어내고 믿을 줄 아는 능력이라고 말하며 인간은 늘 탈진실의 시대를 살아왔다고 말한다. 신, 종교, 국가, 화폐, 이념 등 인류 역사에서 개인과 사회가 신뢰해온 이들 가치는 인간 사유의 산물인 개념이고, 하라리는 이를 인간이 허구를 만들고 믿는 능력 때문이라고 본다. 하라리는 "1000명이 조작된 이야기를 한 달간 믿으면 가짜뉴스이지만, 10억 명이 1000년간 믿으면 종교다"라고 말한다. 종교전쟁과 이념전쟁은 인간이 허구를 진실로 믿어온 역사를 보여주며, 가짜뉴스는 익숙한 것이라는 걸 알려준다.

노벨상을 받은 심리학자 대니얼 카너먼은 『생각에 관한 생각』에서 인간 인식이 허위 정보를 식별하는 이성적·비판적 능력을 발동하는 것에 비해 구석기 시대부터 형성해온 인지적 편향을 따르는 것이 자연스러운 본능이라고 이야기한다. 인간은 성찰적·비판적 사고능력을 갖고 있지만 매번 새롭게 판단하기보다 각종 고정관념과 편향을 따르기 쉬운 '인지적 구두쇠'이기 때문이다. 소셜미디어와 인공지능 기술 발달로 진짜와 가짜를 식별하기 어려워지는 것에 반해 '인지적 구두쇠'로서 인간의 인지적 본능은 가짜뉴스 현상이 점점 더 심각해질 사회문제임을 예고한다.

【가짜뉴스보다 심각한 왜곡 보도】

딥페이크를 이용한 감쪽같은 허위조작정보 증가 우려와 별개로 국내에서는 가짜뉴스를 더욱 심각하게 만드는 상황이 일어나고 있다. 영국 옥스퍼드대 로이터저널리즘연구소가 38개 주요 국가를 대상으로 한 2019년 언론 신뢰도 조사(「디지털 뉴스 리포트 2019」)에서, 한국은 조사에 포함된 2016년 이래 4년 연속 최하위를 기록했다. 한국은 "자국에서 보도되는 뉴스 대부분을 믿을 수 있다"고 응답한 비율이 조사대상의 22%에 불과해, 언론 신뢰도가 가장 낮았다. 한국의 언론 신뢰도가 세계 꼴찌라는 불명예는 허위 조작정보가 손쉽게 만들어지는 환경에서 기성 언론이 진실 검증의 책무 대신 집단적 이익을 위해 편향·왜곡 보도를 한다고 보는 대중적 인식 때문이다. 기성 언론에 대한 신뢰가 떨어지고 뉴스에 대한 사회적 불신이 쌓이다 보니 이제는 대중이 기성 언론이 내놓는 보도를 가짜뉴스와 다를 바 없는 것으로 의심하기까지 한다.

가짜뉴스가 문제되는 영국·미국 등에서는 가짜뉴스의 해결책으로 기성 언론조직과의 팩트체크 협업이 제시되고 있지만, 언론 신뢰도가 몹시 낮은 국내 상황에서는 어려운 일이다. 언론 신뢰도 최하위의 국내 언론 상황에서는 딥페이크를 활용한 허위조작정보나 가짜뉴스보다 기성 언론의 왜곡 편향보도가 더욱 심각한 상황이다.

2020년 이후 한국 사회에서 가짜뉴스 현상은 더 심각한 사회적 문제가 될 것으로 본다. 왜냐하면 첫째, 딥페이크 등 인공지능 기술 발달로 진짜와 식별 불가능한 가짜의 생산과 유통이 더욱 활발해질 전망이다. 둘째, 권력화한 기성 언론의 왜곡 편향보도 관행은 가짜뉴스와 그렇지 않은 뉴스 간의 식별성을 떨어뜨리며 언론보도 전반에 대한 신뢰도를 지속적으로 하락시킬 수 있다. 셋째, 이용자들의 뉴스 등 콘텐츠 이용시간은 늘어나지만, 필터 버블filter bubble·에코체임버echo chamber 효과 등으로 인해 이용자가 편향된 사고에 고립되는 경우가 일반화될 수 있다.

언론이 신뢰를 상실하는 상황은 가짜뉴스나 사기에 속는 사람들이 늘어나는 경우와는 차원이 다른 심각한 피해로 이어진다. 사회 구성원들의 정체성과 동질성의 토대가 되는 공통의 사실과 신념 자체가 위협받게 되고 나아가 사회 구성원 간의 소통과 통합이 어려워지는 상황이 되기 때문이다. 공동체의 신뢰 기반이 위협받는 상황은 가짜뉴스에 대한 법과 기술 위주의 접근의 한계를 이내 드러내고 결국 장기적이고 근본적인 모색을 요구한다. 현재와 같은 극단적 불신이 지속되면 한국 언론은 '파괴적 혁신'을 강요받게 된다. 왜곡 보도와 가짜뉴스가 난무하는 상황에서 독자 신뢰를 새로이 구축하기 위한 방법 중 '파괴적 혁신'은 고통스러운 경로다. 기존의 자신과 시스템이 무너진 바닥에서부터 새롭게 출발해야 하기 때문이다.

언론계가 달라진 미디어 환경에서 새로운 사실성 확보 방안을 모색할 수도 있다. 그중 하나는 투명성과 검증가능성 확보를 통한 이용자 요구의 수용이다. 보도의 왜곡과 편향성, 근거 부족이 의심받는 상황에서 이용자들이 직접 팩트를 확인할 수 있도록 투명성과 검증가능성을 제공하는 방식이다. 또한 기술과 법이 해결책이 될 수 없다는 인식은 이용자들이 스스로 주체적이고 비판적으로 미디어를 읽는 능력을 갖춰야 한다는 판단으로 이어질 것이다. 그리고 이러한 전환은 미디어 리터러시를 새로운 디지털 시민교육으로 요청할 것이다.

유튜브의 부상과
지상파의 몰락

홍경수(순천향대학교 미디어커뮤니케이션학과 교수)

2019년 가을을 달군 최고의 이슈는 조국 장관을 둘러싼 검찰과 언론의 대응이었다. 검찰의 과도한 수사와 이를 중계 보도하는 언론에 대한 시민들의 저항이 '서초동 촛불집회'로 나타났다. 거리를 가득 메운 대중의 움직임은 검찰에 대한 항의일 뿐 아니라, 언론에 대한 문제제기였다. '조중동'은 물론이고, 비교적 중립적이라고 여겨져왔던 '경향'과 '한겨레'마저 비난의 대상이 되었다. 흥미로운 것은 〈시사IN〉이 실시한 '2019 대한민국 신뢰도 조사'에서 가장 신뢰하는 언론매체로 꼽힌 JTBC도 비난의 대상이 되었다는 사실이다. 현장을 중계하는 기자 뒤에서 한 시민이 '손석희는 돌아오라'라는 팻말을 든 모습이 전국에 방송됐다. SBS는 '논두렁 시계' 보도로 물의를 빚었던 과거에서 더 나아지지 않아서 비난을 받고, KBS는 하염없는 기계적 중립주의로 손가락질을 받았다. 그나마 tbs 교통방송이 청취율 1위인 〈김어준의 뉴스공장〉으로 신뢰를 얻고 있고, MBC가 조금씩 예전의 날카로움을 되찾는 중이다. 이제, 한국에서 언론은 믿고 볼 만한 존재가 아닌 것인가? 그 틈을 타고 새로운 언론이 등장했다. 바로 유튜브 저널리즘이다.

【갈수록 약화하는 지상파 저널리즘】

앞선 조사에서 유튜브는 한국에서 가장 믿을 만한 미디어 2위에 (12.4%)올랐고, 그 뒤로 KBS(9.6%), 네이버(7.8%), 조선일보(5.4%), TV조선(3.5%), 다음(3.4%), YTN(3.1%), MBC(3.1%) 등의 순서다. 놀랍게도 유튜브의 신뢰도는 공영방송 KBS와 MBC의 신뢰도를 합한 수준이다. 문제는 이러한 격차가 내년에는 더욱 커질 것이라는 점이다. 영국 옥스퍼드대 로이터저널리즘연구소가 발표한 「디지털 뉴스 리포트 2019」에 따르면 한국인의 한국 언론에 대한 신뢰도는 22%로 조사대상 국가 중 최하위를 기록했다. 설상가상으로 낮은 신뢰도가 전년 대비 3%나 줄었다. 하염없이 신뢰도가 낮아지는 한국 언론과는 반대로 유튜브 저널리즘의 신뢰도는 높아만 간다.

한국의 언론, 특히 지상파는 왜 이런 지경에 이르렀나? 지상파들이 손꼽는 대표적인 원인으로는 종합편성채널의 승인과 비대칭적 규제로 인해 지상파의 영향력이 약해졌다는 것이다. 이러한 정책적 변화에는 이명박·박근혜 정부가 자신들의 입맛에 맞지 않는 지상파를 억압하려는 계획이 있었다는 것이다. 지상파 방송사의 채널 영향력은 줄어들었고, 구성원들 역시 막대한 고통을 겪었다. 박근혜 정부 출범 직전인 2012년 대비, 2017년 KBS와 MBC의 광고·협찬 매출은 35~38%가량 줄었으며 2019년까지 이러한 하락세는 멈추지 않는 것으로 보인다.

더 큰 문제는 방송의 핵심 기능이라 할 수 있는 보도에서의 공정성이다. 지상파 보도의 공정성은 지속적으로 논란이 되었고, KBS 사장이 교체되기까지 한 '세월호 보도 참사'는 공영방송뿐 아니라 한국 언론 전반에 대한 시민의 불신으로 확대되었다. 문제는 정권이 바뀌고 공영방송 경영진이 바뀌었는데도 큰 변화가 느껴지지 않는다는 점이다. 김동원 한국예술종합학교 영상원 강사는 이러한 문제의 원인으로 구성원들 사이의 방대한 관료주의를 손꼽았다. 현상 유지를 위한 변화거부와 형식적인 시민참여 등이 관료주의의 결과인데, 결국 방송에 대한 엘리트주의적 관점이 문제라고 해석할 수 있겠다. 방송을 둘러싼 외부적 압력 못지않게 내부적 원인도 중요하다는 것이다. 결국 지상파가 내부적 관료주의를 혁파하지 않으면, 지상파의 위기는 극복되지 않을 것이라는 점을 예상할 수 있다.

【어떻게 유튜브는 신뢰할 만한 미디어 2위에 올랐나?】

지상파가 영향력과 신뢰도를 잃어가는 사이 대중은 자신의 취향에 맞는 뉴스를 찾아 SNS와 유튜브로 망명했다. 유튜브에는 고정 출입처와 좋은 장비 없이 자신의 주장을 펼치는 수많은 유튜버들로 넘쳐난다. 〈시사저널〉의 '2019 누가 한국을 움직이는가' 언론인 분야 조사결과는 유튜브의 영향력이 얼마나 큰지 단적으로 보여준다. JTBC 대표 손석희가 압도적 1위를 차지한 가운데, 김어준, 방상훈, 유시민이 뒤따랐으며, 정규재가 9위를 차지했다. 공영방송 사장인 KBS 양승동(10위), MBC 최승호(11위)는 두 자리 순위로 밀려났다. 흥미로운 것은 손석희, 김어준, 유시민, 정규재 모두 유튜브 구독자가 많다는 사실이다. 2019년 10월 기준으로, JTBC 뉴스 117만 명, 딴지방송국 62만 명, 알릴레오 91만 명, 정규재TV 55만 명으로 언론인의 영향력은 유튜브 구독자 수와 일정한 상관관계를 갖는다고 말할 수 있다.

그렇다면 유튜브의 어떤 특성이 사람들을 빨아들이는 것일까?

기존의 방송이 거대한 설비를 갖춘 인프라산업이라는 특징을 갖고 있는 데 비해, 유튜브에서는 스마트폰만 있으면 누구나 손쉽게 개인방송을 시작할 수 있다. 시청자 누구나 1인 방송사가 될 수 있고 온 국민이 미디어인 시대가 열린 셈이다. 반면에 지상파는 여전히 거대한 스튜디오를 사용하고, 수많은 제작진들을 고용하는 고비용 제작의 메커니즘을 벗어나지 못하고 있다. 전국 곳곳에서 일어나는 사건 사고와 문화 현상을 누가 더 상세하고 신속하게 전달할 수 있을까?

지상파는 사회적 제도의 하나로 다양한 규제를 받고 있다. 방송법에 규정된 방송의 공정성, 공공성, 다양성, 균형성, 사실성 등의 이념을 지켜야 한다는 압력에 놓여 있다. 문제는 정권이 바뀜에 따라 경영진과 핵심 인력이 변화될 수 있고 앞선 이념들이 새로운 잣대로 재단될 가능성에 노출된다는 것이다. 유튜브에는 다양한 관점을 가진 1인 제작자들이 스펙트럼처럼 펼쳐진다. 시사타파TV에서부터 정규재TV에 이르기까지 다양한 저널리스트가 최신의 시사 이슈를 강력하게 웅변한다. 이들에게 지상파에 요구하는 것과 같은 무게의 책무를 묻기 어려운 것이 사실이다. 다른 의미로 유튜브 언론은 기성 언론이 제공하지 못하는 폭넓은 의견의 스펙트럼을 뾰쪽하고 날카롭게 펼치고 있다.

유튜브의 가장 큰 장점은 현재 한국 사회에서 가장 대중적인 매체라고 할 수 있는 모바일 미디어에 최적화된 콘텐츠라는 것이다. 종이 신문을 보는 가정은 찾아보기 어려우며, 대다수의 10대와 20대는 텔레비전을 직접 보지 않는다. 그 대신 아침에 일어나서 잠들기까지 손에서 떼지 않는 것이 스마트폰이다. 짧은 호흡과 굵은 자막 그리고 자세한 내레이션이 곁들여진 유튜브 영상은 현대인의 생활 리듬과도 일치한다.

【엔터테인먼트의 최고 집결지 유튜브】

유튜브의 영향력이 저널리즘에 국한된 것은 아니다. 한류의 폭발적인 성장은 유튜브라는 미디어를 빼놓고 생각할 수 없다. 모두가 기억하듯이 싸이의 〈강남스타일〉이 세계적인 인기를 끈 데에는 '발표 100일 만에 유튜브 5억 뷰'라는 현상이 큰 힘으로 작용했다. 이후 싸이는 미국의 방송사에 경쟁적으로 출연했고, 이것이 다시 유튜브에 올려지며 조회 수를 폭발적으로 증가시켰다. 2019년 10월 현재 무려 34억 뷰 이상의 기록을 올렸고, 유튜브의 조회 집계 시스템을 바꾸기도 했다. 비틀스나 뉴키즈 온 더 블록에 비견되는 방탄소년단BTS 역시 유튜브가 만든 스타라고 할 수 있다. 직캠, 리액션 동영상, 커버댄스 등 BTS를 둘러싼 수많은 유튜브 클립에는 바라보는 관객으로서의 팬뿐 아니라 직접 노래를 부르고 춤을 따라하며 울고 웃는 주인공으로서의 팬덤이 존재한다. BTS의 팬클럽의 이름이 '아미'라는 것은 이들이 BTS를 엄호하고 이끌며 세계 제일로 인도한 주인공이라는 사실을 떠올리게 한다. 싸이와 BTS의 성장에는 유튜브라는 미디어가 큰 역할을 해냈고, 그 뒤에는 아이돌을 단지 소비하는 데에서 그치는 것이 아니라 적극적으로 자신을 표현하는 계기로 활용하고 싶어 한 팬덤이 존재했다.

2000년대 초까지만 해도 지상파가 엔터테인먼트 시장에 미치는 영향력은 하늘을 찌를 듯했다. 가요 프로그램의 연출자가 기획사의 사장을 오라 가라 하며 큰소리를 쳤다. 이제 방송사의 국장급 연출자가 기획사로 이직하면 축하받는 시대가 되었다. 이 변화는 영상 권력의 민주화를 상징하는 것인지도 모른다. 전파의 희소성이라는 특성 때문에 지상파에 주어졌던 특권은 이제 유튜브의 구독자 한 명 한 명에게 가리가리 찢겨져 분산되었다. 종합하면, 스마트폰과 유튜브를 중심으로 변화해버린 미디어 환경에서 변화의 흐름을 놓쳐버린 지상파의 절뚝거림, 이것이 2019년 한국 방송의 슬픈 풍경이다.

그렇다면 지상파는 어떤 일을 할 수 있을까? 지상파는 유튜브 시대에 살아남기 위해 열심히 유튜브를 재매개하고 있다. 유튜브에 빠진 수용자를 끌어들이기 위해 유튜브의 제작 문법을 지상파에 끌어들이거나, 유튜브 스타를 진행자로 기용해 유튜브 방식으로 진행하는 것도 일종의 재매개라고 할 수 있겠다. 재매개라는 개념은

볼터와 그루신이 『재매개』에서 내세운 개념으로 하나의 미디어가 다른 미디어의 표상 양식, 인터페이스, 사회적 인식이나 위상을 차용하거나 나아가 개선하는 미디어 논리다. 하나의 미디어가 기존의 미디어를 모방하거나 수정하고, 거기에 경의를 표하는 모든 것이 재매개다. 나는 『기획의 인문학』이라는 책에서 재매개의 논리에는 마셜 매클루언이 『미디어의 이해』에서 이야기한 '모든 미디어의 내용은 또 하나의 미디어다'라는 핵심 내용이 맞닿아 있다고 주장한 바 있다. 몇 년 전만 해도 저작권 운운하며 유튜브에 콘텐츠를 공개하는 것조차 꺼리던 태도와 달리, 지상파는 적극적으로 유튜브에 콘텐츠를 공개하거나 MBC 〈마이 리틀 텔레비전〉처럼 유튜브를 재매개하고 있다. TV를 추월해 나간 1인 방송이라는 미디어를 TV의 내용으로 다시 가져온 것이다.

재매개의 전략도 필요하지만, 더욱 중요한 것은 지상파만의 고유한 본질을 놓치지 않는 것이다. 부득이하게 유튜브 식으로 말하자면, 지상파는 여전히 영향력 있는 콘텐츠 크리에이터 중 하나다. 게다가 활동 영역이 유튜브 안으로만 그치지 않고, 지상파 채널이라는 강력한 플랫폼도 갖고 있다. 유튜브 입장에서 이보다 더 매력적인 크리에이터가 어디 있을까? 그렇다면 지상파의 본질은 무엇인가? 그것은 개인 크리에이터들이 하지 않고 할 수도 없는 일을 수행하는 것이다. 막대한 예산이 소요되는 탐사보도 기획을 하는 데

는 지상파가 최적이다. 오랜 제작 경험을 가진 전문가집단이 세워
놓은 제작 문화가 있다. 비상시의 재난 보도나 핫하지 않은 대형 이
벤트 역시 지상파가 아니면 체계적으로 해내기 어렵다. 비인기종목
의 올림픽 경기 중계는 중계권료도 비싸고 개인 크리에이터가 접근
하기도 어렵다. 전국을 연결하는 일사불란한 중계 네트워크 방송도
지상파보다 더 잘할 집단은 아직은 없다. 각 지역마다 존재하는 무
수한 콘텐츠 원천을 발굴하고 많은 사람들과 공유하는 것도 마찬가
지다. 지상파가 사는 길은 결국 유튜브를 재매개하는 것이다. 유튜
브보다 더 창의적일 것, 유튜브보다 더 빨리 업로드할 것, 유튜브보
다 더 다양한 소재를 다룰 것, 유튜브보다 더 폭넓은 여론의 공론장
이 될 것. 그래서 유튜브보다 더 매력적이고 유혹적인 플랫폼으로
변신하는 것이다. 2020년, 이렇게 보나 저렇게 보나 방송의 기준은
유튜브에 있다.

우리의 일상을 바꾸는
근로기준법

양지훈(변호사)

이른바 '직장 내 괴롭힘 방지법'이라는, 개정 근로기준법이 2019년 7월 16일부터 상시 근로자 10인 이상 사업장에 적용되기 시작했다. 어떤 권위적인 설명보다 중요한 것은 법률의 문구 자체다. 단 두 조항으로 이루어진 근로기준법을 직접 읽어보자. 무엇이 직장 내 괴롭힘인가?

> 근로기준법 제76조의2(직장 내 괴롭힘의 금지)
> 사용자 또는 근로자는 <u>직장에서의 지위 또는 관계 등의 우위를 이용하여 업무상 적정범위를 넘어 다른 근로자에게 신체적·정신적 고통을 주거나 근무환경을 악화시키는 행위</u>(이하 "직장 내 괴롭힘"이라 한다)를 하여서는 아니 된다(밑줄은 인용자 강조).

【'직장 내 괴롭힘 방지법'이란 무엇인가】

우선 '직장 내 괴롭힘'에 해당하려면 세 가지 요소를 갖추어야 한다고 해석된다. ① 직장에서의 지위 또는 관계 등의 우위를 이용할 것, ② 업무상 적정 범위를 넘는 행위일 것, ③ 신체적·정신적 고통을 주거나 근무환경을 악화시켰을 것. 법률이 시행된 지 얼마 되지 않아 아직 이 조항을 적용한 판결이 없을 것이므로 행정청인 고용노동부의 해석(「직장 내 괴롭힘 판단 및 예방대응 매뉴얼」, 이하 '매뉴얼')을 참고해볼 수 있다.

그러나 이 매뉴얼의 매끈한 설명과 달리 실제 작업 현장 안에서 일어나는 복잡다단한 행위를 앞에 두고, 무엇이 괴롭힘인지 판단하는 것은 그리 간단한 문제가 아니다. 앞으로 법률가들이 그 범위와 의미를 구체적으로 확정해가야 하겠지만, 더 중요한 것은 일반 시민들이 이 법률을 통해 괴롭힘을 예방하고 실제 우리의 작업장을 더 인간적이고 안전한 곳으로 만드는 것이다.

근로자의 입장에서 더 실천적인 효용을 갖는 부분은, 앞서 정의 조항보다 근로기준법 제76조의3에서 사용자의 의무 등을 규정하고 있는 다음 조항일 듯하다. 다시 한번 법률을 주의 깊게 살펴보자.

제76조의3(직장 내 괴롭힘 발생 시 조치)

① 누구든지 직장 내 괴롭힘 발생 사실을 알게 된 경우 그 사실을 사용자에게 신고할 수 있다.

② 사용자는 제1항에 따른 신고를 접수하거나 직장 내 괴롭힘 발생 사실을 인지한 경우에는 지체 없이 그 사실 확인을 위한 조사를 실시하여야 한다.

③ 사용자는 제2항에 따른 조사 기간 동안 직장 내 괴롭힘과 관련하여 피해를 입은 근로자 또는 피해를 입었다고 주장하는 근로자(이하 "피해근로자 등"이라 한다)를 보호하기 위하여 필요한 경우 해당 피해근로자 등에 대하여 근무 장소의 변경, 유급휴가 명령 등 적절한 조치를 하여야 한다. 이 경우 사용자는 피해근로자 등의 의사에 반하는 조치를 하여서는 아니 된다(이하 조항 생략).

우리가 염두에 둬야 할 것은, 직장 내 괴롭힘이 발생했을 때 회사에 다니는 근로자 본인뿐 아니라 그의 가족이나 지인들 역시 신고의 주체가 될 수 있고, 그 신고가 접수되면 사용자는 지체 없이 조사해야 하는 것이 의무사항으로 규정되어 있으며, 괴롭힘으로 확정되지 않은 조사 기간 중일지라도 사용자가 직무의 배치전환 등 적절한 조치를 취해야만 하는 의무를 추가로 규정하고 있다는 점이다. 특히 회사 입장에서 필요한 인사 조치의 와중에도 그것이 해당 근

로자의 의견이 반영되어야만 유효하다는 점 역시 깊이 새겨둘 필요가 있겠다. 개정 근로기준법의 주요 내용을 개략하면 이상과 같다 (더 자세한 내용을 확인하고 싶은 독자에게는, 앞서 소개한 고용노동부가 작성한 매뉴얼의 일독을 추천한다).

【은밀한 괴롭힘을 어떻게 판단할 것인가】

고용노동부가 매뉴얼에서 괴롭힘 행위 예시로 들었던 '신체적인 위협이나 폭력' '욕설이나 위협적인 말' '집단 따돌림' 등은 모두 외형적으로 명백한 판단이 가능하기 때문에 이에 대한 대응이나 예방도 크게 문제되지 않는다.

문제는 은밀한 직장 내 괴롭힘이다. 근로기준법은 법률 자체의 한계에 의해, 현실에서의 은밀한 괴롭힘을 어떻게 판단할 것인지에 대해 직답을 주고 있지는 못하다. 특히, 회사의 인사 제도와 결합된 처분이나, 상사가 업무상 권한을 활용해 근로자를 괴롭히는 경우에는 과연 그것을 괴롭힘의 영역으로 포섭할 수 있는지조차 판단하기 애매한 경우가 많다.

매뉴얼에서 '정당한 이유 없이 업무 능력이나 성과를 인정하지 않거나 조롱'하는 경우가 이에 해당한다. '다른 근로자들과는 달리 특정 근로자에 대하여만 근로계약서 등에 명시되어 있지 않은 모두가 꺼리는 힘든 업무를 반복적으로 부여'하는 것은 어떤가? '정당한 이유 없이 휴가나 병가, 각종 복지혜택 등을 쓰지 못하도록 압력을 행사'하는 것도 사실 괴롭힘과 정당한 업무 수행 사이에 너무 많은 스펙트럼이 존재한다. 고용노동부 매뉴얼은 이러한 행위들을 모두 일반화해 괴롭힘 유형으로 제시하고 있지만, 현실에서는 이를 단칼에 괴롭힘이라고 판단내리기 어렵다.

상사는 기본적인 직무상 권한에 따라 부하에 대한 업무지시권을 행사하게 된다. 그런데 그러한 업무지시권 사용에 직원에 대한 이해하기 어려운 편견이나 선입견이 작용하거나, 사적인 감정으로 해코지를 하기 위해 자신의 지위를 이용할 수도 있는 것이다(상사가 특정 지역 출신 부하에 대한 부정적 감정을 마구 발산했던 사례는, 내가 실제 회사 생활에서 경험한 적이 있다. 사적인 감정을 지나치게 업무에 개입시키는 상사 역시 너무 많은 게 현실이다). 물론, 이때 직무의 부여나 구체적인 작업 지시에서 외형적으로는 통상적인 모습을 띠기 때문에, 당하고 있는 부하 직원이나 괴롭힘을 느낄 뿐이지 주변인들이나 제3자는 이를 알아차리기도 어렵다.

이러한 애매한 괴롭힘 문제를 해결하기 위한 한 가지 기준으로 '피해자 중심성'을 제시할 수 있을 것이다. 우리는 아직 법원에서 엄격한 사실 확정을 해야만 하는 경우가 아니라 작업장에서 직장 내 괴롭힘 문제를 어떻게 다룰지를 논의하고 있다는 점을 상기하

자. 그렇다면, 직장에서의 피해 사실 조사에는 법원의 증거 조사보다 유연한 방법들이 사용될 수 있고, 직장 내 괴롭힘을 예방하는 측면에서도 이것이 더 나은 대안이 될 수 있다. 고용노동부의 매뉴얼도 그와 같은 원칙을 이미 포함하고 있는데, 직장 내 괴롭힘 사건 처리의 원칙을 피해자 중심으로 명시하고, 피해자의 요구를 바탕으로 1차적 해결 방식을 결정하며 피해자가 건강한 직장생활을 할 수 있도록 회복시키는 방향으로 접근하도록 안내하고 있다.

강조하자면, 복잡한 현실에서 하나의 원칙을 견지하는 것은 말처럼 그리 쉬운 일은 아니다. 법원이 아닌 회사에서, 보통 상사가 가해자가 되고 부하 직원이 피해자가 되는 이러한 사안에서 피해자 중심성을 확고히 하는 것은 현실적으로 더욱 어려운 일이 될 것이다.

다른 한편, 상사를 따돌리기 위해 부하 직원들이 악의적으로 피해 사실을 날조하거나 왜곡해 신고하는 경우도 생각해볼 수 있다. 말하자면, 외견상 피해자가 다수이고 가해자가 소수인 상황이다(나는 얼마 전 한 조직의 외부 위원 자격으로 이와 비슷한 사례에 대한 자문 회의를 진행했었다). 이때의 경우에도 피해자 중심성을 무조건 구현해야 하는가? 구조적으로 피해자 '들'의 목소리가 더 강하게 반영되는 경우라면, 피해 조사와 사실 확정에 더욱 신중을 기해야 할 것이다. 이처럼 현실에서는 몇 마디 말로 요약할 수 없을 만큼 판단하기 어려운 일들이 더 많다.

이 법률 일부의 모호성과 적용상 혼란에도 불구하고, 지금 한국에서 '직장 내 괴롭힘' 방지법은 우리의 일상을 바꾸고 모두의 '인간적'인 회사생활을 위해 필요한 법률이다.

【작업장에서의 새로운 예절과 윤리】

단순하게 말하자면, 회사란 근로자 개인이 스스로 원하는 일을 하는 게 아니라 사용자가 원하는 일을 근로자가 처리하는 곳이다. 저 위에 있는 사용자의 위치를 대신하는 상사들이 바로 '회사'이며, 상사들의 업무 지시 과정에는 결국 강제와 폭력의 요소가 내재하게 마련이다. 이 차가운 작업장의 현실 아래, 조직에서 가장 약한 자들이 따돌림을 당하거나 유무형의 폭력에 노골적으로 노출되는 일이 늘상 발생해왔다.

바로 이 현실 위에, 이제 막 한국에서 시행된 '직장 내 괴롭힘 방지법'이 위태롭게 서 있다. 결국 이 법은 일부 상사들에게 최적화되어, 우리가 평소에 의문을 품어보지 못했던 직장 안에서의 권위적인 일상 문화가 바뀌어야 한다고 선언하고 있는 것은 아닐까. 그렇다면, 상하-갑을 관계가 뿌리 깊이 적용된 '까라면 까고, 안 되면 되게 하라'는, 보이지 않는 조직의 명령은 이제 수정되어야 할 것이다. 혹시 이러한 업무 지시 자체가 "직장에서의 지위 또는 관계 등의 우위를 이용하여 적정범위를 넘어"선 것은 아닌지, 그래서 "근로자에게 신체적·정신적 고통을 주거나 근무환경을 악화시키는 행위"에 해당하지는 않은지, 근로기준법이 우리에게 검토할 것을 요구하기 시작했기 때문이다.

법률은 도덕의 최소한이라는 명제를 떠올리지 않더라도, 이 법률의 시행에 발맞추어 우리는 새로운 직장 윤리를 만들어갈 수 있을 것이다. 법률의 개정 취지를 보면, 취업 규칙을 통해 작업장 내에서 직장 내 괴롭힘에 관한 사항을 미리 정하도록 해, 구성원들의 토론과 협의를 촉구하고 있기도 하다. 새로운 근로기준법은 단순히 어떤 행위가 금지된다는 차원이 아니라 작업장에서의 새로운 예절과 문화를 함께 만들어가는 것이다. 이는 우리가 원래 갖고 있었던 회사 안에서의 인간관계 문법을 바꾸는 첫걸음이 될 수 있다. 과감하게 선언해보자. 직장 내 괴롭힘 방지법의 시행과 함께 우리들 작업장 문화의 전환이 시작되었다고.

강사법 시행과
대학의 존재 의미

최원형〈〈한겨레〉 기자〉

2018년 12월 국회에서 고등교육법 개정안(이른바 '강사법')
이 통과되면서 지난 30여 년 동안 이어져왔던 대학의 '시간강사' 제
도가 사라지게 됐다. '강사'를 대학 교원으로 규정하고, 열악했
던 처우를 개선할 발판을 마련한 것이 강사법의 핵심 내용이다. 그
러나 강사법 시행을 앞두고 여러 대학들이 강사와 강의를 대규모
로 감축하는 데에 나서, 대학가는 큰 혼란에 빠졌다. 강사법 시행
은 우리 사회에서 가뜩이나 그 의미가 희미해져온 '대학'의 존재 이

유와 지속가능성을 따져 묻는 뼈아픈 질문이 됐다.

【대학의 유령, 시간강사의 역사】

시간강사란 대학이나 대학원에서 시간제로 수업을 맡아 강의를 하는 사람을 가리킨다. 이들은 대학 강의라는 고등교육의 중요한 기능을 수행하면서도 정작 '교원'으로는 인정받지 못하는 모순을 오랫동안 감당해왔다. 시간강사라는 존재의 모순은 박정희 정권 때인 1977년 교육법을 개정하면서 구조화됐다. '교원' 규정에 들어 있던 '강사'를 '전임강사'로 바꾸어, 전임이 아닌 다수의 시간강사들로부터 교원 지위를 박탈한 것이다. 그로부터 오랫동안 시간강사는 대학사회의 온전한 구성원으로 인정받지 못했고, 구조적인 모순으로 말미암은 불안정한 일자리, 낮은 강사료 등 열악한 조건들을 오롯이 개인적으로 견뎌내야 했다. 그럼에도 대학사회 특유의 위계적이고 권위적인 성격 탓에 이런 모순은 한동안 표면 위로 드러나지 않았다.

시간강사는 한 대학에만 머물 수 없어 능력과 기회가 닿는 대로 여러 대학에서 강의를 맡아야 한다. 우리나라 전체 대학 강의의 30%가량이 이들의 몫이다. 학기 단위로 고용되며 강의 시간에 따라 강의료를 받는다. 2018년 1학기 기준 시간당 강의료를 보면, 국공립대는 평균 7만 2100원, 사립대는 평균 5만 4300원이었다. 방학 중에는 강의료를 주지 않는다. 학기가 끝나면 계약이 끝나고, 또다시 강의를 맡을 수 있는지 여부는 대학본부나 해당 학과 전임교수들의 결정에 맡겨진다. 재계약이 안 되어도 퇴직금은 주지 않는다. 대학들은 주당 근로시간이 15시간에 미치지 못해서라고 주장한다. 같은 이유로 직장건강보험 가입도 어렵다. 연구공간이나 휴게공간, 도서관 이용 등에서도 깨알 같은 차별을 받아왔다.

대학사회의 '유령'이었던 이들의 존재는, 불안정한 지위와 열악한 처우를 견디다 못한 사람들이 잇따라 극단적인 선택을 하면서부터야 비로소 '사회적인 의제'가 되었다. 2003년 서울대학교 시간강사 백준희 박사가, 2008년 건국대학교 시간강사 한경선 박사가 스스로 목숨을 끊었다. 2010년에는 조선대학교 시간강사 서정민 박사가 교수의 논문 대필 관행 등을 고발하는 유서를 남기고 스스로 목숨을 끊었다. 비로소 정치권 등에서 논의가 시작됐고, 2010년 시간강사에게 교원 지위를 부여하고 임용 기간을 1년 이상으로 정하는 등의 내용을 담은 고등교육법 개정안이 처음으로 발의됐다. 이 법안은 2011년 국회를 통과했으나, 대학들의 반대를 비롯해 시간강사 일자리 감소 등 부정적 효과에 대한 우려 때문에 7년 동안 세 번이나 유예되며 오랫동안 표류해야 했다.

【강사법의 내용과 의미】

표류하던 강사법은 2018년에야 국회를 통과해 시행에까지 이를 수 있었다. 그 배경에는 대학과 강사 등 주요 이해관계자들이 논의를 거쳐 어렵사리 도출해낸 '합의안'이 있다. 강사 대표 4명과 대학 대표 4명, 그리고 국회에서 추천한 전문가 4명 등으로 이뤄진 '대학강사제도개선협의회'는 2018년 3월부터 기존 '시간강사'를 대체하는 '강사' 제도를 마련하기 위해 법 제도 전반의 개선 방향을 논의하기 시작했고, 8월 정리된 형태로 합의안을 냈다. "이해당사자들이 합의했다"는 데 대한 사회적인 신뢰가 있었기 때문에, 이들의 합의안은 별다른 수정 없이 국회를 통과했고 교육부 역시 이를 정책으로 추진했다.

합의안의 주된 내용을 보면, 고등교육법의 '교원' 규정에 '강사'를 새롭게 넣어 임용 기간 중에 이들의 안정적인 지위를 보장하게 한 것이 핵심이다. 임용 기간은 "1년 이상"을 원칙으로 삼고, "객관적이고 공정한 심사를 거쳐 공개 임용"하도록 했다. 과거 유예된 '강사법'에는 임용 기간이 끝나면 자동으로 퇴직한다는 '당연퇴직' 조항이 있었으나, 개정 '강사법'은 이 조항을 없애고 "3년까지 재임용 절차를 보장"한다고 명시했다. 또한 "방학기간 중에도 임금을 지급하며, 임금수준 등 구체적인 사항은 임용계약으로" 정하도록 했다.

　합의안은 단지 법률에 담길 내용을 제시하는 데에만 그치지 않았다. 새 강사 제도를 안착시키기 위해 시행령뿐 아니라 교육부가 마련해야 할 구체적인 제도의 밑그림도 제시했다. 대표적인 것이 '강사' 규정에 포함되지 않은 겸임·초빙교원과 관련된 내용들이다. 강사법 시행에서 가장 우려되던 대목은, 소수의 강사가 강의를 독식한다거나 겸임·초빙교원 등 다른 비전임교원들이 강사를 대체하는 '풍선효과'다. 합의안은 이를 막기 위해 시행령에서 겸임·초빙교원의 자격요건을 엄격하게 규정하고 "강사와 겸임·초빙교원 등의 교수시간은 매주 6시간(겸임·초빙교원은 9시간) 이하를 원칙으로 한다"는 내용을 넣도록 했다. 법률적 문제가 있는 퇴직금과 직장건강보험 적용 등에 대해서는 정부에 관련 법 제도를 정비해달라고 건의했다.

【'강사법의 역설'이라는 프레임】

　그러나 풍선효과는 끝내 발생하고 말았다. 대학들은 자신들 스스로 합의한 안이 국회에서 법으로 통과되기도 전에 이미 강사 수를 줄일 계획을 짜고 있었다. 2018년 11월 고려대학교에서 과목 수를 줄이고 시간강사 대신 전임교원과 겸임교원 등에게 강의를 맡기는 등 '시간강사 채용 극소화' 내용을 담은 문건이 나온 것이 대표적이다. 이 밖에도 많은 대학들이 법 시행 전인 2019년 1학기에 강사 수를 줄여놓기 위한 작업에 착수한 움직임이 언론 보도 등을 통해 드러났다. 대학들이 동원한 수단은 △통폐합 등을 통한 강의 수 축소 △전임교원에게 강의 더 맡기기 △강사 대신 겸임·초빙교원에 강의 배정 등으로 정리할 수 있다. 재정 부담 증가를 우려한 대학본부가 이런 작업을 주도했다. 학과별로 전임교원들의 강의 시수를 어느 정도 늘릴 수 있는지 압박한 학교도, 기존 강사들에게 "외부에서 4대보험을 해결해오면 강의할 수 있다"고 제안한 학교도 있었다.

2019년 8월 교육부 발표를 보면, 2019년 1학기 강사법이 적용되는 399개 대학의 강사 재직 인원은 4만 6925명이었는데, 이는 전년도인 2018년 1학기(5만 8546명)에 견줘 1만 1621명(19.8%)이 줄어든 수치다. 대신 겸임교원과 초빙교원은 전년에 견줘 각각 4424명(24.1%), 511명(6.9%) 늘어, 우려했던 풍선효과가 확인됐다. 이미 강의 수가 줄어들고 있던 강의조차 대형화·온라인화되면서, 강사법 시행은 학생들의 교육권 침해 논란으로까지 이어졌다. 법이 시행된 2019년 2학기를 앞두고도 강의·강사 줄이기는 계속됐고, 대략 1만여 명의 강의 자리가 없어졌을 것이라는 추정이 나왔다.

이를 두고 최저임금 인상이 일자리를 줄인다는 '최저임금의 역설'이란 말을 본 떠, '강사법의 역설'이란 말까지 등장했다. "등록금이 10여 년가량 동결됐던 상황에서, 재정 여력이 없는 대학들로서는 비용 부담을 줄이기 위해 강의·강사를 감축하는 데 나설 것이 뻔하지 않았느냐"는 지적이다. "예견된 비극을 강행한 셈"이라며 합의를 주도한 정부와 강사단체를 비난하는 여론도 일었다. 실제로 강사법 시행 전후로 2만 명이 넘는 강사들이 일자리를 잃는 동안 정부가 들인 돈은, 2019학년 2학기 강사들의 방학 중 임금을 대학에 지원해주기 위한 288억 원과 일자리를 잃은 강사들을 '연구 지원사업'으로 돕기 위해 추경으로 편성한 280억 원이 전부였다.

【한국 사회에서 학문 후속 세대로 살아남기】

그러나 '강사법의 역설'은 말만 번드르르할 뿐, 사안의 본질을 제대로 설명해주지 못한다. 먼저, 2019년 강사법 시행은 대학들로 하여금 강사를 대량 감축하도록 만든 불가피한 원인이 아니다. 강사법 통과와 관계없이, 대학들은 인건비 감축을 위한 예비적인 조처 차원으로도 시간강사들을 언제든 해고할 수 있었고, 실제로 그렇게 해왔다. 대학교육연구소가 분석한 자료를 보면, 4년제 사립대 152곳에서 2011년 6만 226명이던 시간강사의 수가 2018년 3만 7829명으로 줄었다. 강사법이 유예되던 7년 동안 2만 2397명을 줄인 셈이다. 설사 2019년에 강사법이 시행되지 않았더라도, 대학들은 일정한 규모로 시간강사들을 줄였을 거라 보는 것이 합리적이다.

대학이 교원을 되도록 비정규직으로 만들어놓는 작업은, 학과 구조조정 등과 함께 대학의 기업화 흐름에서 두드러지게 나타나는 특징이기도 하다. 기업처럼 가볍고 유연한 몸집을 만들기 위해 대표적인 경직성 경비인 인건비를 줄이는데, 대학 내 권력구조에서 아래에 위치한 사람들일수록 그 대상이 된다. 2011~2015년 사이 거의 2배 이상 규모가 늘어난 '비정년트랙' 전임교원이 대표적이다. 연구교수, 학술교수, 강의전담교수 등 온갖 다양한 이름으로 치장하지만, 대학들은 '승진할 수 없는 무기계약직'으로 이들을 활용해왔다. 이들의 연봉은 '정년트랙' 전임교원의 3분의 1 수준에 불과하며, 이름은 교수인데 교수회의에는 참석하지 못하는 등 차별의 실태도 다양하고 촘촘하다.

역설을 따져야 하는 것은 한낱 강사법이 아니라, 대학이라는 존재 그 자체다. 과거 대학은 이른바 '학문 후속 세대'에게 정규직 교수로 가는 징검다리를 제안하고, 이들이 여기에 불사르는 열정을 고등교육의 동력으로 삼았다. '배우던 이'가 '가르치는 이'가 되는 과정을 통해 학문이 재생산된다며, 위계적이고 권위적인 내부 질서에 대해 일말의 변명이라도 내놓을 수 있었다. 그러나 오늘날 한국의 대학은 그 징검다리를 스스로 급류 아래로 가라앉혀 버렸다. 강사법 시행 국면을 통틀어 가장 상징적인 장면은, 이른바 '유력' 대학들이 자신들이 합의한 합의안에 잉크가 채 마르기도 전에 강사들을 대량 감축할 계획서를 만들고 있던 장면이었다. 학생들을 위한 강의를 감축하고 광범위한 학문 후속 세대를 차별·배제하는 대신 소수에게만 '직업으로서의 학문'을 보장해주는 대학은, '과연 어떤 이들의 공동체universitas인가' 하는 물음 앞에 놓일 수밖에 없게 됐다.

일부 정규직 교수들은 "대학을 악마화한다고 해서 아무 문제도 해결되지 않는다"며, 대학의 배신은 군이 언급하지 않은 채 정부가 고등교육 재정에 더 많은 투자를 해야 한다고 주문한다. 2016년 기준 한국 학생 1인당 고등교육 투자액은 1만 486달러로, OECD 평균치인 1만 5556달러의 67.4%에 지나지 않는다. 고등교육 분야의 공적 투자를 획기적으로 늘리는 것은 확실히 중요하고 시급한 과제로 꼽힌다.

그러나 진짜 문제는, 한국 사회에서 대학이란 존재가 정말로 그 정도의 의미나 가치를 지니고 있느냐다. '학문의 전당'이라고 하기에는 너무 멀리 와버렸고, 그렇다고 '기업화된 대학'이라고 하기에는 그에 걸맞은 효용을 창출하지 못하는 것이 오늘날 한국 대학의 모습이다. 그마저도 사학 비리와 연구 부정, 온갖 '갑질'의 천태만상 등 썩어 있는 내부가 하루가 다르게 속속 드러나며 급격하게 무너져 내리고 있다. 사실 강사법 시행은 대학이 자신의 존재 의미를 우리 사회에 증명해 보일 수 있었던 몇 안 되는 기회 가운데 하나였다. 그 기회를 스스로 발로 차버린 지금, 대학의 몰락에는 더욱 가속도가 붙고 있다.

5G가
무엇을 바꿀까?

한세희(IT 칼럼니스트)

이동통신 기술의 변화는 언제나 그에 상응하는 생활의 변화를 우리 삶과 사회에 가져왔다. 디지털 기술이 처음 적용된 2세대2G 이동통신은 문자메시지SMS라는 새로운 통신 수단을 선사했고, 문자로 모든 대화를 이어가는 엄지족을 탄생시켰다. 최근 10년간 우리 삶을 가장 크게 바꾼 물건인 스마트폰은 모바일 데이터 통신을 가능하게 한 3G 이동통신 없이는 탄생할 수 없었다. 사람들이 항상 곁에 두며, 모바일 인터넷에 항상 접속해 있는 스마트폰은 페이스북이나 카카오톡 같은 소셜미디어의 폭발을 가져왔다.

데이터 전송속도와 효율을 높인 4G LTE망이 보급되자 동영상 소비가 늘었다. 유튜브 사용 시간이 폭증했고, 유튜브 시청자들을 겨냥한 크리에이터들이 쏟아져 나왔다. 넷플릭스 같은 스트리밍 서비스가 인기를 끌면서 전통적 의미의 방송이 힘을 잃기 시작했다.

이제 5G 통신망이 깔리기 시작하고 있다. 우리나라는 지난 2019년 4월 세계 최초로 5G 이동통신 상용 서비스에 들어갔다. 5G 통신이 가능한 스마트폰도 나오기 시작했다. 아직은 초기 단계이긴 하지만 통신망과 단말기가 본격적으로 보급됨에 따라 5G는 경제와 사회, 문화의 새로운 사회 기반 시설infrastructure로 자리 잡을 전망이다. 가상현실, 자율주행, 스마트시티 등도 5G 통신과 함께 자리를 잡으리라 기대된다. 사람과 사람의 연결을 넘어 사람과 사물, 기계와 기계가 더욱 빠르고 효율적으로 이어지는 초연결사회가 열리는 것이다.

【5G 통신의 특징】

이동통신 기술 발전의 역사는 데이터 전송속도를 계속 높이며 더 많은 사람을 연결해온 과정이다. 5G 이동통신 역시 이러한 큰 흐름 속에서 확대 발전을 꾀하고 있다. 이러한 발전의 방향을 '초고속'

'초저지연' '초연결'이라 정리할 수 있다.

우선 5G 통신은 기존 4G LTE 통신보다 20배 이상 빠른 20Gbps(초당 데이터 속도)의 데이터 전송속도 구현을 목표로 한다. 1초에 20기가바이트의 데이터를 전송할 수 있는 속도다. 용량 2기가바이트의 영화를 0.5초 만에 내려받을 수 있는 것이다.

5G 통신의 또 다른 특징은 네트워크에 물린 기기들이 더 신속하게 신호를 주고받게 하는 데 초점을 맞춘다는 것이다. 네트워크의 양 끝에 있는 기기들 사이, 혹은 서버와 단말기 사이에서 신호를 주고받을 때 생기는 시간 간격을 지연 시간이라 하는데, 이를 1밀리초ms 수준으로 낮춘다는 목표다. 한쪽에서 보낸 신호를 받고 응답을 보내 작업이 실행되기까지 과정에서 지연되는 시간이 1000분의 1초라는 것이다.

기존 LTE 통신의 지연시간은 약 30밀리초 수준이다. 지하철에서 모바일 게임 〈브롤스타즈〉를 하며 타격 버튼을 누르면 신호가 전달되어 게임 캐릭터가 실제 주먹을 휘두르는 데까지 100분의 3초의 지연이 있다는 이야기다. 사람에게는 1000분의 1초나 1000분의 30초나 차이를 거의 느낄 수 없는 '실시간'이지만 기계에게는 다르다. 도로 주변의 다른 자동차나 보행자, 장애물 등을 실시간으로 감지하며 운행하는 자율주행 자동차나 멀리 떨어진 곳에서 의사가 수술 로봇을 조종해 진행하는 원격 수술 같은 민감한 작업에는 지연 속도의 차이가 생명을 살리고 죽이기도 한다.

이 같은 5G 통신의 빠른 속도와 초저지연 특성은 미래 통신의 또 다른 특성인 '초연결'로 이어진다. 사람뿐 아니라 주변의 모든 기기와 사물이 인터넷에 연결되어 정보를 수집하고 주고받으며 생활을 편리하게 하는 사물인터넷IoT 시대가 본격적으로 열린다. 약 500억 개의 기기가 인터넷에 연결될 전망이다. 1제곱킬로미터 영역 안에 100만 개의 기기에 IoT 서비스를 제공하는 것이 국제전기통신연합ITU의 권고 사항이다.

【5G 통신으로 가능해지는 것들】

이 같은 특성을 바탕으로 국제전기통신연합은 5G 통신의 활용 방안을 세 가지로 제시한다. ① 진보한 모바일 광대역 통신, ② 안정성 높은 초저지연 통신, ③ 대용량 기계 통신 등이다.

데이터 전송속도 개선은 고화질 동영상 스트리밍 서비스의 확대와 몰입형 가상현실VR, 증강현실AR의 본격적인 등장으로 이어지리라 기대한다. 현재 VR 콘텐츠는 실제 공간 속에 들어가 있는 듯한 몰입감을 줄 수준에는 못 미치고, 특히 시선을 돌려 다른 곳을 바라볼 때 이미지가 깨지는 현상이 생겨 사용자가 어지러움을 느끼는 등의 문제가 있다. VR 콘텐츠의 용량이 큰 반면 아직 사용자의 움직임에 따른 자연스러운 화면 변환이 가능할 정도로 지연속도를 줄이지는 못했기 때문이다. 5G 통신은 이러한 문제의 해결책으로 주목받는다. 동영상 콘텐츠, 게임, 뉴스 등 미디어 분야에서도 초고속, 초저지연 통신기술을 활용한 새로운 서비스의 등장을 점치는 기대가 크다.

또한 5G 통신을 기반으로 사물과 기계를 연결하는 사물인터넷이 활성화되면 지금은 물리적 환경에 속하는 생활공간에 디지털 기술이 더욱 적극적으로 개입하게 된다. 자동차에 주변 상황을 살피는 여러 개의 카메라와 센서가 달리고, 도로와 가로등, 신호등 등에도 센서가 달려 수집한 정보를 실시간으로 주고받는다. 이는 자율주행 자동차의 운행을 가능하게 하고, 도시의 교통 상황을 개선하고 공공안전 위험 요인을 미리 확인해 제거하는 등 스마트시티를 현실화한다. 거대한 공장도 수요에 따라 재료 투입을 조정하고 생산량을 변경하는 복잡한 과정을 효율적으로 처리하는 스마트팩토리로 진화한다.

자율주행 자동차, 스마트시티, 스마트팩토리의 발전 속도가 빨라지면서 교통수단, 도시, 공장 등의 전통적 공간이 네트워크와 연계된 증강공간으로 성격이 바뀐다. 현재 스마트폰을 접점으로 언제든 디지털세계에 들어갈 수 있는 단계라면 이제 5G 통신의 보급과 함께 현실세계가 본격적으로 디지털세계와 통합되는 경험이 확산된다. 일상 공간의 성격이 바뀌면서 뒤따라올 생활의 변화 방향에도 관심이 커진다.

【5G 기술과 생활 감각의 변화】

지금까지 모바일 통신 기술의 발달은 무엇보다 미디어의 변화를 불러왔다. 콘텐츠와 지식, 의견과 관점의 생산과 유통, 표현 방식이 바뀌었다. 3G 모바일 데이터 통신과 스마트폰의 등장은 누구나 언제 어디서나 글과 사진을 올려 공유할 수 있게 했고, 이를 세상 누구나 볼 수 있게 했다. 소수의 언론사, 방송사, 기자, 작가 등에 집중되었던 발언의 주도권과 영향력은 다수의 일반인이나 전문가, 인플루언서 등으로 흩어졌다. 신문·방송 등 전문 미디어 기업은 대중의 관심을 독점하는 플랫폼 역할을 페이스북 같은 소셜미디어 기업에 넘겨주어야 했다. 만화 대신 웹툰이, CD 대신 음악 스트리밍 서비스가 인기를 끌었다.

콘텐츠는 소셜미디어를 타고 불같이 번져나가고, 기자, 작가 등은 직접 페이스북이나 트위터에서 목소리를 내며 대중과 소통할 수 있게 되었다. 소셜미디어에서 생산된 콘텐츠나 여론이 도리어 전문 콘텐츠 생산자에 영향을 미치기 시작했다. 주로 텍스트나 이미지 위주로 이뤄지던 디지털 소통은 전송속도와 대역폭이 커진 4G LTE

통신의 보급과 함께 동영상 분야로 확대되었다. 유튜브와 넷플릭스가 지상파 및 케이블 방송, 영화사와 극장을 위협한다. 콘텐츠 소비는 시간과 공간의 제약을 빠르게 벗어나고 있다.

통신 기술의 변화에 따른 미디어의 변화를 살펴보면, 다양한 콘텐츠를 개인화된 방식으로 제공하며 사람들의 관심과 시간을 독점적으로 장악한 플랫폼이 시장을 주도해왔음을 알 수 있다. 5G 통신의 확대 역시 미디어와 문화 소비 지형의 변화를 일으킬 것이다. 물론 5G 네트워크와 단말기 보급 초기 단계인 현 시점에서 미래의 모습을 정확히 예측하기는 어렵다.

그럼에도 5G 시대에도 사용자들을 붙잡아 둘 새로운 플랫폼의 등장이 미디어 소비의 변화를 주도하는 추세는 여전히 이어질 전망이다. 미디어는 사람들의 관심을 얻어낸 소수 플랫폼에 집중되는 경향이 있기 때문이다. 이전 세대의 통신 기술에 비해 처리할 수 있는 데이터의 용량이 커짐에 따라 이러한 플랫폼에서 주로 소비되는 미디어 형태에 변화가 있을지도 주목된다. 모바일 데이터 처리 속도가 빨라짐에 따라 사람들이 즐기는 콘텐츠도 페이스북이나 트위터의 텍스트와 이미지에서 유튜브나 넷플릭스 같은 음악, 동영상으로 옮겨 왔음을 감안할 때, 5G 시대 관전 포인트 중 하나는 VR 콘텐츠의 주류 시장 정착 여부이다.

페이스북은 가상현실 공간에 아바타를 만들고 환경을 꾸미며,

친구와 함께 영화를 보거나 게임을 할 수 있는 VR 서비스 '호라이즌'을 2020년 새로 시작한다고 최근 밝혔다. 페이스북은 VR 헤드셋 기업 오큘러스를 인수하고 VR 소셜 네트워크를 운영하는 등 VR에 관심을 보여온 대표적 기업 중 하나다. 애플은 AR 안경 개발설이 끊임없이 흘러나오고, 마이크로소프트 역시 AR 기술을 업무 현장이나 교실에 적용하는 작업을 진행 중이다.

이러한 노력에 힘입어 VR 콘텐츠가 활성화되면 어떤 일이 일어날까? 집에서 방탄소년단의 해외 콘서트를 완전한 몰입감을 느끼며 즐기거나, 루브르 박물관 회랑을 거닐며 걸작 미술작품의 섬세한 붓터치까지 살펴볼 수 있다고 생각해보라. 문제가 생긴 공장 설비를 영상으로 전송하면, 멀리 떨어진 고객센터의 전문가가 현장을 살펴 보낸 해결 방법이 설비 위에 디지털 정보로 덧입혀지고 실시간 통신으로 가이드를 받는 AR 고객상담도 가능하다. 해외 유명 석학의 인기 강의에 먼 나라 학생도 실제로 강의실에 앉아 있는 것처럼 참여할 수 있다.

5G 확산으로 VR 기술의 효율성과 가격 경쟁력이 높아지면 여행, 교육, 공연, 전시 등 대부분 문화적 체험들을 디지털 경험으로 대체할 수 있을 것이다. 지역 주민을 대상으로 영업하던 전국의 숨은 맛집이 배달 앱 활성화와 함께 고객층을 크게 확장할 수 있던 것처럼, 지금 시공간의 제약을 받는 관광, 교육, 의료 등의 경험이 잠재 시장

을 폭발적으로 넓힐 전망이다. 실제 오프라인 대면 활동은 역설적으로 더욱 가치 있는 사치재로 자리매김해 시간과 경제적 여유를 가진 엘리트 계층의 문화가 되리라는 예상도 나온다.

자율주행 차량과 스마트시티 등 디지털 기술과 결합된 물리적 공간의 등장도 사람들의 행태를 바꿀 전망이다. 직접 차를 운전할 필요가 없어지면서 차 안에서 새로운 방식으로 엔터테인먼트를 즐기거나 업무를 처리하게 될 것이다. 자동차 제조사가 만들고 소비자가 구매하는 방식에서 모빌리티 기업이 구매하고 소비자가 공유하는 방식으로 차량 소비 방식이 바뀌면서, 자동차는 개인이 소유하지는 않지만 개인적 공간으로서의 성격은 더욱 강해진다.

디지털 기기의 가격 부담도 낮아질 전망이다. 주요한 컴퓨팅 작업을 중앙에서 처리한 후 5G 통신망을 이용해 전달하면 소비자는 단순한 기능의 기기로도 더 많은 서비스를 누릴 수 있다. 예를 들어, 플레이스테이션이나 엑스박스 같은 고성능 게임 기기로만 가능하던 블록버스터 게임을 저렴하게 즐길 수 있게 된다. 중앙 서버에서 연산 처리된 방대한 게임 데이터를 5G 통신망으로 빠르게 주고받을 수 있기 때문에 사용자는 인터넷에 접속되어 있기만 하면 성능이 낮은 기기로도 고사양 게임을 즐길 수 있다. 복잡한 연산장치 없이 중앙에서 전송되는 데이터를 바탕으로 작동하는 서비스 로봇을 값싸게 만들어 가정에 보급할 수도 있다.

생활의 거의 모든 영역이 디지털화되는 과정에서 쌓인 방대한 데이터를 분석하고 활용하는 일은 가치를 창출하기 위한 핵심 활동이 된다. 한편 이런 데이터의 활용과 관리를 둘러싸고 프라이버시 논란은 더욱 커질 전망이다.

5G 이동통신이 사람과 사물의 연결이라는 방향성에 부합해 사람들에게 가치를 제공하는 활용 방안을 찾아낸다면, 인간을 디지털과 현실이 융합된 공간으로 확장시키는 첫 디딤돌이 될 것이다. 그러나 이러한 잠재력을 끌어내지 못한다면 단지 조금 더 빠른 통신 기술의 하나로 사라질 가능성도 물론 있다.

웹소설과 장르문학을 둘러싼
정책적 무지

이융희(작가, 문화연구자)

한국콘텐츠진흥원에 따르면 2013년 100억 원 정도였던 웹소설시장 규모는 2017년 2700억 원으로 폭발적으로 성장하였으며, 2018년 매출은 4000억 원으로 추산된다고 한다. 같은 곳에서 발행한 「2018년 콘텐츠산업 통계」를 보면 출판시장의 규모는 20조 8000억 원에서 20조 7000억 원으로 감소했고, 종이책시장은 과잉생산에 의한 정체에 빠져 있다고 진단했다(「콘텐츠산업 2018년 결산 및 2019년 전망 보고서」, 한국콘텐츠진흥원, 2019.1.). 이러한 수치를 살펴보더라도 침체해가는 출판시장에서 웹소설은 그 역할이 점차 커지는 것은 자명할뿐더러 영화와 드라마, 음악과 만화를 넘나들며 IP 콘텐츠산업의 주축으로 자리할 것 역시도 분명하다.

【소모되는 웹소설】

이러한 수치만을 살펴보면 한국 장르문학은 금세 세계로 뻗어나갈 것 같고 한국 문학은 엄청난 지각변동을 이룰 것만 같다. 하지만 그렇지 않다. 성장은 오로지 웹소설의 산업 규모에서만 수치적으로 이루어졌다. 2019년의 웹소설시장 성장을 소략하자면 '많은 사람이 관심을 두고, 많은 작품이 나왔고, 그리고 많이 팔렸다'밖에 남지 않는다. 산업 규모가 이만큼까지 성장했음에도 정치, 학계, 그리고 시장 자체에서도 매체와 콘텐츠 자체의 외연을 확장하거나 사회문화적인 가치와 기능을 제대로 논의한 적이 없다.

물론 이것이 웹소설 개별 작품들의 정체를 뜻하는 것은 아니다. 〈전지적 독자 시점〉의 영화화 계약을 비롯해 개별 작품들에 대한 활발한 발전과 논의가 이루어졌으며, 중국 웹소설이 독점으로 들어오고 영국의 웹소설 역시 개별 번역자에 의해서 서비스되었다. 국내 웹소설들이 해외로 번역되고 있으며 세계화를 위한 추세는 차차 이루어지고 있다.

하지만 이것은 작가 스스로 만들어낸 신화, 개별적 사건에 불과하다. 공급 플랫폼은 웹소설이라는 콘텐츠를 단순히 상품 콘텐츠로만 인식하고 웹소설 인식을 재고하기 위한 어떤 행위도 하지 않았다. 정부는 어떠한가? 웹소설을 어느 정부 부처가 담당할지 제대로 논의조차 못 한 채 플랫폼의 이익 구도에 휘둘리기만 할 뿐, 각종 간담회와 지원 사업이 이루어졌지만 이러한 논의는 10년 전, 심지어 20년 전 장르문학을 바라본 인식과 아무것도 달라지지 않았다. 정부 부처는 끊임없이 웹소설을 '모른다'라는 태도를 고수했으며 웹소설이 무엇인지, 어떻게 창작이 이루어지는지 제대로 이해하지 못한 채 낡고 고루한 방식만을 주장하며 현장과 불화했다.

웹소설이라는 영역은 그 어느 때보다도 빠르게 소모되어간다. 웹소설에 대한 정책과 지원 사업을 이해하기 위해서 우리는 웹소설이라는 장에서 교차하는 정치 지형도부터 제대로 파악할 필요가 있다.

【웹소설의 정치 지형도】

현대 웹소설의 정의는 '전문 플랫폼에서 편당 5500자 내외로 연재하며 유료 상거래를 목적으로 하는 장르문학류'로 협의가 이뤄져 있다. 문제는 이러한 정의에 몇 가지 함정이 산재한다. 첫 번째는 전문 플랫폼에서 연재된다는 것이고, 두 번째는 유료 상거래를 목적으로 한다는 것이며, 세 번째는 장르문학 '류'라는 모호한 합의체가 대상이라는 점이다. 이 세 가지 항목은 각각 웹소설이라는 장의 안팎을 나눈다. 해당 정의를 뒤집어보면 세 가지의 함정이 지적하는 바를 정확히 알 수 있다. '자유로운 인터넷 공간에서 분량에 상관없이 연재되는 모든 소설'이 '웹소설'의 범주에 들지 못한다. 즉, 웹소설을 웹소설답게 만드는 것은 세 가지 지점인데, 이 세 지점 중 비정치적인 항목은 존재하지 않는다.

첫 번째 항목은 '전문 플랫폼의 연재'이다. 디지털 플랫폼은 자생하는 커뮤니티다. 갖춰놓은 작품과 노출 알고리즘과 결제 시스템에 따라 작품의 성질과 수용자가 다르다. 조아라는 로맨스판타지와 원본에 대한 패러디를 바탕으로 한 2차 창작품이 강세고, 판타지와 무협은 문피아 플랫폼에서 다양한 시도를 한다. 로맨스는 네이버 플랫폼을 역시 무시할 수 없으며, 10대를 겨냥한 판타지와 로맨스판타지는 카카오페이지라는 거대한 플랫폼에 집약되어 있다. 성인을 대상으로 한 고수위의 BL(여성향 남성 동성애) 작품은 북팔과 북큐브 등의 플랫폼이나 전자책 형태로 리디북스를 통해서 주로 서비스된다.

앞서 이야기한 것처럼 웹소설이라는 거대한 영역은 다종다양한 플랫폼과 그리고 플랫폼에서 다시 다종다양하게 뻗어 나가는 소장르를 모두 포함해야 한다. 문제는 각 플랫폼의 결제 정책과 웹소설을 바라보는 인식이 다르다 보니 서로 입장과 담론이 첨예하게 부딪친다는 점이다.

현재 가장 큰 시장인 카카오페이지는 작가 개인과 계약을 하지 않는다. 카카오페이지가 지향하는 것은 에이전시 회사들을 통해 배급권을 위임받는 '서점'이다. 문제는 이 서점에서 판매량을 공개하지 않는다는 점이다. 함께 본 사람들에 대한 수치만 알 수 있을 뿐, 바깥에 있는 사람은 어떤 알고리즘을 통해 작품이 노출되고, 판매되며, 홍보의 효과가 있는지 알려주지 않는다. 특히 카카오페이지가 타 플랫폼과 대립하는 지점 중에는 카카오페이지의 프로모션 정책 중 '기다리면 무료'가 존재한다는 점이다. 얼핏 살펴보기에는 개별 플랫폼의 프로모션 정책처럼 보이는 이것의 연장선에는 도서정가제가 있다.

이것이 웹소설 정의에서 두 번째, 유료 상거래를 목적으로 한다는 지점에 맞물린 문제들이다. 유료로 거래되고 있는 웹소설은 도대체 정체가 무엇인가? 이것을 도서라고 하기에는 물질 가치가 전혀 존재하지 않으며, 비트를 기반으로 한 거래물의 소유가치는 서사인지 또는 구매 그 자체의 즐거움인지 중점을 찾을 수 없다. 이것이 개인의 창작물이라는 것만 알 뿐, 대여권을 인정하는 영상/이미지 저작물로 볼 것인지, 아니면 가상의 텍스트화되어 있지만 독자적인 '도서'로 볼 것인지의 인식은 합의를 이루지 못했다. 그렇다 보니 2019년 초 모든 웹소설에 ISBN을 의무적으로 발급하라는 정책이 현장과 실무진의 반발로 연기되지 않았던가.

'웹소설'이라는 명칭을 생각하면 담론들의 교차점을 해결하기는 일견 쉬워 보인다. 그러나 이러한 이야기와 웹소설이라는 명칭이 공식적인 언론 석상에 나온 지 6년 가까운 세월이 지나가는 동안 제대로 합의를 이루지 못했던 까닭은 세 번째, 대부분의 웹소설이 장르문학 '류'라는 점이다.

2018년 한국출판문화산업진흥원에서 연구한 「웹소설 산업현황 및 실태조사」에서는 현재까지 웹소설은 장르소설이라고 볼 수 있을 정도로 장르소설이 주를 이루고 있음을 밝혔다. 장르문학은 PC통신의 발달과 함께 갑작스럽게 가시화된 장르였다. 학부모단체와 정부의 검열 바깥에서 비윤리적인 것으로 치부되어 대본소 등으로 유통되던 것이 장르문학이었고, 이것은 근대적인 '순수문학'의 일원으로 취급받지 못했다. 대중문학도 아니었다. 1980년대 말에서 1990년대 초 작가들은 자신을 대중문학도 아니고 순수문학도 아닌 그 바깥의 변두리, 제3의 존재로 자칭했다.

정해진 문법도 없고 형식도 없이 자신의 취미와 욕망에 충실했다. 욕망에 호응하는 사람들은 독자가 되었다. 대여점에 함께 있어도 보는 독자층이 달랐다. 각자의 문법은 오로지 팬덤에 의해 성립, 확장되었다. 학계에서는 이러한 문학을 정체불명의 무언가로 취급했다. 스마트폰의 보급과 웹소설이라는 형식의 발명은 장르문학의 안팎 모두가 준비되지 않은 사건이었다. 개별 장르로만 호명되던 자들이 갑작스럽게 '웹콘텐츠' 또는 '웹창작노동'으로 묶여 당황을 호소했다. 심지어 웹소설 내부에서도 장르에 따라 시장의 판도가 달라 혼선을 빚었다. 2019년 초 '디지털콘텐츠창작노동자지회'와 웹소설 작가들의 대립이 대표적인 사건이다. 웹툰과 웹소설, 그리고 웹소설 내부에서도 판타지·무협이나 로맨스, 그리고 BL 장르의 창작자들이 서로의 시장에 무지한 탓에 오해를 빚어 거대한 논쟁이 벌어졌다. 각자의 창작노동권을 보장하겠다는 기치 아래의 운동조차도 서로를 공격하고 상처만 남았다. '웹소설'이나 '웹콘텐츠' 내부의 구성물인 장르문학이 개별대상으로 정의될 수 있는 합의체라고 여겼던 사람들의 오판이었다.

【전문가를 키우지 않는 장】

웹소설의 합의조차 제대로 이루어지지 않은 상황에서 거대해진 시장의 규모는 허상에 가깝다. 정부 부처의 웹소설시장 인식은 저인지hypocognition 단계를 넘어서지 못했다. 이를 잘 보여주는 한 일화가 있다. 2019년 저작권위원회에서 웹소설 창작 노동자를 위한 표준계약서 작업을 위해 전문가들을 소집했다. 시장의 불공정사례를 수집해 전문가들을 소집해 이루어진 논의는 결국 '정부 부처가 정해지지 않았고 웹소설을 어떻게 바라볼지 합의점이 도출되지 못하였으며, 논의를 위해 장르를 뛰어넘는 거대한 합의체로서의 협회가 없기 때문에 제대로 이야기가 전개되지 못한다'며 별다른 합의를 도출하지 못한 채 마무리되었다.

산재한 문제를 해결하기 위해서 필요한 것은 이 영역을 대변할 수 있는 전문가이다. 이는 시장의 전문가일 수도 있고 비평가일수도 있으며 연구자일 수도 있다. 그러나 웹소설시장은 이러한 전문가를 필요로 하지 않고 키우려고 하지도 않는다. 이것은 비단 웹소설시장만의 이야기는 아니다. 아직까지 낡은 시스템을 고집하는 도서시장 전체가 그러하다.

산업시장의 전문가가 되기 위해선 시장의 정보를 정확히 파악하고, 그 정보를 바탕으로 대중과 문화예술의 교차점을 목격해야 한다. 그러나 온라인 시장과 베스트셀러의 판매수치는 홈페이지의 관련자만 알 수 있는 알고리즘으로 공식화되어 있으며, 카카오페이지의 작품은 해당 작품의 판매수치를 정확히 알 수 없고, 인기 있는 작품을 상정하는 방식도 알 수 없다. 시장은 늘 정보 격차의 우위에 있고 은폐된 정보는 오로지 시장이 주도하는 질서만을 일방향으로 따르게 만든다. 웹소설 관련 학과가 설립되고 각종 사업은 진행되지만 정부 부처는 자금만 지원할 뿐 해당 콘텐츠에 대한 무지를 전시한다. 최근 한 웹소설 사업에서 사업 담당자가 "모든 멘토링 과정을 오프라인으로 의무적으로 진행하라"고 지시한 해프닝은 온라인 기반의 창작 시스템과 매체에 대해서 얼마나 고루한 인식을 갖고 있는지 보여준 대표적인 사례다.

웹소설을 둘러싼 저널리즘의 수사는 빠르게 쌓이고 소비된다. 그러나 이러한 수사를 끌어모을 중심이 제대로 갖춰지지 못한다면, 웹소설은 PC통신부터 대여점 시절의 장르문학이 그러했듯 흥망성쇠를 반복하는 하나의 문화로만 그치고 말 것이다.

V

석유의 위기와 지구 문명의 전환

기후위기, 호미가 아닌
가래로 막아야 할 처지에 놓이다

조천호(경희사이버대학교 기후변화 특임교수)

지구는 인간이 가하는 온실가스라는 충격을 받아 인간에게 기후위기로 되돌려준다. 인류가 유례없는 위업을 달성하고 지구를 지배하기 시작한 이 시점에, 바로 그 때문에 우리가 지속할 수 없다는 걸 깨달았다. 지금 우리는 기후위기를 처음 인식한 세대이자 그 위기를 막을 수 있는 마지막 세대다.

지구온난화는 우리 몸 상태를 나타내는 체온에 비유할 수 있다. 정상에서 1도를 넘으면 미열이 발생하고 1.5도를 넘으면 고열로 치료를 받아야 한다. 지난 100년 동안 지구 평균기온이 1도 상승한 오늘날은 일시적이고 곳에 따라 발생하는 극단적인 기상 현상으로 기후위기를 감지할 수 있다. 극단적인 날씨에는 이미 인간의 흔적이 담겨 있다. 오늘날 폭염, 홍수, 가뭄, 산불 등은 순수하게 자연 요인으로만 일어나지 않는다. 여기에 0.5도가 더해져 1.5도 이상으로 상승한다면, 극단적인 기상 현상은 모든 곳에서 자주 발생하게 될 것이다.

【폭발 직전인 지구】

지구는 온실가스라는 충격을 끝없이 수용할 수 있는 것처럼 보인다. 하지만 화를 꾹꾹 누르고 있는 상황에서 사소한 말 한마디가 더해지면 쌓여왔던 분노가 한꺼번에 폭발할 수 있는 법이다. 지구도 온실가스라는 외부의 충격이 계속 누적되다 보면 아주 적은 양의 온실가스가 더해지는 것만으로도 한계를 넘어 열을 자체적으로 증폭시키게 된다. 즉, 자기 증폭적인 되먹임(결과가 원인이 되어 더 큰 결과를 낳는 순환)으로 인해 복합적이고 극단적인 기후변화의 위험이 가속화되는 것이다.

그리고 1.5도에서 2.0도까지 상승하면, 자연 재난의 강도와 횟수가 같은 비율로 단순히 커지지 않고 증폭되어 나타난다. 지구 평균

기온이 2도 이상 상승하면 지구가 회복력을 잃는 극적 전환점tipping point을 넘게 된다. 이러한 변화로 파국을 맞는 건 자연만이 아니라, 정치, 경제, 사회 전반에서도 마찬가지다. 지금까지의 기후에 적합하도록 만들어진 체계 대부분이 무의미해지기 때문이다. 이것이 초래한 심각한 변화와 불확실성으로 이 지구에서 인간이 주체로서 살 수 없게 될 것이다.

2013년에 기후변화에 관한 정부 간 협의체IPCC, Inter-governmental Panel on Climate Change가 발표한 보고서는 인간의 활동으로 배출된 이산화탄소량과 지구온난화 사이에 비례 관계가 있음을 밝혔다. 미리 정해 놓은 기온 상승에 도달하기 전까지 배출할 수 있는 이산화탄소량을 기후변화 전망 모형으로 산출한 것이다. 2015년 파리기후협약 목표인 기온 상승 2도를 넘지 않으려면 2020년경 이산화탄소 배출량이 최고조에 도달한 이후, 2045년에는 이산화탄소 배출량을 그 절반 정도로 감소시켜야 한다. 2075년에는 인간 활동으로 배출하는 이산화탄소량이 인위적으로 공기 중에서 제거하는 이산화탄소량과 균형을 이루는 '순 배출량 제로net zero'에 도달해야 한다. 하지만 파리협약에 따른 각국의 현재 저감 계획이 완전히 수행된다고 해도 이번 세기말에 기온 상승은 혼돈 상태인 3도 이상이 될 것으로 전망한다.

【이산화탄소 배출 감소, 발등에 떨어진 불이다】

2018년 인천에서 열렸던 IPCC 48차 총회에서 세계 각국의 과학자들은 '1.5도 온난화'에도 대응해야 한다는 데 결론을 내렸다. 이미 1도 상승했으므로 추가 온난화를 0.5도로 제한하려면 전 세계 이산화탄소 배출량을 2030년까지 2010년 대비 45%로 줄여야 하고, 2050년에는 순 배출량 제로에 도달해야 한다.

기온 상승이 1.5도를 넘지 않기 위해, 지구가 견뎌낼 수 있는 이산화탄소량은 이제 얼마나 될까? 지구가 버틸 수 있는 최대치, 즉 이산화탄소 허용 배출량이 4200억 톤 이하이면 기온 상승이 1.5도 이내로 제한될 확률은 3분의 2(66%)이다. 허용 배출량이 5800억 톤에 이른다면 그 확률은 2분의 1(50%)로 줄어든다. 현재 전 세계에서 배출되는 이산화탄소는 연간 약 420억 톤이다. 그러니 이 추세가 계속된다고 할 때, 66%의 확률로 계산하면 불과 10년 후, 50%로 계산하면 14년 후에는 배출할 수 있는 이산화탄소량이 완전히 소진된다. 즉 평균 12년 정도밖에 남아 있지 않은 셈이다. 여기에 또 하나 고려해야 할 점이 있다. 이산화탄소를 줄이기 시작하는 시점이 2018년부터라는 것이다. 전 세계적으로 1.5도를 막기 위한 이산화탄소 배출 저감이 아직 실행하지 않는 상태이므로 남아 있는 기간에서 2018년에서 지난 기간만큼을 빼야 한다.

미래에 허용 가능한 이산화탄소 배출량을 계산한 기후변화 전망 모형은 영구동토지대의 메탄 방출, 북극해의 메탄하이드레이트 방출과 빙하 깨짐과 같이 급변적이고 비선형적인 과정을 포함하지 않았다. 그러므로 실제 일어날 지구온난화는 모형에서 산출한 것보다 더 뜨거울 가능성이 크다. 이는 실제 온실가스 허용 배출량이 모형으로 산출한 것보다 더욱더 적어질 수 있다는 것을 의미한다. 기후위기는 불확실성으로 인해 운에 맡길 수 있는 상황이 아니라 훨씬 위험한 것이다.

과학자가 기후위기를 확실히 알게 된 20년 전부터 배출량을 급격히 감소시켰어야 했다. 20년 전까지만 해도 시간은 우리 편이었다. 이산화탄소 배출량을 그 당시에 감소시켰더라면, 지금 우리가 줄여야 하는 배출량은 훨씬 적을 것이다. 2000년부터 저감을 했다면 매년 4%씩 이산화탄소 배출량을 줄이면 됐지만, 2018년에 시작하면 매년 18%씩은 줄여야 2050년에 비로소 이산화탄소 순 배출량이 제로가 된다. 우리나라는 1998년 IMF 외환위기 때 산업 위축으로 이산화탄소 배출량이 약 15% 줄었다. 즉, 기후위기를 막으려면 전 세계가 우리나라 IMF 시절과 비슷한 수준의 충격을 극복해내야 한다. 호미로 막을 것을 가래로 막아야 하는 상황이 된 것이다.

현재 세계는 과거부터 인류가 능동적으로 선택한 것들이 축적되어 만들어졌다. 하지만, 미래 세계는 기후위기를 수동적으로 감당해야 할 것이다. 우리는 기후에 막대한 영향을 미칠 수 있지만, 기후위기를 통제할 수는 없다. 기후위기에서도 세계는 여전히 지속하겠지만, 위험은 기온 상승에 따라 더 커져 불안정하고 불확실한 세계가 될 것이다. 이는 기온이 상승하는 만큼 인류가 미래에 대한 통제권을 잃어버린다는 것을 의미한다.

【지금 당장 행동해야 한다】

지금 어린 세대는 이전 세대가 누렸던 이산화탄소 배출의 사치를 누릴 수 없다. 기후위기에 대응할 수 있는 허용 가능한 탄소 배출량이 이미 대부분 소진되었기 때문이다. 영국 전기산업 데이터 분석기관 카본 브리프Carbon Brief는 옥스퍼드대학교의 벤 칼데콧Ben Caldecott 박사와 함께 태어난 해에 따라 평생 배출할 수 있는 탄소량을 산출했다. 지구 평균기온을 2도 이상 올리지 않으려면 2017년에 태어난 세대들은 평생 122톤만 배출해야 한다. 이는 1950년생인 사람이 배출한 양의 3분의 1에 불과하다. 1.5도 이하로 기온 상승을 제한하게 되면 그 수치는 더 줄어들어 평생 43톤만의 이산화탄소를 배출해야 하고 이 양은 기성세대의 8분의 1 수준이다. 청소년 기후파업에 참여한 전 세계 어린이와 청소년(1997~2012년생)은 그들의 조부모(1946~1964년생)가 다양한 문명의 이기를 소비하며 먹고 쓰고 누리며 배출한 양에 비해 단지 6분의 1 정도의 이산화탄소만을 배출할 수 있다.

이산화탄소는 배출 후 사라지지 않고 수백 년 동안 대기 중에 남아 있어 기후변화에 계속해서 영향을 미치기 때문에 어린 세대는 이전 세대가 배출한 온실가스로 인한 기후위기를 고스란히 겪어내야 한다. 지금 당장 아무 조치도 하지 않으면, 다음 세대들은 우리가 만들어놓은 어렵고 모진 시련을 겪어내며 위험한 길을 헤쳐 나가야 한다. 마지막에는 이것도 한계에 부딪혀 파국에 도달할 가능성이 크다.

유엔은 기후위기에 대응하기 위해 1990년 리우 정상회담 이후 2018년까지 기후변화협약 당사국 회의를 24번이나 했다. 하지만 이산화탄소 배출량은 1990년 이후 줄어들기는커녕 2017년까지 무려 63%나 늘어났다. 이에 따라 공기 중 이산화탄소 농도가 상승했을 뿐 아니라 상승 속도도 점차 빨라지고 있다.

2020년 말 영국에서 열리는 유엔 기후변화협약 당사국 회담은 인류가 1.5도로 기후를 안정시킬 수 있는 마지막 기회인 국제 모임이다. 이때도 합의가 되지 않은 채 지금과 같은 이산화탄소 배출 양상이 계속된다면 상승 온도는 1.5도를 넘게 된다. 그러기에 이에 앞서 2019년 9월 23일 뉴욕에서 지구온난화 1.5도 상승을 막기 위한 유엔 기후정상회담이 열렸다. 이에 맞춰 전 세계 시민단체는 9월

20일부터 27일까지 일주일 동안 '기후파업climate strike'을 선언했었다. 기후위기를 대응해야 할 책임이 있는 정치와 정부 권력이 제대로 된 조치를 취하지 않으니 시민이 민주적 의사 표시를 통해 정치적 영향력을 행사해야 하는 상황인 된 것이다. 이 집회에 전 세계 150개 나라에서 400만 명 이상이 참여했고 100만 명이 넘는 학생이 동참한 것으로 알려졌다.

우리나라에서도 이에 맞춰 9월 21일 '기후위기 비상행동' 집회가 열렸고 약 5000명이 모였다. 비상행동은 선언문에서 우리에게 남은 온도는 0.5도뿐이므로 지금은 비상상황이라고 강조했다. 9월 27일 '청소년 기후행동'에는 약 500명의 학생이 참여했다. 청소년들이 '기후를 위한 결석 시위'를 벌인 것이다. 그들은 "기후위기로 생존할 수 없는 세상이 눈앞에 닥쳤는데, 학교가 무슨 소용이냐"고 주장했다.

우리나라의 온실가스 감축에 대한 대책에 국제사회의 시선은 곱지 않다. 우리는 OECD 회원국 가운데 온실가스 배출량이 5위이고 증가율은 1위이다. 어느 수치로 보나 세계 11위 경제 대국이 뒤로 빠져 이런 식의 태도를 보일 상황이 아니다. 우리 스스로 온실가스를 줄이지 않으면 고통스럽고 강제적인 감축 할당량을 받아들여야 하는 상황에 몰릴 수 있다.

기후위기는 단지 일어날 것인가 아닌가의 문제가 아니다. 지금 우리 모두에게 중요한 질문은 이 세계가 얼마나 크고 많은 기후위기에 처하게 될 것인가이다. 우리 인간은 수십 년, 더 나아가 다가오는 수백 년을 포함하는 장기적인 시간 규모에서 제도를 마련하고 책임감 있게 행동하는 것에 익숙하지 않다. 반면 기후위기는 오랜 시간 누적된 결과로 나타나기 때문에 그 위험이 본격적으로 드러나기 시작 한 후 대응하면 이미 늦어버린다. 그러므로 위험한 '사건'이 지금 당장 일어나지 않는다고 나중으로 미룰 게 아니라 과학적 사실의 '인식'을 토대로 지금 당장 행동해야 한다.

탈탄소 경제로의 전환을 담은
그린 뉴딜이 필요한 때

이유진(녹색전환연구소 연구원)

　10여 년 만에 돌아온 녹색 바람이 거세다. 2007년 1월 19일 〈뉴욕타임스〉 칼럼에서 토머스 프리드만은 대공황 시기 루스벨트 대통령이 경제위기 타개책으로 '뉴딜'을 제시한 것처럼 21세기에는 깨끗한 에너지산업을 일으키자는 '그린 뉴딜'을 제안했다. 그린 뉴딜은 1930년대 뉴딜 정책과 지속가능한 인프라 투자를 결합한 개념이다. 2008년 오바마 대통령이 당선되면서 정책화하고, 영국의 경제학자 앤 페티포가 중심이 된 그린 뉴딜 그룹의 보고서가 나오면서 세계적인 주목을 받았다. 한국에서는 녹색성장으로 이어졌던 녹색 바람은 금융위기를 극복하는 과정에서 사그라진 듯했다.

【기후변화와 경제적 불평등의 대안】

그린 뉴딜을 다시 소환한 것은 2018년 미국 최연소 하원의원으로 당선된 알렉산드리아 오카시오 코르테스(이하 AOC)다. AOC는 미국 사회가 직면한 '기후변화'와 '경제적 불평등'에 대한 해법으로 2019년 2월 5일, 민주당 하원의원 64명과 상원의원 9명과 함께 '그린 뉴딜 결의안'을 제출했다. 14쪽으로 구성된 그린 뉴딜 결의안은 「IPCC 1.5도 특별보고서」를 인용하면서 시작해 미국 사회에 뿌리 깊은 경제적 불평등과 차별에 대해 언급한다. 더불어 그린 뉴딜을 통해 2050년 온실가스 배출 제로 사회를 만들기 위한 인프라 재구축에 자원을 투입해 일자리를 만들고, 사회적 불평등까지 해소하자는 것이다. 그린 뉴딜에서 연방정부의 역할은 ① 공동체와 노동자를 위한 공정하고 정의로운 전환을 통해 온실가스 배출 제로 달성, ② 모두를 위한 수백만 개의 고임금 일자리 창출과 경제적 번영, ③ 지속가능성을 위한 인프라와 산업 투자, ④ 깨끗한 공기, 물, 기후와 지역사회 회복력, 건강한 식품, 자연과 지속가능한 환경에 대한 접근권 보장, ⑤ 모든 사회적 약자에 대한 억압을 멈추고 정의와 형평성을 증진하는 것이다. 세부 정책은 14개 부문에 걸쳐 인프라 업그레이드, 청정에너지 100% 전력 생산, 스마트 그리드 구축, 전기차와 전기고속철도 도입, 미국 내 모든 건물에 대한 에너지 효율 개선, 농업 부문 탄소 중립 등을 담고 있다.

10년 전 그린 뉴딜이 청정에너지 산업화 전략이었다면, 2019년에 등장한 그린 뉴딜은 '온실가스 순 제로' '일자리' '사회불평등 해소' '기후정의' '정의로운 전환' '에너지를 포함한 모든 인프라 재구축'으로 요약할 수 있다. 그린 뉴딜은 미국에 잇따른 기후재난과 청년들의 기후행동 '선라이즈 무브먼트', 트럼프의 반환경 정책과 맞물려 단숨에 민주당의 2020년 대선 공약으로 부상했다. 2019년에만 『3차 산업혁명』의 제러미 리프킨, 『이것이 모든 것을 바꾼다』의 나오미 클라인, '주빌레 2000 캠페인'의 창시자인 앤 페티포가 그린 뉴딜에 대한 책을 잇달아 발간하면서 전 세계적 담론을 형성해가고 있다.

【전 세계 어젠다로 떠오른 그린 뉴딜】

그린 뉴딜 바람이 한국에 어떤 시사점을 줄까? 한국은 2017년 기준 온실가스 배출량이 전년보다 2.4% 늘어난 7억 914만 톤으로 집계됐다. 가장 많이 배출했던 2013년 6억 9670만 톤을 넘어 처음으로 7억 톤을 넘겼다. 세계 7위의 이산화탄소 배출국가임과 더불어 저먼워치German Watch의 기후변화 실행 지수 평가에서 57개국 중 54위를 기록하고 있다. 파리협정에 의해 2030년까지 5억 3600만 톤으로 배출량을 줄여야 하지만, 현 정부에서도 석탄발전소 7기를 건설하고 있어 배출량을 줄이기 어려울 것으로 보인다. 실로 온실가스 감축에 무감한 사회이다. 2009년 국제사회에 약속한 2020년 감축목표량 5억 4300만 톤은 지키지 못하게 될 것이 확실하다. 게다가 그린 뉴딜은 이명박 대통령의 실패한 정책이라는 낙인이 찍혀 있다.

그럼에도 한국도 그린 뉴딜을 피해 갈 수 없을 것 같다. 온실가스 감축을 단기간에 실행할 수 있는 대안이기 때문이다. 특히 2020년 11월, 미국 대선에서 누가 당선되든 기후규제는 강해질 수밖에 없다. 트럼프가 당선되면 파리협정 탈퇴와 더불어 국제사회의 미국에 대한 압박은 국경세 도입과 같은 방식으로 강해질 것이고, 민주당이 당선되면 기후위기 대응이 이미 주류화된 유럽에 미국까지 가세하는 셈이다. 온실가스를 줄이지 못한 한국은 유럽과 미국의 틈바구니에서 경제적 충격을 감수해야 할지도 모른다.

그린 뉴딜이 2020년대 세계를 뜨겁게 달굴 것으로 전망하는 이유는 다음과 같다. 첫째, 2018년 IPCC가 발간한 「1.5도 특별보고서」는 인류의 존망을 걸고 2010년 대비 2030년 45% 저감, 2050년

순 제로 목표를 과학적으로 제시했고, 이를 지지하는 전 세계적인 대중운동이 뜨겁게 확산되고 있다. 국가와 지방정부의 기후위기 비상선언이 잇따르고, 그레타 툰베리로 상징되는 청소년 기후행동은 더욱 강력해질 전망이다. 기후위기가 각국 정치와 선거 결과에 반영되고 있다.

둘째, 온실가스 저감 대안과 기술이 발달했다. 세계 신규발전 설비 투자액의 70%가 풍력, 태양광, 바이오에너지, 수력과 같은 재생에너지에 집중하고 있다. 재생에너지가 석탄, 가스, 원전보다 더 저렴해져 그리드 패리티(신재생에너지와 기존 화석에너지의, 발전 단가가 같아지는 균형점)에 도달한 국가가 늘고 있으며, 기업 운영에 필요한 에너지를 100% 재생에너지로 조달하는 RE100 기업들도 확대되고 있다. 효율 높은 에너지 설비, 스마트 그리드, 전기차, 수소차와 제로에너지 빌딩, 플러스에너지 빌딩 등 기술 대안이 현실화되고 가격 경쟁력까지 갖춰가고 있다. 일례로, 영국은 2017년 온실가스 배출량을 2000년 대비 35%나 줄였다.

셋째, 10년 전 실패 경험을 바탕으로 그린 뉴딜 정책이 더 정교해질 수 있다는 기대감이다. 한번 바닥을 쳤던 정책과 담론이 재등장하기는 쉽지 않다. 우리도 이명박의 녹색성장 정책 실패에서부터 교훈을 얻어야 하는 이유다. 앤 페티포는 10년 만에 그린 뉴딜에 대한 책을 다시 출간하면서 세 가지 질문에 대한 답을 찾아야 한다고 주장한다. 현실적으로 10년 안에 어떻게 급진적인 변화를 이끌 것인가, 어떻게 정부와 민간 섹터가 전환자금을 투입하게 만들 것인가, 화석연료산업 노동자들에게 어떤 대안을 제시할 것인가다.

그린 뉴딜 재원 조달 방안에 대한 논의도 활발해지고 있다. 미국에서는 기축통화인 달러를 은행에서 찍어내자는 현대통화이론부터 부유세 부과, 채권 발행까지 다양하다. 민주당 유력 대선후보 엘리자베스 워런은 청정에너지 생산과 연구에 2조 달러 편성을, 버니 샌더스는 2030년까지 모든 전력과 운송을 100% 재생에너지로 생산하며, 화석연료 기업으로부터 일부 재원을 조달하는 방식으로 16조 달러 편성을, 조 바이든은 2050년 온실가스 순 제로를 목표로 1조 7000만 달러의 예산을 투입해 청정에너지 인프라 구축을 약속하고 있다. 물론 트럼프와 공화당은 민주당을 향해 "AOC가 미국인들에게서 햄버거를 뺏어가고 있다" "다른 나라는 하지도 않는 비행기, 자동차, 소, 석유, 가스, 군대를 영원히 없애겠다니 아주 멋지다!" "텔레비전이 보고 싶으면 앞으로 '여보, 바람이 부는지 확인 좀 해 줘요'라고 확인해야 한다" 같은 트윗을 날리는 상황이다.

기후규제 강화와 기술발달로 인한 고용 충격은 이미 시작되고 있다. 자동차산업에서 전기차가 빠르게 확산하면서, 내연기관 자동차의 시대가 빨리 끝날 수 있다. 전기차와 수소차로 인한 현대자동차 20% 감원 이야기가 나오고 있다. 전기차의 빠른 확산은 기존 자동차산업과 일자리에 큰 충격을 준다. 부품산업, 정비산업, 전국에 깔린 주유소 등 내연기관 차량 관련 산업에 의존해 먹고사는 사람들이 많다. 제러미 리프킨은 2028년이면 석탄발전을 포함한 화석연료 문명이 붕괴할 것이라고 예견하고 있다. 제도와 기술이 급격히 변하는 시대에 일자리를 잃게 될 노동자들을 위한 '정의로운 전환' 대책이 시급하다.

【그린 뉴딜, 담론과 세력을 구축하자】

한국에서도 그린 뉴딜 정책화 움직임이 시작되었다. 경제인문사회연구회가 향후 10년을 위한 정책으로 그린 뉴딜, 휴먼 뉴딜, 디지털 뉴딜을 결합한 전환적 뉴딜을 제시하고 있다. 녹색당은 그린 뉴딜과 기본소득을 결합한 모델로 사회적 안전망이 생길 수 있다고 보고 있다. 정의당도 '그린뉴딜경제위원회'를 구성했다. 더불어민주당 김성환 의원은 탄소세를 통한 대규모 재정투자로 발전·수송·건물 등 주요 산업 부문의 전환을 이끄는 '한국형 그린 뉴딜' 정책을 제시했다. 서울특별시는 도시 차원의 그린 뉴딜 정책 구상을 위한 포럼을 구성했다. 한국 사회도 그린 뉴딜 정책 준비에 불이 붙기 시작했다.

그린 뉴딜은 기존에 형성된 질서를 깨고, 경제와 사회, 의사결정

시스템을 구조적으로 변화시키는 일이다. 2050년 온실가스 순 제로를 달성하려면, 탄소예산에 기반을 둔 온실가스 감축을 최우선 정책으로 삼아야 한다. 대통령이 국무회의를 주재할 때마다 온실가스 배출량을 점검하고, 정부나 지자체가 추진하는 공항, 항만, 도로, 신도시 건설, 산업정책을 온실가스 배출량을 기준으로 백지화하는 결정을 내려야 할지도 모른다. 정부가 지금까지 정책 우선순위로 삼았던 판단 기준과 예산 배분, 정책 설계 방식을 완전히 바꿔야 한다. 모든 정부 정책과 사업에 탄소예산과 탄소회계 검증 시스템을 도입하고, 기후위기 대응 법, 기후에너지부, 독립적인 기후위원회를 만들어야 한다. 이런 기반을 바탕으로 예산 투입과 제도 개선, 규제와 인센티브로 탈탄소 산업구축과 일자리 창출, 기후위기로 인한 자연재해로부터 복원력을 높이기 위한 인프라 재구축, 지방정부 차원에서 먹거리, 에너지, 경제부문에서 그린 뉴딜 정책을 수립해 실행에 옮기는 기획이 수반되어야 한다. 이 모든 변화는 지구 평균온도 1.5도 상승을 막기 위해 10년 안에 일어나야 한다.

그린 뉴딜이 지향하는 바와 실행방식, 재정 조달 방안, 제도와 예산, 인력 배분을 설계하는 방식은 국가별로 또는 주창하는 주체에 따라 다양하다. 그렇기에 우리 사회도 다양한 정당과 사회집단이 우리가 지향하는 그린 뉴딜의 방향에 대해 토론할 필요가 있다. 그린 뉴딜 필요성에 동의하는 정당들이 노동자, 농민, 청소년, 청년, 여성, 소수자 등을 위해 어떤 대안이 필요한지를 각자의 비전과 대안을 내놓고 토론의 장을 열어야 한다. 그린 뉴딜은 한 정당이 정책을 발표했다고 실현될 수 있는 성질의 것이 아니라, 그린 뉴딜을 지지하는 사회적 기반과 정치세력을 형성해가면서 함께 계획을 수립해야 한다. 그린 뉴딜은 시스템을 바꿔야 구현해낼 수 있는 거대한 도전이기 때문이다. 그린 뉴딜에 대한 계획, 구현 방식, 정책 세력화가 2020년 총선과 2022년 대선 과정에서 뜨겁게 논의되기를 바란다.

자원 고갈과 기후위기에 직면한 지금은 앞으로 성장을 하고 싶다고 해서 성장이 되는 것도 아니고, 성장을 멈추자고 주장한다고 멈출 수 있는 상황도 아니다. 우리가 직면한 문제는 더 복잡해졌다. 세계 탄소예산에 입각해 성장이 불가능한 사회를 받아들이고 어떻게 하면 우리 사회의 방향과 시민들의 삶을 더 안전하고, 불안하지 않으며, 행복함을 느끼면서 살 수 있도록 전환할 것인가를 준비해야 한다. 기후위기 시대, 탈탄소 경제로의 전환을 담은 그린 뉴딜을 함께 준비하자.

미세먼지를 해결하는
두 가지 방법

강양구(지식 큐레이터)

병원에 갔는데 의사가 엉뚱한 진단과 처방을 내리면 '돌팔이' 소리를 듣기 십상이다. 그런 의사에게 호되게 당하고 나서도 그 병원을 찾아갈 시민은 없으리라. 하지만 뜻밖에도 중요한 국가 정책 가운데는 이렇게 돌팔이 소리를 들어도 마땅한 엉터리 진단과 처방이 한두 가지가 아니다. 지금 한국 사회에서 가장 중요한 환경문제로 꼽히는 미세먼지를 둘러싼 사정이 그렇다.

겨울부터 봄까지 고농도 미세먼지가 집중되는 일이 반복되면서,

이 문제는 대통령까지 챙기는 중요한 이슈가 되었다. 기후과학 전문가가 나서서 "미세먼지가 '불량배'라면 기후변화는 '핵폭탄'"(조천호)이라고 경고해도 문재인 정부는 여전히 정책 우선순위에 미세먼지를 놓고 있다. 더구나 여론을 의식한 진단과 처방도 엉망진창이다. 하나씩 살펴보자.

['에너지전환'이 필요하다]

'미세먼지 문제 해결을 위한 국가기후환경회의'가 2019년 6월 9일 발표한 여론조사 결과를 보면, 국민의 약 80%는 미세먼지의 원인을 중국 탓으로 여긴다(진단). 이렇게 미세먼지의 원인을 중국 탓이라고 여기고 나니, 국민이 원하는 첫 번째 대책도 '중국과의 공조'(54.4%)다(처방). 하지만 이런 진단과 처방은 틀렸을 뿐 아니라, 미세먼지를 줄이는 데에 거의 도움이 안 된다.

우선 진단이 틀린 이유부터 살펴보자. 미세먼지의 원인이 국내인지 국외인지는 여전히 연구 중이다. 하지만 여러 연구를 종합해보면, 두 가지 사실을 조심스럽게 끄집어낼 수 있다. 첫째, 최소한으로 잡더라도 미세먼지 배출원의 절반 이상은 국내의 석탄 화력발전소, 경유자동차 등이 배출하는 오염물질 등이다.

이것은 두 번째 사실을 통해서도 뒷받침된다. 2010년대 들어서 중국의 미세먼지 배출량은 줄어들고 있다. 중국의 중앙, 지방 정부가 발표하는 공식 통계뿐 아니라 미국, 영국 등의 중국과 이해관계가 없는 과학자의 연구 결과도 똑같은 결론을 내놓고 있다. 중국에서 날아오는 미세먼지가 원인이라면, 중국의 배출량이 줄고 있는데도 한국은 그대로거나 느는 상황은 어떻게 설명할 것인가.

그러니 국내의 미세먼지를 줄이려면 두 가지 원인을 줄이는 방향으로 가닥을 잡아야 한다. 우선 석탄 화력발전소를 줄여야 한다. 2019년 현재, 국내의 석탄 화력발전소는 60기(35기가와트)이고, 7기를 추가로 건설 중이다. 미세먼지를 줄이려면 석탄 화력발전소의 일부를 조기 폐쇄하는 조치가 필요하다.

알다시피, 석탄 화력발전소는 지구온난화의 중요한 원인이 되는 이산화탄소 같은 온실기체의 중요한 배출원이다. 즉, 미세먼지 배출량을 줄이려는 목적으로 석탄 화력발전소를 조기 폐쇄하면 지구온난화와 그것이 초래하는 기후변화에도 효과적으로 대응할 수도 있다. 미세먼지, 기후변화 두 가지를 동시에 해결하는 똑똑한 정책이다.

물론 석탄 화력발전소가 차지하는 43.1%(2017년 기준)의 전력을 다른 곳에서 대체해야 한다. 턱없이 낮은 비중의 태양광, 풍력, 바이오매스 같은 재생가능에너지 확대를 발 빠르게 추진함으로써 석탄화력발전소를 대신해야 한다. 이런 방향은 애초 문재인 정부가 내세웠지만 집권 3년 차가 되도록 지지부진한 '에너지전환'과도 부합한다.

【'자동차 전환'이 필요하다】

또 다른 방향은 명백하게 미세먼지의 중요한 원인 가운데 하나인 도심 자동차 문제를 해결하는 일이다. 2010년대 고농도 미세먼지가 되는 상황에서도 수도권을 중심으로 한 전국의 경유자동차는 줄어들기는커녕 오히려 늘었다(수도권은 자동차 5대 가운데 1대가 경유차다). 특히 생계와 관계없는 비상업용 승용차나 승합차가 늘어나는 추세다.

지금부터라도 미세먼지를 비롯한 대기오염의 중요한 원인이 되는 경유차를 포함해 내연기관 자동차를 줄이려는 노력이 필요하다. 자동차를 새롭게 구매하는 소비자에게 경유차와 같은 내연기관 자동차를 구입하는 일은 '공동체에 해가 되는 나쁜 행동'이라는 신호를 여러 가지 불이익을 주는 제도를 통해서 줘야 한다.

더 나아가 내연기관 자동차의 생산 판매 금지 연도를 적극적으로 설정해서 국내의 자동차 생산업체, 판매업체 등이 전환에 나서도록 압박해야 한다. 실제로 독일은 내연기관 자동차의 생산 판매 금지 연도를 2030년, 중국은 2040년으로 정했다. 이런 분위기에 발

맞춰 독일, 중국 기업은 전기자동차 개발에 나서고, 정부는 보급에 적극적으로 나서는 상황이다.

전기자동차 같은 친환경 자동차의 적극적인 보급은 지구온난화를 초래하는 온실기체 배출량을 줄이는 데에도 중요하다. 전 세계적으로 내연기관 자동차 등이 내놓는 온실기체 양이 24% 정도나 되기 때문이다. 미세먼지 배출량을 줄이는 '자동차 전환'은 동시에 기후변화에 대한 효과적인 대응이기도 하다.

이뿐이 아니다. 고농도 미세먼지를 해결하는 효과적인 방법 가운데 하나는 도심의 차량 수를 줄이는 것이다. 현재 국내에서 승용차의 교통 분담률은 60% 수준으로 계속해서 늘고 있다. 지하철, 버스 등 대중교통의 교통 분담률이 승용차보다 늘어나서, 그 결과 도심을 운행하는 자동차 수가 줄어든다면 미세먼지 같은 오염물질 감소로 이어질 것이다.

이뿐이 아니다. 전 세계의 대도시는 적극적으로 도심에서 보행자를 우선하는 정책을 추진 중이다. 아예 차가 다니지 못하도록 하는 '차 없는 거리'가 늘어나는 모습이 대표적인 예다. 가까운 거리는 시민이 걸어 다닐 수 있도록 자동차 없는 보행로를 확충하고, 버스나 지하철 같은 대중교통과의 접근성은 자전거, 전기 자전거 같은 작은 이동수단으로 분담한다면 도심의 자동차 수를 줄일 수 있다.

'에너지전환'과 '자동차 전환' 이 두 가지야말로 미세먼지 배출량을 줄이는 가장 효과적인 방법이다. 하지만 정부의 미세먼지 대책은 엉뚱한 방향을 가리키고 있다. 2019년 추가 경정 예산 2000억 원을 마스크나 공기청정기 보급에 사용하기로 한 것은 대표적이다. 미세먼지 발생은 어쩔 수 없으니 공기청정기가 있는 실내에 머무르고, 외출할 때는 마스크나 쓰라는 얘긴가?

【변화와 생존의 기회 놓치는 대한민국】

2019년 6월 9일 여론조사 결과를 보면, 미세먼지를 둘러싼 보통 사람의 속내를 살필 수 있는 흥미로운 대목이 있다. 응답자의 과반수(51.4%)는 석탄 화력발전소를 없앴을 때의 전기요금 인상을 '받아들일 수 없다'고 답했다. 그러니까, 미세먼지는 무섭고 싫지만 그것을 유발하는 석탄 화력발전소를 없앨 때의 부담은 감수할 의사가 없다는 것이다.

그나마 도심 미세먼지를 줄일 수 있는 차량 2부제는 찬성(49.4%)이 반대(43.5%)보다 많았으니 다행이라고 할까. 인식이 이렇다 보니, 보통 사람이 기대하는 해법도 앞에서 이야기한 대로 '중국과의 공조'(54.4%)나 '인공 강우 같은 신기술'(10.2%) 같은 엉뚱한 방향을 가리킬 수밖에 없다.

덧붙이자면, 중국과의 공조뿐 아니라 문재인 대통령까지 나서서 기대감을 표시한 인공강우 같은 해법도 적절한 해결책이 아니다. 미세먼지가 심한 날은 고기압하에서 대기 정체가 발생할 때이다. 그런 날에 미세먼지를 씻어낼 만한 바람을 동반한 폭우가 내리도록 구름을 만드는 일은 사실상 불가능하다. 과학적으로 가능하지 않은 일을 대통령까지 나서서 검토를 요청한 것이다.

그나마 어떤 시민은 상황을 바로 봤다. 응답자 가운데 소수는 '석탄 화력발전소 운행 중단'(7.7%), '대중교통 확대'(4.8%) 같은 해법을 지지했다. 이들이야말로 올바른 방향을 가리켰다. 미세먼지 문제를 해결하려면 중국이나 인공강우 타령을 할 일이 아니라 '에너지 전환'과 '자동차 전환'에 나서야 한다.

더구나 재생가능에너지산업과 보급, 대중교통 인프라 확대, 전기자동차 개발과 보급 같은 일은 곧바로 긍정적인 경제 효과로 이어진다. 과거 정부에서 경제가 어려울 때마다 되뇌었던 건설 경기 부양과 같은 해묵은 해법을 따라할 게 아니라, 미세먼지 문제도 해결하고 미래도 준비하는 방향을 선택할 수는 없을까.

2019년 9월, 문재인 대통령은 전 세계 기후변화 행동의 중심이 된 10대 소녀 그레타 툰베리와 같은 공간(유엔 기후정상회의)에서 연설했다. 하지만 문 대통령은 그 자리에서도 기후변화뿐 아니라 미세먼지를 해결하는 최선의 방법인 국내 석탄 화력발전소를 줄이는 문제에는 정작 침묵하고서 '세계 푸른 하늘의 날'을 제안하는 엉뚱한 해법을 내놓았다.

마치 이런 엉터리 해법을 의식이라도 한 듯 툰베리는 이렇게 목소리를 높였다. "사람들이 고통받고 있습니다. 죽어가고 있어요. 생태계 전체가 무너져 내리고 있습니다. 우리는 대멸종이 시작되는 지점에 있습니다. 그런데 여러분이 할 수 있는 이야기는 전부 돈과 끝없는 경제성장의 신화에 대한 것뿐입니다. 도대체 어떻게 그럴 수 있습니까!"

변화와 생존의 기회를 놓치는 대한민국이 걱정이다. 그리고 기성세대의 일원으로서 툰베리를 비롯한 다음 세대에게 부끄럽다.

엔진자동차산업의 유지냐?
사회 전체의 생존이냐?

김지석(그린피스 서울사무소 기후에너지 스페셜리스트)

2019년 현재 자동차산업의 주류는 여전히 휘발유차와 디젤차다. 하지만 유럽, 일본, 중국과 미국의 약 20개 주에서는 전기차 판매를 강제하는 정책이 이미 통과되었다. 미국 민주당 대선후보들은 한발 더 나아가서 2030년부터는 일반차량은 물론 친환경차로 알려진 하이브리드 차량의 판매도 금지하고 그 대신 100% 전기차만 판매해야 한다고 주장하고 있다.

이런 정책이 속속 도입되자 자동차산업 관계자들은 규제가 지나치게 강하다며 비판하고 있다. 자동차 관련 온실가스 감축을 위해 연비 규제를 강화하는 시도가 있을 때마다 업계는 항상 어렵다고 반발했고 규제를 느슨하게 만드는 데 성공했다. 하지만 지금은 상황이 좀 다르다. 과거에는 자동차업계와 환경단체 사이에서 정부가 은근슬쩍 업계의 손을 들어주는 구도였지만 이제는 어린 학생들이 등교를 거부하고 길거리로 쏟아져 나와서 기후변화를 막아야 우리가 살 수 있다며 목소리를 높이고 있다.

자동차산업은 많은 사람을 고용하며 휘발유, 석유 판매 과정에서 많은 세수를 정부에 안겨준다. 또한 자동차는 필수품으로 자리 잡았기 때문에 정치적으로 막강한 힘이 있다. 하지만 엔진이 달린 자동차들은 온실가스를 대량으로 배출해 인간 문명과 자연환경을 동시에 파괴하는 위기를 부추기고 있다. 2009년이면 몰라도 2019년에 엔진 자동차산업을 옹호하는 건 정치적으로 매우 부담스러운 일이 되어버렸다.

기후변화 문제가 심각하지 않았던 과거에는 자동차산업이 침체를 겪을 때 각종 혜택과 지원을 투입해 잘 유지될 수 있도록 하면 정치적으로 호응을 얻을 수 있었다. 하지만 2019년에 엔진 자동차를 만드는 업체를 옹호한다는 것은 이미 살아 숨 쉬고 목소리를 낼 수 있는 학생들과 젊은 세대의 생존을 외면하는 매우 무책임한 일이다.

실제로 2019년 5월에 있었던 유럽의회 선거 직전에 흥미로운 사건이 있었다. 평소 음악 관련 콘텐츠를 만들던 한 독일 청년 유튜버가 기후변화 문제 해결을 소홀히 한 집권당인 기독민주연합CDU에 표를 주지 말라는 긴 동영상을 올린 것이다.

동영상의 원제는 'Die Zerstörung der CDU'로, 해석하면 'CDU의 파괴'라는 제목인데, 기독민주연합이 기후변화 문제 해결을 소홀히 해서 젊은 세대의 미래를 암울하게 만들었으니 표를 주지 말라는 내용이었다. 이 유튜버는 그 대신 문제 해결에 진지한 자세를 취해온 정당에 투표하라고 조언했다.

이 동영상은 유럽연합 투표를 앞두고 1000만 명 이상이 조회해 큰 화제가 되었고 CDU는 대변인이 나서서 기후변화 대응을 잘하고 있는데 오해라고 해명했다가 큰 역풍을 맞았다. 결국 유럽의회 선거에서 독일에 배정된 총 96개 의석 중 집권당인 CDU는 29석을 얻는 데 그쳤고, 그 대신 녹색당이 약진해 25석을 차지했다.

【자동차 회사의 이유 있는 탈엔진화】

상황이 이렇다 보니 자동차 회사도 100년 넘게 다듬어온 엔진을 버리고 배터리와 전기모터를 사용하는 전기차 생산으로 선회하기 시작했다. 디젤 게이트로 큰 내홍을 겪은 폭스바겐의 경우 앞으로 회사가 살 길은 전기차로 빠르게 전환하는 것이라는 결론에 도달했고, 이에 2030년까지 전기차 2200만 대를 생산하고 2040년부터는 엔진이 달린 차의 생산을 전면 중단한다고 선언했다. 다른 회사들도 전기차 생산을 확대하는 전략을 발표했다.

전기차 전환을 얘기하면 여러 가지 반론이 쏟아져 나온다. 전기는 어떻게 만들 거냐? 희토류가 부족하다던데 가격이 폭등해서 배터리 생산을 못 할 것이다 등등. 새로운 기술에 대해서는 이게 정말 좋은 대안인지 아닌지 당연히 살펴봐야 한다. 그리고 점검해본 결과에 따라 판단을 내려야 한다. 거실에 있는 텔레비전이 얇아지고 커지고 선명해진 것도 이런 과정을 거친 결과다. 브라운관 TV는 결국 LCD패널 TV에 적수가 되지 못했기 때문이다.

전기차도 물론 검증을 받았다. 그 결과 석유를 태워서 움직이는 내연기관차보다 훨씬 나은 대안인 것으로 정리되었다. 직접적으로 사람에게 해를 끼치는 대기오염 물질을 배출하지 않는다는 점과 핵심 이슈가 된 온실가스 배출을 대폭 감축할 수 있다는 점은 이미 확인되었다. 태양광, 풍력 등 재생에너지로 대량의 전기를 싸게 공급할 수 있게 되었다는 점도 전기차에 날개를 달아주었다. 그래서 전기차는 많은 지역에서 보조금과 세제 혜택을 받고 있다.

흥미로운 건 전기차가 단지 우수한 환경성 때문에 확산되고 있는 게 아니라는 점이다. 잘 만든 전기차는 성능도 뛰어나고 매우 정숙하며 유지 관리 면에서도 비용이 거의 들지 않는다. 이제는 주행거리도 초기 모델 대비 50% 또는 두 배 가까이 늘어나 흠잡을 것이 거의 없다. 친환경성을 떠나서 상품성에서 기존 차를 넘어선 것이다.

2012년에 300km가 넘는 장거리 주행이 가능한 고성능 세단 모델 S를 출시해 전기차 전환을 크게 앞당긴 것으로 평가받고 있는 테슬라의 경우 2019년 3/4분기에 총 9만 7000대의 전기차를 판매했다. 미국의 경우 테슬라 전기차에 지급되는 세제 혜택이 75% 줄어들어 혜택을 받지 못하고 있는데도 여전히 잘 팔리고 있다. 모델 S의 주행거리는 매년 늘어나 현재 미국 환경부가 공인한 주행거리가 1회 충전 시 592km다.

일반 소비자들은 환경규제 여부보다는 성능이나 경제성을 훨씬 중요하게 본다. 그런데 성능 면에서는 이미 전기차가 대부분의 내연기관차를 압도하고 있다. 고성능 차의 대표적인 브랜드인 포르쉐도 타이칸이라는 이름의 전기차를 개발했고 주문이 많아 생산량을 확대한다고 발표했다. 이제 성능 면에서도 내연기관차냐 전기차냐 경쟁하는 구도가 아니라 누가 더 성능 좋은 전기차를 만드느냐로 경쟁하는 시대로 진입했다.

경제성 면에서도 전기차는 석유보다 훨씬 싼 전기를 사용하는 데다 엔진오일 교환, 스파크 플러그 교체 등 주기적인 점검이 필요 없기 때문에 장기적인 관점에서 따져보면 일반 내연기관차 대비 경제성이 같거나 더 좋다. 소모성 부품을 팔아 추가로 수입을 내던 자동차 회사 처지에서는 씁쓸한 변화지만 소비자는 이득이다.

【빠른 몰락이 살 길】

전기차로의 전환을 인정하는 사람이라도 전환 속도가 얼마나 빨라야 하는지에 대해서는 제대로 인식하고 있는 사람이 드물다. 전기차 전환의 중요성은 지구온난화를 막는 데 있고 지구온난화를 막기 위해서는 2030년까지 배출량 절반 감소, 2050년까지 배출량 제로를 달성해야 한다.

그린피스가 독일우주항공연구소에 의뢰해 분석한 결과 엔진이 달린 일반차는 2025년까지, 엔진에 소형 전기모터와 배터리를 장착한 하이브리드 자동차는 2028년까지만 판매하고 2029년부터는 전기차만 판매해야 한다는 결론이 나왔다. 영국의 온실가스 감축 정책을 성공적으로 이끌고 있는 기후변화위원회도 2030년부터는 내연기관 자동차 판매를 중단하는 것이 바람직하다고 결론을 내렸다.

이런 결론이 나온 이유는 자동차는 한번 생산하면 10년 이상 사용되는 내구재이기 때문이다. 2030년에 판매된 내연기관차는 2040년 이후에도 사용될 가능성이 매우 높다. 2030년부터 100% 전기차만 판매해도 2040년에도 많은 내연자동차가 계속 운행되고 있게 되는데, 그럴 경우 기후변화가 폭주하게 되는 임계점에 도달하는 걸 막기가 어려워진다.

자동차 회사들은 그런 고민까지 포함해 전기차 생산을 늘리려고 하는데, 이 과정에서 노조와 일자리가 감소하는 문제를 놓고 진통을 겪고 있다. 하지만 노조에서도 전기차로의 전환이 불가피하다는 점은 인정하는 분위기다. 미국자동차노조UAW는 전기차 전환이 불가피하다는 점을 설명하는 보고서를 작성해 2019년 7월에 배포했다. GM은 이미 세단형 승용차를 만드는 공장 여러 개의 문을 닫았다. 우리나라도 GM의 군산 공장이 문을 닫았다. 전기차 생산체제로 전환하면 일자리가 줄어든다고 우려하지만 내연기관 자동차 생산 공장은 그냥 문을 닫고 있고, 이렇게 되면 전기차 생산 체제 전환보다 더 많은 일자리가 사라지게 된다.

흥미로운 점은 전기차 전환이 새로운 일자리를 만들어낸다는 점이다. 2019년 10월 초에 GM은 LG화학과 합작해서 배터리 생산공장을 짓겠다는 계획을 발표했고, 여기서 생기는 일자리는 전기차 생산 체제로 변환할 때 할 일이 없어지는 GM 직원들을 우선 배려하겠다고 했다. 100% 고용 유지는 아니더라도 내연기관차 생산 체제를 유지하다가 공장 문을 닫는 것보다는 고용 면에서 나은 효과가 있을 것은 분명하다.

결국 내연기관차 생산 체계를 빠르게 몰락시키는 것이 자동차산업과 고용을 최대한 유지할 수 있는 최선의 방법이다. 내연기관 자동차산업이 비록 많은 사람들을 고용한다지만 결국 전체 시민 중 일부다. 기후변화가 폭주하게 되면 모든 시민이 심각한 피해를 입게 되며 산업문명 자체가 붕괴될 수 있다. 내연기관차가 몰락하지 않으면 사회 전체가 몰락할 수 있는 상황이다. 책임 있는 시민, 정치인, 소비자라면 어떻게 해야 할 것인가? 답은 이미 나와 있다.

에너지전환
정책의 명암

김현우(에너지기후정책연구소 선임연구원)

환경과 경제의 지속가능성 확보를 위해서 에너지 체제 변화가 시급하다는 것은 세계적인 요청이다. 이에 부응해 한국도 문재인 정부가 들어서면서 '깨끗하고 안전한 에너지 정책'을 표방해 탈원전과 재생에너지 확대를 아우르는 에너지전환 정책을 세웠다. 서민 생활 안정과 수출산업 육성을 이유로 중앙집중형 대규모 시설을 통한 저렴하고 안정적인 에너지 공급만을 우선시했던 과거 정부들의 정책과는 달리, 문재인 정부는 에너지 정책에서 환경성과 안전성을 중요한 가치로 천명했다. 여기에는 후쿠시마 사고와 밀양 고압송전탑 갈등의 교훈과 함께, 미세먼지에 대해 최근 높아진 우려가 배경으로 작용했다. 그래서 문재인 정부는 점진적인 탈원전, 노후 석탄화력발전소 조기 폐쇄와 재생가능에너지 공급 확대를 함께 추진하고 있다. 이러한 정책 기조가 전향적인 것이 분명하지만 그것이 체계적인 에너지전환을 담보하고 있느냐고 묻는다면 비판적으로 살펴보아야 할 지점들이 여럿 있다.

【통합적인 비전이 부재한 에너지전환 정책】

문재인 정부는 국정운영 5개년 계획에 "탈원전 정책으로 안전하고 깨끗한 에너지로의 전환"을 포함시키고 에너지원 구성의 변화를 추진하고 있다. 2017년 6월 19일 고리 1호기 영구정지 기념식에서 탈원전을 천명한 것을 시작으로 하여, 비록 여러 아쉬움을 남겼지만 '신고리 5·6호기 공론화'를 진행했고 그 후속조치로 탈원전 로드맵을 발표했다. 이어서 2017년 12월에 '재생에너지 3020 이행계획'을 발표해 2030년까지 태양광과 풍력 설비 중심으로 재생가능에너지 전력 생산 비중을 20%로 높인다는 목표를 설정했다. 8차 전력수급기본계획과 미세먼지 관리 종합대책에는 석탄 화력발전소 축소 방안이 포함되었다.

하지만 이러한 일련의 계획들은 종합적이고 장기적인 비전과 목표를 담고 있지 못한 데다 서로 간의 짜임새도 부족해 아쉬움이 느껴진다. 명실상부한 '에너지전환'을 이루려면 에너지 효율 향상과 저탄소 에너지원 중심의 에너지 시스템 구축을 통해 온실가스 배출량을 절대적으로 줄이는 것이 중요하며, 이를 위해 개별 정책과 실행 조직도 서로 통합되고 조율이 이루어져야 한다. 하지만 한국 정부의 에너지전환 정책은 온실가스 감축 정책과 분리되어 기획되었고 그 효과도 별도로 측정되고 있다. 전환의 장기적 목표로서 에너지원 구성비 변화가 제시되고는 있지만 에너지 효율화를 통한 에너지 감축은 실제 내용이 미흡하다. 게다가 전기요금 인상을 포함하는 에너지 가격 수단의 활용을 정부 스스로 배제했다. 에너지전환을 통해 어떠한 경제와 사회 체제로 전환할 것인지에 대해 국민과 공유하는 청사진이 부족했고, 그렇기 때문에 발전 설비를 중심으로 계획이 수립되는 것에 그쳤다.

에너지전환과 쌍을 이루는 기후변화 대응 정책은 매우 다양한 영역의 지식과 역량이 필요하고 부처를 넘나드는 협력이 필요하다. 그러나 지금 한국의 정책은 온실가스 감축 목표, 재생가능에너지 보급 목표, 신사업을 통한 일자리 창출 목표, 미세먼지 저감과 탈석탄 목표, 취약계층 지원 목표가 각각 따로 만들어지고 시행된다. 국가에너지기본계획은 산업부가 관할하고 온실가스 감축 목표는 환경부가 책임지며 기후변화 총회에는 외교부가 참여하지만, 이들 업무 목표가 서로 들어맞는지를 부처들이 마주 앉아 점검하는 일은 없다. 그러니 목표와 수단 사이의 정합성이 떨어지고 각 목표는 달성되지 않으며, 정부가 바뀔 때마다 예전의 목표를 깨끗이 잊고 새 계획을 수립하는 일이 반복된다. 에너지전환 정책의 경우 석탄 발전과 원전 관련 산업이 지역별로 상당한 영향을 받는 만큼 산업부와 고용노동부가 함께 영향을 점검하고 대책을 강구해야 하지만, 그런 모습은 보이지 않는다.

【에너지 정책, 정쟁의 대상이 되다】

현 정부의 에너지전환 정책은 신고리 5·6호기 공론화와 에너지전환 로드맵, 8차 전력수급기본계획, 신재생에너지 3020 이행 계획, 그리고 3차 에너지기본계획 등 일련의 에너지 정책 세트를 통해 큰 가닥이 잡혔고, 문재인 대통령 임기 내에서 추가될 요소가 별로 없는 가운데 정부는 세부 과제 이행과 보완에 주력하는 것으로 보인다. 성과를 강조하는 2019년 청와대의 정책 기조를 감안하면 에너지전환 역시 경제활성화와 산업성장의 기회로 연결시키고 이를 홍보하는 데에 더 많은 관심이 기울여질 공산이 크다. 다른 한편으로 그동안 묵혀두거나 논란이 잠재해 있던 재생가능에너지 갈등,

전기요금, 원전 수출 등이 정치 쟁점으로 떠오를 가능성이 있다.

또 하나 주목할 것은 에너지 정책이 정치적 공방의 대상이 되고 있는 현상이다. 에너지 정책이 한국에서 최초로 여야와 진보-보수의 대립 구도로 엮이고 있다. 이는 정부 여당이 의도한 것이 아니라 탈원전과 재생가능에너지 보급과 관련한 '가짜뉴스' 시비와 보수 야당과 친원전 세력의 공세가 초래한 바가 크지만, 보수언론과 대중운동까지 나서면서 더욱 구조화되고 있는 모습이다. 다른 한편, 여당 내에서도 존재하는 에너지 정책에 관한 불협화음은 청와대의 에너지전환 정책 의지에 안일하게 편승해왔던 여당의 부실한 에너지 정책의 현주소를 드러내고 있다. 2018년에도 에너지전환 정책에 대한 악의적인 비난으로 치부하기 어려운 정책적 측면의 문제제기들이 정치권에서 있었음을 감안한다면, 오히려 이 논쟁은 에너지 의제가 정당정치로 상승하고 선거 과정에서 정당들이 이를 책임감 있게 다루는 계기가 될 수도 있을 것이다.

또한 신고리 5·6호기 공론화 이후 탈원전 정책 반대 목소리가 정치권뿐 아니라 여러 사회 영역에서도 본격화하고 있다. 에너지 정책 합리화를 추구하는 교수협의회(에교협) 결성, 원전 수출 국민통합대회, '탈원전 반대 및 신한울 3·4호기 건설 재개를 위한 범국민서명운동본부' 발대식을 거치면서 친원전 그룹은 더욱 조직화되는 모습이다. 2018년 가을 발표된 「IPCC 1.5 특별보고서」는 친원전 그룹이 원전의 유지 필요성을 선전하는 한 구실이 되었다.

【수소경제는 올바른 방향인가?】

전 세계적으로 기후변화, 대기오염 대응을 배경으로 탈내연기관, 탈화석연료 움직임이 가속화하고 있다. '친환경차'의 대표적인 차종인 전기차와 수소차의 전망은 기술적 특성과 시장 상황 변수에 대한 판단이 전문가마다 엇갈리고 있다. 수소차는 전기차에 비해 1회 충전 시 주행거리가 길고 충전시간도 짧으며 도시 미세먼지 저감이라는 부수적 효과가 있는 반면, 전기차는 상대적으로 저렴한 차량가격과 전기요금, 충전기 설치의 용이성, 낮은 기술장벽으로 당분간 시장에서 우위를 점할 가능성이 높다는 예상이 많다.

문재인 정부의 친환경차 정책에서는 수소차 중시가 두드러진다. 문재인 대통령은 2019년 신년 기자회견에서 혁신을 강조하면서 오는 2022년까지 전기차 43만 대, 수소차 6만 7000여 대, 수소버스 2000대를 보급하겠다는 계획을 밝혔고, 이어서 울산을 방문해 '수소경제 활성화 로드맵'을 발표했다. 2025년까지 수소차 10만 대 양산 체계를 갖추고 대당 3000만 원 가격을 실현하며, 민간 주도 충전소를 확대하고, 수소택시와 수소버스 등 수소연료전지 대중교통을 확대하며, 공공부문 수소트럭 시범 사업을 시행한다는 등의 내용이다.

현 정부가 기술적 난점과 불투명한 시장 상황에도 불구하고 수소차에 적극적인 이유는 미세먼지 해결, 에너지 안보, 경제성장 연계효과 기대 등 때문이다. 국내시장 요인으로는 현대차그룹과 특히 수소차 전체 핵심부품의 일관 종합 생산 체계를 갖추고 있는 현대모비스의 역할이 꼽히기도 한다.

하지만 수소차 보급이 수소경제 로드맵의 중심이 되다보니 세부 계획 내용이 에너지전환 정책과 충돌하기도 한다. 수소차 양산 기술이나 연료전지 기술 면에서는 국내 기술경쟁력이 뛰어나지만 수소차 연료인 수소 생산은 석유화학단지에서 나오는 부생수소 말고는 해외 자원에 크게 의존할 수밖에 없다. 이런 까닭에 정부도 수소 생산을 첫 번째로 부생수소에 의존하고 두 번째로 LNG 공급망에 추출기를 설치해 수소를 생산하는 방안, 세 번째로 재생에너지의 잉여전력을 이용해 수전해 방식으로 수소를 생산하는 방안을 제시해두고 있다. 실제로는 수소생산기지에서 LNG 개질을 통해 수소를 공급하는 방법이 가장 현실적이기 때문에, 재생가능에너지 확대를 통해 화석연료 의존도를 낮추자는 에너지 정책 목표가 수소차 개발과 보급 목표에 밀려나게 되는 역설이 벌어지는 것이다.

그렇기 때문에 정부의 수소경제 드라이브가 너무 갑작스러우며 충분한 사회적 논의 절차가 부족했다는 지적과 함께, 하나의 완성차 회사에 국가와 지역 경제를 담보로 상당한 리스크를 안으면서 모험을 건다는 비판도 제기된다. 수소의 낮은 에너지 효율성과 기술적 문제들을 차치하더라도 세계 자동차시장 상황의 변화 가능성이 희박하다면 정부의 지원 없이는 수소경제 안착이 어려울 것이다.

【회피할 수 없는 에너지 요금 현실화】

문재인 대통령이 '탈원전 선언'을 한 지도 두 해를 넘어가고 있고, 그 사이에 정부의 탈원전 정책은 에너지전환 정책으로 불리게 되었다. 하지만 탈원전과 전환을 선언했음에도 전환 정책을 이행하기 위한 집행 부서의 조직 변화와 예산 변화는 지체되고 있다. 재생가능에너지시장이 안정적으로 성장하려면 에너지 세제 개편이 시급한데, 개편안에 대한 본격적인 논의도 미루어지고 있다. 분산형, 소규모 발전업자들의 증가를 반영하고 에너지 프로슈머를 촉진하기 위해서는 과거 중앙집중식 발전원들에 기반해 마련된 전기사업법을 근본적으로 개정해야 하지만 이에 대한 논의도 이루어지지 못하고 있다.

그렇기 때문에 문재인 정부의 에너지전환 정책은 사회기술 시스템 전환을 담보하지 못한 개별 사업 위주의 정책 설계와 집행이라는 구조적 한계를 지니며, 주요 에너지 계획들은 큰 쟁점들을 회피하고 있어서 이후에 부담으로 다가올 것으로 보인다. 그리고 재생가능에너지전환에서 직면하는 기술적, 제도적 숙제들을 정공법으로 풀기보다 수소경제 같은 개별 사업과 기업 전략에 기대는 정책은 부메랑이 될 수 있다. 세제 개편, 에너지 요금 현실화, 탈원전을 뒷받침할 법 제도 개선 등의 중요한 과제들을 미루지 말아야 한다. 국민, 사회, 정치권, 지역, 기업, 노동자에 에너지전환 정책의 전망과 이에 따른 이익과 피해에 관한 정직한 시그널을 줄 필요가 있다. 파리협약과 「IPCC 1.5도 특별보고서」의 메시지에 부응해 2019년 말까지 예정된 장기저탄소발전전략을 세우는 데에도 충실히 나서야 한다. 또한 향후 수립될 주요 에너지 계획에는 장기적인 세계 산업과 시장 변동, 남북미 관계 전망을 과감히 반영할 필요가 있다.

미세플라스틱의 위협,
바다거북 다음은 인간이다

김기범《경향신문》 기자)

2018년 4월 충남 서천의 국립생태원 동물병원 지하의 부검실
에서는 폐사한 바다거북 사체의 내부 장기를 확인하는 부검이 실시
됐다. 나처럼 처음 바다거북 사체의 내부를 들여다본 이들은 경악할
수밖에 없었다. 바다거북의 소화기는 심하게 꼬여 있었는데, 그 원
인은 플라스틱 쓰레기였다. 그중에는 글자를 알아볼 수 있어 '대북
삐라'임이 확인된 비닐 재질 전단지도 들어 있었다. 이날 부검에는
국립해양생물자원관과 국립생태원 등 국내 전문기관과 수의사 등

이 참여했는데, 국내에서는 종합적인 바다거북 연구를 위해 처음으로 실시한 부검이었다. 이후 2019년 8월까지 이들이 부검한 바다거북에서는 하나도 빼놓지 않고 모두 플라스틱 쓰레기가 확인됐다.

바다거북은 플라스틱 쓰레기를 먹고 폐사하는 것뿐만 아니라 미세플라스틱 오염으로 인해 지금까지 지구상에 존재한 적이 없었던 형태의 독특한 위협을 받고 있는 생물이기도 하다. 미국 플로리다주립대 연구진이 2018년 5월 1일 국제학술지인 〈해양오염학회지Marine Pollution Bulletin〉에 발표한 보고서에 따르면 미세플라스틱 오염이 증가하면서 변화된 해안 모래가 환경 변화에 극히 민감한 바다거북의 번식을 위협하고 있는 것으로 확인됐다. 연구진이 멕시코만 북부 해변에서 멸종위기 붉은바다거북의 주요 부화장소 10곳을 조사한 결과 이들 지역에서 채취한 모래 샘플 모두에 미세플라스틱이 포함돼 있었다. 문제는 모래에 비해 플라스틱이 작은 온도 상승에도 비교적 많은 열을 축적하는 성질을 지니고 있다는 것이다. 바다거북은 부화할 때 성별이 다름 아닌 온도에 의해 결정된다. 즉, 미세플라스틱으로 인한 모래 온도 상승은 바다거북 새끼들의 성 비율을 한쪽으로 몰리게 하는 결과를 낳을 수 있고, 이는 해당 지역 바다거북들의 멸종을 앞당기는 요인이 될 수 있다는 것이다.

【생태계를 위협하는 플라스틱】

서두를 바다거북 이야기로 연 것은 바다거북이 미세플라스틱을 비롯한 해양쓰레기의 대표적이고 상징적인 피해자로 인식되어가고 있기 때문이다. 기후변화를 떠올리면 먹이를 찾지 못해 피골이 상접한 북극곰의 모습을 떠올리는 것처럼 말이다. 실제 최근 포털사이트에서는 멸종위기 바다거북의 사체에서 나온 플라스틱 쓰레기에 대한 환경 기사가 주목을 받고, 안타까움을 표시하는 댓글이 많이 달리는 것을 종종 볼 수 있다.

이처럼 바다거북으로 대표되는 생태계가 플라스틱의 위협을 받게 된 것은 플라스틱이라는 소재가 소비자들을 위한 제품의 원료나 포장재로서 탁월한 내구성과 편리성을 지니고 있기 때문이다. 이런 특성 덕분에 플라스틱은 현대인들의 소비생활에 없애려야 없앨 수 없는 수준으로 뿌리 깊이 자리 잡은 상태다. 일부 학자들은 지구의 지질 연대가 현세를 넘어 인류세로 접어들었다고 주장하는 근거로 플라스틱을 들기도 할 정도다. 지금 우리가 청동기 시대, 철기 시대 등으로 과거를 구분하듯 수백만 년, 수억 년 후의 인류 또는 지구상에 나타날 또 다른 지적 존재는 현 시기를 '플라스틱 시대'로 구분할지도 모른다.

플라스틱은 지구에 출현한 지 고작 100여 년밖에 지나지 않았는

데도 인간을 포함한 지구 생태계 전체를 심각하게 위협하는 존재로 떠오르고 있다. 플라스틱은 땅에 묻어도 수백 년 동안 썩지 않는 특징 덕분에 오랜 기간에 걸쳐 매우 천천히 마모되는데, 이는 지구 전체가 미세플라스틱으로 오염되는 결과를 낳고 있다. 미세플라스틱이란 미국해양대기청NOAA의 정의에 따르면 지름 5밀리미터 미만의 플라스틱 입자를 말하는데, 애초부터 미세한 크기로 만들어지는 1차 미세플라스틱과 파손, 마모 등으로 인해 크기가 작아진 2차 미세플라스틱으로 나뉜다. 미세플라스틱은 주로 하천과 바다로 흘러들고, 다양한 해양 생물의 체내에 축적된다. 그리고 결국에는 다양한 해양 생물을 먹는 상위 포식자인 인간의 건강을 해치는 결과를 낳는다.

더욱 무서운 것은 아직까지 자연 중에 널리 퍼지고 있는 미세플라스틱의 확산 경로뿐만 아니라 인체에 끼치는 영향도 확실하게 규명되지 않았다는 점이다. 과학자들은 이미 미세플라스틱으로 인해 고래나 상어 같은 대형 해양 생물이 독성화학물질에 노출되면서 큰 위협을 받고 있다는 연구 결과를 내놓고 있다. 하지만 국제사회가 미세플라스틱의 인체 영향에 대해 심각하게 여기기 시작한 것은 얼마 되지 않은 일이다.

【미세플라스틱은 결국 사람의 몸속에 쌓인다】

세계 각국의 과학자들은 미세플라스틱이 바닷물과 바다에 사는 어패류, 하천과 수돗물은 물론 생수 등 자연환경과 인류의 생활환경에 광범위하게 확산돼 있다는 연구 결과들을 내놓고 있다. 화장품에 들어 있는 작은 알갱이부터 합성섬유로 만든 의류에서 떨어져 나온 먼지나 타이어가 마모되면서 나온 먼지 등 발생 원인이 워낙 다양하다 보니 미세플라스틱의 대량 발생과 해양, 대기 중 확산 과정에 대한 규명은 쉽지 않은 상황이다. 과학자들의 추산에 따르면 현재 바다 위를 떠다니는 미세플라스틱 조각의 수는 무려 51조 개에 달한다.

과학자들과 환경단체들은 미세플라스틱이 플랑크톤, 작은 물고기나 갑각류, 더 큰 물고기로 이어지는 먹이사슬의 마지막 단계에서 사람의 입속까지 이어진다고 보고 있다. 국제환경단체 그린피스의 「우리가 먹는 해산물 속 플라스틱」 보고서에 따르면 지중해에서 어부들이 포획한 황새치·참다랑어 등의 어류 121마리를 분석해본 결과 18.2%에서 플라스틱 조각이 나왔고, 북태평양에서 포획한 어류 27종, 141마리에서는 9.2%에서 미세플라스틱이 발견됐다. 북해에서 잡은 노르웨이바닷가재의 위장에서는 83%에서 플라스틱이 나왔다. 브라질과 중국의 홍합, 대서양의 양식 굴 등도 미세플라스틱 오염을 피하지는 못했다.

수산물뿐 아니라 생수병에서도 미세플라스틱은 확인된다. 2018년 세계보건기구WHO는 미세플라스틱의 유해성에 대한 분석에 착수했다. 유명 브랜드의 생수병에서 미세플라스틱이 검출됐다는 연구 결과가 계기였다. 뉴욕주립대 연구진은 2018년 3월 미국, 브라질, 중국, 인도 등에서 시판되는 생수 250개를 대상으로 조사한 결과 93%에서 미세플라스틱이 발견됐으며 1리터당 평균 10.4개의 미세플라스틱 조각이 함유돼 있었다고 밝힌 바 있다. 국내에서도 여러 생수에서 미세플라스틱이 검출되었다.

이처럼 수산물과 음용수까지 미세플라스틱에 오염되다 보니 한 사람이 일주일 동안 섭취하는 미세플라스틱의 평균적인 양이 신용카드 한 장 무게와 비슷하다는 충격적인 연구 결과도 나와 있다. 2019년 6월 12일 세계자연기금WWF은 호주 뉴캐슬대학교와 함께 「플라스틱의 인체 섭취 평가 연구」 보고서를 발표했는데 여기에는 한 사람이 일주일 동안 삼키게 되는 미세플라스틱 입자 중 0~1밀리미터 크기의 입자가 약 2000개라는 내용이 포함돼 있다. 이 같은 수의 미세플라스틱 입자를 무게로 환산하면 신용카드 한 장 정도인 5그램에 달한다는 것이다. 세계자연기금은 사람들이 미세플라스틱을 섭취하는 가장 큰 요인은 음용수라고 설명했다. 음용수로 인해 사람들이 매주 평균적으로 섭취하는 미세플라스틱은 1769개에 달했다.

미세플라스틱뿐 아니라 좀 더 큰 크기의 플라스틱과 다른 쓰레기들까지 포함한 거대 쓰레기섬 역시 인류가 만든 플라스틱 문명의 부산물로 꼽힌다. 환경운동가인 찰스 무어 선장은 1997년 북태평양에서 처음 쓰레기섬을 발견했고, 2017년에는 남태평양에서 또 다른 쓰레기섬을 발견한 바 있다. 남태평양 쓰레기섬의 면적은 한반도의 7~11배에 달하는 것으로 추정된다. 무어 선장은 자신의 책인 『플라스틱 바다』에서 이 쓰레기섬에 대해 정확히는 쓰레기섬이라기보다 '바다 한가운데의 플라스틱 수프' 같은 상태라고 설명한바 있다.

해양은 물론 내륙, 청정지역이라 여겨지는 북극권, 고산지대까지 미세플라스틱으로부터 자유로운 곳은 어디에도 없다는 암울한 연구 결과들은 인류가 플라스틱 위주의 소비생활에 작별을 고할 시기가 빠르면 빠를수록 바람직하다고 경고음을 울리고 있다. 캐나다 토론토대 연구진이 2018년 4월 국제학술지 〈사이언스〉에 게재한 논문에 따르면 해양은 물론 내륙의 담수와 토양에도 미세플라스틱이 널리 확산돼 있는 것으로 확인됐다. 이는 주로 미세플라스틱 오염이 해양에 집중돼 있을 것이라는 기존 인식을 바꿔놓는 연구 결과였다. 사실 담수와 토양의 미세플라스틱 오염이 심각한 상황이라는 것은 당연한 일일 수도 있다. 연구진에 따르면 바다에서 발생하는 미세플라스틱의 80%는 육지에서 비롯된 것이고, 강이 이들 물질을 바다로 옮기는 주요한 통로 역할을 하기 때문이다. 연구진은 인간의 영향으로 자연환경에 퍼져 나가는 미세플라스틱의 양이 연간 3190만 톤에 달하고, 연간 해양으로 배출되는 미세플라스틱의 양은 약 480만 톤에서 1270만 톤에 달한다고 추산했다.

역시 2018년 4월에 발표된 한 논문은 북극조차도 미세플라스틱에 오염돼 있음을 밝혀냈다. 독일 알프레트베게너연구소가 국제학술지 〈네이처커뮤니케이션스〉에 발표한 이 논문은 2014년 봄부터 이듬해 여름까지 북극해 다섯 곳에서 해빙을 채취해 분석한 결과, 5mm 미만의 미세플라스틱이 모든 해빙 조각에서 발견됐다는 내용이다. 연구진은 북극해의 해빙이 미세플라스틱을 저장하는 역할을 맡고 있기 때문에 기후변화로 인해 해빙이 녹는 속도가 점점 빨라지면 해빙이 잡아 가두고 있던 미세플라스틱이 바다로 퍼져 나가는 속도도 빨라질 수 있다는 우려를 제기했다. 기후변화가 빠르게 진행되면 바다의 미세플라스틱 오염도 빠르게 증가한다는 것이다.

과학자들은 최근 미세플라스틱이 대기 흐름을 타고 먼 지역으로 이동하며, 산악지대의 청정한 공기 중에도 존재한다는 사실을 밝혀내기도 했다. 프랑스 국립과학연구소, 영국 스트라스클라이드대 토목·환경공학과 등 국제공동연구진은 2019년 4월 국제학술지 〈네이처지오사이언스〉에 미세플라스틱이 대기를 통해 이동한다는 사실을 밝혀냈다고 발표했다. 연구진이 프랑스 피레네의 산악지대에서 2017년 11월부터 2018년 3월까지 5개월간 대기 샘플을 채취해 분석한 결과였다. 매우 작은 플라스틱 입자가 강과 바다를 통해 남극, 북극 등 극지방까지도 도달한다는 것은 기존에 알려져 있으나 바람을 통해서도 이동한다는 사실이 확인되기는 이 연구가 처음이었다. 연구진이 분석 대상으로 삼은 프랑스 남서부 피레네국립공원의 산악지역은 개발이 제한돼 있는 곳인 데다 대도시나 산업단지로부터 멀리 떨어져 있는 곳이다. 다른 지역에서 미세플라스틱이 날아오지 않는 이상 자체적으로 발생할 가능성은 낮다는 얘기다.

【미세플라스틱 오염국이라는 오명에서 벗어나려면】

이처럼 미세플라스틱 오염은 전 지구적인 문제지만 한국인들은 다른 나라 사람들에 비해 미세플라스틱 오염의 심각성에 대해 좀 더 경각심을 가질 필요가 있다. 한국 해양의 미세플라스틱 농도가 전 세계에서도 손에 꼽을 정도로 높기 때문이다. 2018년 3월 영국 맨체스터대 연구진이 〈네이처지오사이언스〉에 발표한 논문에는 한국의 인천, 경기 해안과 낙동강 하구가 세계에서 미세플라스틱 농도가 두 번째, 세 번째로 높은 곳이라는 내용이 들어 있다. 한국을 제치고 미세플라스틱 농도 1위를 차지한 곳은 영국 북서부 머지 강과 어웰 강이었다. 특히 1제곱미터당 평균 미세플라스틱 개수가 1만~10만 개에 달하는 곳은 영국 머지 강과 어웰 강, 인천과 경기 해안, 낙동강 하구, 캐나다의 세인트로런스 강 등 네 곳뿐이었다. 연구진은 미세플라스틱 농도 순으로 9위를 차지한 지역들은 모두 서울, 홍콩, 중국 광둥성처럼 고도로 도시화된 곳이 포함된 강변과 해변 지역이었다고 설명했다.

미세플라스틱 오염에서 한국이 이 같은 불명예를 안게 된 것은 한국이 런던협약에 가입한 나라들 중 마지막으로 쓰레기 해양 투기를 중단한 나라인 것과 무관하지 않을 수 있다. 런던협약은 '폐기물 및 기타 물질의 투기에 의한 해양오염 방지에 관한 협약'을 말하는데 한국은 이 협약에 1993년 가입했음에도 협약 가입국 모두가 해양 투기를 중단한 뒤까지도 준비 부족을 이유로 해양 투기를 계속했다. 한국이 해양 투기를 중단한 것은 2016년 1월부터다. 환경운동연합의 추산에 따르면 1988년부터 2015년까지 한국이 주변 바다에 버린 쓰레기의 양은 1억 3388만 톤에 달하는데 이는 2리터짜리 페트병으로 환산하면 669억 4050만 개에 달하는 양이다. 통계에 잡힌 수치 외에 불법적으로 버려진 쓰레기까지 포함하면 그 양이 얼마나 될지 가늠하기조차 어렵다.

이처럼 피해자이자 가해자이기도 한 한국 사회는 그 오염 정도가 큰 만큼 플라스틱 의존에서 벗어나기 위한 사회적 변화를 다른 나라들보다 더 빠르게 일으켜야 할 필요가 있다. 바다거북으로 대표되는 생태계뿐 아니라 한국인들 자신의 건강을 위해서도 말이다. 2018년 한국 사회의 주요 이슈 중 하나였던 폐기물 대란 이후 1회용 컵이나 플라스틱 빨대를 안 쓰는 이들이 늘어나긴 했지만 이것만으로는 부족하다. 정부는 물론 다수 국민이 '탈플라스틱'을 하겠다는 수준의 의미 있는 변화가 필요하다. 그리고 그런 변화를 일으키기가 당장은 어렵다면 플라스틱 재활용률만이라도 획기적으로 올릴 필요가 있다. 과학자들에 따르면 2016년 기준 한 해 동안 전 세계에서 생산된 플라스틱은 약 3억 3500만 톤이었지만 같은 기간 재활용되거나 매립하기 위해 회수된 플라스틱은 2억 7100만 톤에 불과했다. 그만큼 많은 플라스틱이 자연환경으로 아무렇게나 버려지고 있다는 것이다. 또한 국내 자연환경 속의 미세플라스틱 현황을 정확히 파악하는 과학적 연구에도 박차를 가할 필요가 있다. 미세플라스틱 오염이 얼마나 심각한지를 다수 국민들이 인식하고, 변화의 필요성에 합의할 때 한국 사회는 미세플라스틱의 위협으로부터 벗어나기 위한 첫발을 내딛을 수 있을 것이다.

생산의 전환이 가져온
노동자 건강의 디스토피아

김명희(시민건강연구소 건강형평성연구센터장)

기술 발전으로 극대화된 생산력 덕분에 노동의 굴레에서 벗어나 고차원적 창작 활동에 몰두하는 인간. 위험한 작업과 단순 반복 노동을 자동화하거나 무인화했기 때문에 더는 고통과 위험이 존재하지 않는 미래 세계. 요즘은 누구도 이렇게 미래를 상상하지 않는다. 영화나 소설로 미리 내다본 미래사회에서 첨단 로봇은 감시를 하고 값싼 인간 노동이 험한 일을 해치우는 광경을 많이 본 탓이다. 오늘날 우리가 마주하는 현실도 크게 다르지 않다. 1980년대 SF 영화 속에나 등장하던 '첨단' 스마트폰을 가지고 누구나 시공간의 제약 없이 네트워크에 접속할 수 있게 되었지만, 스마트폰을 생산하고 조립하는 노동자들은 여전히 열악한 노동환경에서 고통받고 있으니 말이다.

세계화로 표현되는 지리적 연결성의 증대와 기술 발전은 대부분의 선진 산업사회를 빠르게 탈산업화시켰다. 한국을 비롯한 대부분의 부국富國은 제조업 위주의 '전통적' 산업구조에서 '서비스사회'로 이행한 지 오래다. 이 과정에서 여러 긍정적 변화들이 나타난 것도 사실이다. 예컨대 여성의 노동시장 진출이 늘면서 젠더불평등이 일부 약화되었고, 저개발국가에 일자리가 생기면서 사람들의 삶이 좀 더 윤택해졌다. '공정한' 국제 경쟁을 위해 환경 노동규제가 초국가적으로 성립되면서 노동자들의 근로환경 표준이 높아지고, 환경보호가 촘촘해지기도 한다. 이를테면 한국의 국제노동기구ILO 핵심협약 비준은 국내 노동자들의 요구일 뿐 아니라 공정한 경쟁을 기대하는 국제 '시장'의 요구이기도 하다. 그러나 이러한 이행이 모두에게 공평하게 혜택을 가져다준 것은 아니다. 세계 시장의 통합과 기술 발전은 자본으로 하여금 바닥을 향한 무한경쟁을 하도록 했고, 경제적 불평등이 유례없이 악화하고 있다. 이러한 상황은 노동자들이 일터에서 마주했던 오래된 위험의 해결을 방해하고, 또 새로운 위험을 만들고 있다. 두 가지 측면에서 이를 살펴보자.

【위험의 외주화와 노동의 유연화】

첫째, 생산과 소비가 전 세계적 규모로 일어나면서 수요 변동에 따른 적시 생산·공급을 위해 유연 노동이 확대되고, 규제와 노동비용 절감을 위한 생산기지 이전이 적극적으로 이루어지고 있다. 이러한 국제 공급망 사슬 덕분에 우리의 소비 상품과 서비스는 아주 빠르게 '다국적'화되었다. 이 과정에서 일어난 유연 노동의 확대는 노동자에게 탄력적인 시간 활용과 일-생활 조화를 가져다줄 것으로 약속했지만, 현실에서는 고용불안정과 파견노동의 만연, 비전형 근로시간의 확대라는 부정적 측면이 더 두드러진다. 이는 단순히 고용 방식과 근로시간의 유연화에 그치지 않고, 고용의 안정성과 노동자 안전, 건강보호의 책임까지 유연하게 만들었는데, 우리는 이를 '위험의 외주화'라 부른다.

첨단 소비상품인 스마트폰을 만들다가 메탄올 중독으로 실명에 이른 파견 노동자들, 태안화력발전소와 서울지하철 구의역에서 안전조치도 없이 일하다 사망한 협력업체 청년노동자들, '첨단산업의 쌀'이라는 반도체 공장에서 어이없는 화학물질 누출사고로 목숨을 잃은 협력업체 노동자들, 떨어지고 부딪혀 거의 한 달에 한 명꼴로 죽음이 끝이지 않는 조선소 하청 노동자들. 우리는 이런 사례들을 끝도 없이 늘어놓을 수 있다. 그뿐 아니라 국내 기업들이 해외에서 저지르는 노동 착취와 환경파괴에 대한 고발도 줄을 잇는다. 이러한 현상의 바탕에는 '제조업의 위기'를 맞아 노동비용을 전가하고 안전보건의 책임을 회피하는 기업의 생산 유연화 전략이 자리해 있다. 비용 대비 산출을 높이는 가장 손쉬운 방법은 '혁신'이 아니라 (인력의) 구조조정과 외주화이다. 특히 위험한 작업을 불평등한 권력 관계에 놓인 하청업체나 비정규직 노동자들에게 넘기는 방법이야말로 이윤은 사유화하되 비용은 사회화하는 가장 좋은 방법이다. 이렇게 해서 OECD 회원국 가운데 압도적인 산재 사망 기록이 유지되고, 뉴스에서는 얼마 전에 본 것 같은 비슷비슷한 산재 사건들이 끊이지 않고 이어질 수 있다.

둘째, 정보통신 기술의 발전에 기반한 소위 '4차산업혁명'은 생산의 위기를 극복하는 새로운 전략으로 각광받고 있다. 지난 10년간 플랫폼 노동, 긱 이코노미gig economy, 크라우드워크crowdwork 같은 단어들이 빠르게 대중화되었다. 이런 단어들이 처음 등장했을 때 사람들이 떠올린 이미지는 시공간에 구애받지 않고 창의적인 지식 노동에 종사하는 '디지털노마드'였다. 기업들은 기술을 통해 마침내 '협력과 공유의 경제'를 현실에서 구현하고 소셜미디어로 사람들의 연결이 더욱 확장될 것이라고 떠들었다. 그러나 현란한 수식어나 '힙'한 이미지와 달리, 노동자들이 직면한 현실은 그다지 새롭지 않았다. 특히나 인간 노동이 헐값으로 취급받는 한국에서는 더욱 그렇다.

예컨대 모바일앱을 통한 주문배달 서비스를 생각해보자. 20대 청년노동자들의 산재사망에서 비중이 가장 크다는 배달노동은 플랫폼노동이라는 새 이름표만 달았을 뿐 한국인에게 매우 익숙한 일이다. 과거에는 음식점 사장님과 배달노동자의 불평등하고 비공식적인 고용 관계가 문제였다면, 지금은 아예 그런 고용 관계가 존재하지 않는다. '라이더'라는 세련된 호칭을 갖게 된 배달노동자의 다수는 고용주가 없는 자영업자, 즉 개인사업자 신분이다. 이제는 고용주-노동자 간의 근로계약에 의해 근로 제공이 이루어지지 않는다. 배달앱이라는 플랫폼에서 음식을 제공하는 식당 주인, 배달하는 라이더, 음식을 주문하는 소비자 모두 고객으로서 '상거래'를 한다. 배달노동자의 고용 안정이나 안전보건에 대해 책무성을 갖는 고용주는 사라지고, 부담은 오롯이 개인사업자인 노동자의 몫이다. 이미 과거에도 유연했던 노동이 플랫폼을 만나 한층 더 유연해진 셈이다. 물론 자본의 입장에서 말이다.

【유령 노동의 이면, 노동자는 유령이 아니다】

4차산업혁명과 함께 새로운 일자리들도 나타났다. 그러나 여기에는 때로는 예상치 못한 새로운 위험도 따른다. 대표적인 것이 고스트워크ghostwork, 유령 노동이다(메리 그레이·시다스 수리 지음, 『고스트워크』, 신동숙 옮김, 한스미디어, 2019). 우리가 컴퓨터나 모바일 디바이스를 통해 네트워크에 접속해서 하는 활동들이 클라우드 컴퓨팅 혹은 인공지능에 의해 이루어진다고 생각하는 사람들이 많다. 아마존에서는 나의 소비 이력을 분석해 맞춤형 추천을 띄워주고, 페이스북과 유튜브는 나의 관심사를 귀신같이 알아채서 연관 콘텐츠를 제공한다. 또한 폭력·음란 이미지나 혐오 발언, 범죄 모의 같은 것들은 인공지능이 '알아서' 걸러준다.

과연 그럴까? 여기에는 보이지 않는 인간 노동이 들어가 있다. 구글이나 페이스북에서 혐오 표현이나 음란 사진을 걸러내는 과정을 생각해보자. 인공지능이 어떤 이미지가 문제적이라고 판단하고 필터링할 수 있으려면, 무엇이 문제인지에 대한 '학습'이 필요하다. 방대한 연습용 데이터를 이용해 기계학습을 해야 하는데, 이것이 가능하려면 폭력적이거나 거북한 사진 수십만 장을 사람이 일일이 보면서 이것이 문제적 이미지라는 것을 판단하고 '태깅tagging'해주어야 한다. 또한 인공지능이 충분한 학습을 거쳤더라도 알고리즘만으로 판단하기 어려운 회색지대가 끊임없이 나타나기 때문에 부가적 '수작업' 과정은 피할 수 없다.

이러한 일은 서비스 사용자의 프라이버시 보호라는 명목으로 노동자에 대한 감시와 통제가 극도로 강화된 환경에서 이루어지는 것이 보통이다. 예컨대 페이스북에서 폭력·음란 이미지나 혐오표현, 가짜뉴스 등 부적절한 콘텐츠를 걸러내는 '모더레이터moderator'는 거의 최저임금을 받으면서 사람들이 좀처럼 감내하기 힘든 내용을 하루 종일 주시하고 판단한다. 정신적 외상과 우울증, 불안 등의 증상, 약물 의존, 사회적 고립 같은 정신적 고통에 시달리는 것도 무리가 아니다("The Trauma Floor: The secret lives of Facebook moderators in America", *The Verge*, 2019년 2월 25일자).

또한 업무 성격에 따라 '온디맨드on-demand' 방식의 노동이 이루어지기도 한다. '온디맨드'라고 쓰면 뭔가 새로운 방식인 것 같지만 현실은 호출노동, '상시 대기' 노동이다. 이를테면 미국 뉴욕의 우버 운전자가 등록 사진을 변경하고 다시 본인 인증을 하는 과정은 자동 이미지 인식이 아니라 대기 중이던 인도의 노동자가 불과 몇 초 만에 판단하고 승인버튼을 클릭함으로써 이루어진다. 마치 한국에서 배달앱 개발 초기에 소비자가 온라인으로 주문을 하면 콜센터 노동자들이 직접 식당에 전화를 걸어 주문을 넣었던 웃픈 사연과 비슷하다.

이렇게 기계를 보조하고, 인공지능을 보조하는 '온디맨드 고스트워크' 종사자들 역시 노동자가 아니라 플랫폼의 고객으로 존재한다. 업무에 필요한 컴퓨터나 소프트웨어를 마련하고 관련 기술을 연마하는 것은 노동자의 몫이고, 고용안정성이나 안전보건과 관련한 책임도 노동자 당사자에게 있다.

그러나 미래가 어둡기만 한 것은 아니다. 생산의 전환이 가져온 부정적 결과는 저항을 만들어내고 새로운 대안으로 이어지기도 한다. 2018년 말 태안화력발전소 김용균 노동자의 사망을 계기로 사회적 목소리가 커지면서 산업안전보건법이 28년 만에 개정되었다. 또한 위험의 외주화 중단과 노동자 건강권 보호라는 과제를 내세우며 김용균재단이 만들어졌다. 전 세계적으로도 플랫폼 노동자들의 권리를 보호하기 위한 노동조합이 여러 도시에서 결성되고 사회적 보호 방안들이 제안되고 있다. 위기危機란 위험危險과 기회機會의 합성어이다. 우리가 직면한 생산의 위기를 돌파하는 데 지금과 같은 방식, 노동자에게 책임을 전가하고 더 열악하고 힘없는 곳으로 위험을 밀어내는 방식만 존재하는 것은 아니다. 생산의 전환 국면에서도 일하는 사람의 건강과 안전을 우선순위에 두는 것이야말로 지속 가능한 발전을 이루는 방법이다.

크리스퍼 유전자 편집
아기 실험

전방욱(강릉원주대학교 생물학과 교수, 국가생명윤리심의위원회 부위원장)

유전체 변형 아기를 만들 가능성은 20여 년 전부터 제기되어왔으나 이를 실천에 옮길 기술력이 뒷받침되지 않았기 때문에 공허한 이론 논쟁에서 벗어나지 못했다. 그러나 크리스퍼 유전자 가위의 등장으로 판세가 바뀌기 시작했다. 2015년 초에 과학자들은 크리스퍼 유전자 가위를 생식세포에 적용할 가능성을 본격적으로 우려하기 시작했다.

2015년 4월 초 중국 광저우 순얏센대학의 황쥔주_{黃軍就} 교수팀이 크리스퍼 유전자 가위를 최초로 인간 배아에 적용해 베타 지중해성 빈혈증 유전자를 돌연변이시켰다. 이후 생식세포에서의 유전체 편집을 찬성하는 사람들과 반대하는 사람들 사이에서 커다란 논쟁이 벌어졌다. 그러나 대부분의 과학자들은 생식에 직접 사용하는 경우만 제한하는 한정적인 모라토리엄을 선호했다. 2015년 12월에 열린 제1차 인간 유전자 편집 국제정상회담에서는 "① 위험성, 잠재적 유익성 그리고 대안들을 적절하게 이해하고 비교하여 상대적인 안전성과 효율성 문제가 해결되지 않았을 때, ② 계획된 적용의 적절성에 대한 폭넓은 사회적 공감대가 형성되지 않았을 때와 같은 경우에 생식세포의 임상에 사용하려는 것은 무책임하다"는 입장을 발표했다.

반면, 미국과학아카데미와 의학아카데미의 보고서는 "합리적인 대안이 없고 심각한 질병을 치료하거나 예방하는 경우를 포함하여 열 가지의 기준이 충족될 경우, 임상 목적의 생식세포 개입이 허용될 수 있다"고 언급함으로써 금지에서 허용으로 입장을 선회했다. 그러나 이 입장 변화는 적절한 절차만 지키면 생식세포 유전체 편집이 가능하다는 잘못된 신호를 주었다. 실제로 허젠쿠이賀建奎는 실험을 시작하기 불과 한 달 전인 2017년 2월에 미국학술원이 최초로 심각한 질병을 치료하기 위해 인간 배아를 편집하는 아이디어를 승인했다고 말했다.

【허젠쿠이 실험의 비윤리적 측면】

2018년 11월 중국 난팡과기대학의 허젠쿠이는 배아의 유전자를 편집해 사상 최초로 두 쌍둥이 소녀들이 태어났다고 밝혔다. 마침 그달 28일에 열린 제2차 인간 유전체 편집 국제정상회담 강연을 통해 그는 실험 결과를 비교적 소상하게 설명했다. 허젠쿠이가 편집한 유전자는 소위 에이즈 바이러스라고 불리는 HIV(인간면역결핍바이러스)가 진입점으로 사용할 수 있는 백혈구 표면의 단백질인 CCR5를 암호화한다. CCR5를 파괴하면 HIV가 백혈구 세포에 침투하고 증식하는 것을 막을 수 있기 때문에, 남편은 HIV 양성이고 아내는 HIV 음성인 부부들을 실험 대상자로 모집해 이들 사이에서 HIV에 감염되지 않도록 유전적으로 변형된 아기를 만들려고 했다. 이를 위해 남편의 정자를 수집하고 정액과 분리한 후 아내의 난자 하나당 정자를 한 개씩 사용해 배아를 만들었다. 이렇게 만든 총 31개의 배아에 CCR5를 찾아내는 가이드 RNA와 유전자를 자를 Cas9 효소로 이루어진 크리스퍼 유전자 가위를 주입했다. 배아에서 떼어낸 세포를 통해 21개의 배아에서 유전자 편집이 성공적으로 이루어졌음을 확인했고, 이 중 11개의 배아를 6번의 착상에 사용했다. 이 과정에 참여한 실험 대상자 중 1명의 여성이 임신에 성공해 룰루와 나나라는 쌍둥이를 출산했다.

허젠쿠이 실험의 윤리적 문제는 다음과 같이 요약할 수 있다. 첫째, HIV가 유전자 편집이라는 극단적인 방법을 사용할 만큼 의학적으로 필요성이 절박하지 않다. 둘째, CCR5 유전자 편집은 HIV 방어 이외의 부수적인 악영향을 미친다. 셋째, 사용한 편집 방식이 원하는 결과를 도출하기에 적절한 방법이 아니다. 넷째, 결과적으로 유전자가 변형된 배아는 HIV 면역성이 없을지도 모른다. 다섯째, 건강한 배아를 대상으로 하는 HIV 면역은 유전자 증강에 해당한다. 여섯째, 유전자 편집율은 배아 생존률에 영향을 미치기 때문에 살아남은 배아들이 미묘한 결함을 나타낼 수도 있다. 일곱째, 배아의 모든 세포가 균일하게 편집되지 않는 모자이크 현상이 나타났다. 여덟째, 비의도적인 유전자 표적에서 표적이탈 돌연변이가 발생할 수 있다. 아홉째, 윤리심의를 한 기관이 확실하지 않고, 승인 이전에 연구가 시작되었으며, 아이들이 태어난 후에야 임상시험등록부에 등록했다. 열째, 연구책임자가 임상시험 경험이 전혀 없는 생물물리학자였고 네 명의 내부 연구자들이 동의서 작성에 관여하는 등 임상시험을 안이하게 설계했다. 열한째, 연구참여자의 착취를 막기 위해 필수적으로 행하는 동의 과정에서 거짓정보를 사용하고 충분한 정보를 전달하지 않았으며, 과도한 보상을 지급하는 등 연구참여자들을 유인했다. 열두째, 국내와 국제 과학계에서 일반적으로 합의된 생식세포 유전자 편집 규범을 지키지 않았다. 열셋째, 연구자금의 출처가 모호하고, 기존의 연구비를 전용했을 가능성이 있다. 열넷째, 동료들의 검토를 거친 학술지에 발표하지 않고 동영상, 언론 보도, 공개발표회 등을 이용했다.

【유전자 가위 아기를 둘러싼 사회적 · 과학적 담론】

과학계는 허젠쿠이가 사람의 유전자를 섣불리 변형해 넘지 말아야 할 윤리 규범을 벗어났다고 한목소리로 성토했다. 허젠쿠이가 쌍둥이의 탄생을 공개적으로 발표한 데 이어 비난의 목소리가 이어졌다. 크리스퍼 유전체 편집 기술을 공동연구한 장펑張峰과 2015년과 2018년 인간 유전체 편집 국제정상회담을 공동 주재한 데이비드 볼티모어David Baltimore는 크리스퍼 유전체 편집 기술을 인간에게 사용하는 것의 안전성과 효과성을 확인할 자료가 부족하고 광범위한 사회적 합의가 결여된 점을 감안할 때 이 실험은 무책임한 것이라고 각각 확언했다. 하지만 제2차 인간 유전체 편집 국제정상회담 조직위원회는 앞으로 유전체 편집이 허용될 수 있다고 결론짓고 "이러한 실험을 향한 엄격하고 책임감 있는 이행 경로를 규정해야 할 때"라고 주장했다. 그러나 이런 입장에 동의하지 않는 과학자들과 생명윤리학자들은 크리스퍼 유전자 가위를 이용한 임상 생식 연구에 대한 모라토리엄을 채택해야 한다고 주장했다. 현재, 인간 유전체 편집의 윤리 및 거버넌스의 세계적 기준을 개발하는 세계보건기구 전문가 자문위원회, 그리고 미국 국립과학원, 국립의학원 및 영국 왕립학회가 소집한 인간 생식세포 편집의 임상적 사용에 관한 국제 위원회라는 인간 유전체 편집의 윤리 및 거버넌스를 다루려는 목적의 두 가지 국제적 노력이 경주되고 있다.

크리스퍼 윤리 논의에서 소홀히 여겨진 한 가지 교훈이 있는데, 바로 인간 생명을 편집하는 윤리를 과학자들에게만 맡겨서는 안 된다는 것이다. 과학자들은 사실상 인간 생식세포 유전체 편집과 관련한 윤리 담론을 초창기부터 주도해왔다. 인간 생식세포 유전체 편집 문제가 해결될 것인지 여부는 아직 해결되지 않았지만, 일부 과학자는 시민 의견 수렴에 대한 무수한 요구를 근본적으로 무시하면서 그 방법을 계속 추진하고 있다. 다른 과학자들은 기꺼이 그 요구에 주의를 기울이려 하지만 시민 의견 수렴을 시민교육에 한정하려고 한다. 그러나 한편으로는 대중의 의견에 따라 규제가 이루어진다는 점을 인식하고 있기에 과학자들도 연구 규범의 개발과 규제책 확립에 사회의 참여와 공개토론이 중요하다고 강조하고 있다. 그렇다면 대중은 이런 논의에 어떻게 참여해야 할까? 그에 앞서 대중은 어떤 사람일까? 존 듀이에 따르면 '대중'은 사회적 협력에서 발생하는 문제에 의해 영향을 받는 모든 사람들로 구성된다. 많은 사람들이 문제를 인식하고 그것에 대해 행동할 필요를 느낄 때 생명윤리에 대한 대중 토론이 발생한다.

대중을 보는 시각에는 두 갈래가 있을 수 있다. 일단 도구적 관점으로 대중에 접근할 수 있다. 대중을 논의에 참여시키면 기술에 대한 반응을 예측할 수 있고, 신뢰성 있는 계획을 세울 수 있다. 유전자변형생물체 기술의 사례에서 볼 수 있듯이 논쟁적 기술을 도입할 때 대중을 논의에서 배제하면, 이후 기술의 이용과 확산이 어려워질 수 있다. 도구적 관점은 기술의 영향을 받는 대중들이 기술 개발을 규제하려고 하는 상향식 접근 방식을 상정한다.

그러나 이처럼 대중을 도구적으로 파악하기보다는 동의를 구해야 할 대상으로 보는 시각도 있다. 이런 시각에는 인간 유전체가 인류의 공통 유산으로 보존되어야 하기에 인류의 동의 없이 미래 세대의 생식세포를 변화시키는 것은 윤리적으로 문제가 있다는 생각이 깔려 있다. 1997년 유네스코의 「인간 유전체와 인권에 관한 보편선언」에서 이런 개념을 엿볼 수 있다. 이렇게 보면 과학계에는 생식세포 유전체 편집에 대한 개인과 미래 세대의 위험과 이익, 사회에 미치는 영향 등의 정보를 충분히 제공해야 할 의무가 있다.

【유전자 가위가 재앙이 되지 않으려면】

크리스퍼 유전자 편집 기술은 기술 발전 속도가 이를 다루기 위한 윤리나 거버넌스보다 앞서가고 있다. 기존의 유전자 편집 방법에 비해 빠르고, 간편하며, 저렴하다는 기술의 특징이 오히려 위협 요인이 된다. 전문가 집단 이외에도 누구나 쉽게 이 기술을 사용해서 윤리적으로 문제가 있는 실험을 할 수 있고 규제를 벗어날 수 있기 때문이다. 특히 완벽하지 않은 기술이 불완전한 지식과 결합할 때 그 위험은 배가된다. 호세 로베르토 골딤jose roberto goldim은 위험한 지식은 사용에 필요한 지혜보다 더 빨리 축적되는 지식이라고 하며 크리스퍼 유전자 가위 기술이 이에 해당한다고 주장한 바 있다. 오트프리트 회폐는 유전학적 연구의 이익은 사회 전체 구성원에게 차별적으로 적용·분배되지만 그 위험 및 피해는 미래 세대를 포함한 인류 전체에게 무차별적으로 분배된다고 한다. 이자벨 스텐저스는 "과학을 생각하고 소화하려면 시간이 필요하다"고 주장한다. 프랑수아즈 베일리스는 "크리스퍼 유전자 편집 아기의 윤리적 이해능력을 개발하고, 폭 넓은 사회적 합의를 촉진하기 위해서는 느린 과학이 필요하다"고 한다.

은유적으로 말하면, 인간 유전체는 우리 모두의 것이다. 따라서 우리 모두는 공유하는 유전체에 대한 변화를 자발적으로 진행시킬지에 대한 의견을 제시해야 한다. 과학자들은 속도를 늦추고 과학과 우선순위를 깊이 숙고하며, 공통의 선을 추구하면서 과학정책에 기여할 수 있는 의미 있는 방법을 찾아야 한다. 우리는 어떤 세상에 살고 싶은지, 크리스퍼 유전체 편집 기술이 그 세상을 건설하는 데 어떤 도움을 줄 수 있는지에 대해 신중하게 생각해야 한다. 우리 모두는 인류의 생물학적, 사회적 미래에 대해 공동의 책임을 져야 한다.

허젠쿠이는 사상 최초로 유전체 편집 아기를 만들려고 했지만 역설적으로 유전체 편집 아기를 만들 과학적, 윤리적 역량이 아직 부족하다는 점을 드러냈다. 생식세포 유전체 편집에 적용하기에는 유전자 편집 도구가 완벽하지 않고, 결과의 성공 여부를 확인하는 방법도 개발되지 않은 상태다. 시민 토론을 통한, 생식세포 유전체 편집에 대한 사회적 합의도 아직 충분하지 않은 상태에서 마구잡이로 진행될 수 있다는 데서 위험성이 심각하다. 과학자들이 대중을 설득의 대상으로 보아온 관행에서 벗어나 동의를 구할 대상으로 대중을 다시 생각할 때 사회적으로 충분한 정보를 제공하며 이해에 바탕한 진정한 동의를 얻을 수 있다고 본다. 과학의 발전 속도를 늦추고 인류의 공유자산인 유전체를 변화시킬지 여부를 숙고해야 할 때이다.

강양구

지식 큐레이터. 연세대 생물학과를 졸업했다. 2017년까지 〈프레시안〉 과학·환경 담당 기자로 황우석 사태 등을 보도했고, 앰네스티 언론상 등을 수상했다. 저서로 『수상한 질문, 위험한 생각들』『세 바퀴로 가는 과학 자전거 1, 2』『아톰의 시대에서 코난의 시대로』 등이 있고, 공저로는 『과학 수다』, 『정치의 몰락』 등이 있다. 현재 팩트 체크 미디어 〈뉴스톱〉의 팩트체커로 활동하면서, 지식 큐레이터로서 팟캐스트 〈YG와 JYP의 책걸상〉을 진행하고 있다. MBC라디오 〈김종배의 시선집중〉, SBS라디오 〈정치쇼〉 등에서 과학 뉴스를 소개하고 있다.

고태봉

자동차 산업 애널리스트. 연세대학교를 졸업하고, 1999년 대우증권에 입사. IBK투자증권, 하이투자증권을 거쳐 현재는 하이투자증권 리서치본부장으로 재직 중이다. 주요 언론사 베스트애널리스트 1위에 20여 회 이상 선정되었으며, 2012년 〈머니투데이〉 선정 한국증시에서 가장 영향력 있는 인물 9위로 꼽히기도 했다. 지금은 'Future technology&Over the Counter'팀을 신설하여 자율주행, 전기차, 모빌리티, 로봇, VTOL 등 미래 기술 연구에 집중하면서, 한국 자동차 산업의 미래 변화를 주제로 활발한 강연과 토론에 나서고 있다.

구본권

IT 전문 저널리스트. 〈한겨레〉에서 1990년부터 기자로 일하고 있으며, 한겨레 사람과 디지털연구소 소장을 지냈다. 디지털 기술이 개인과 사회에 가져올 빛과 그늘을 함께 보도해왔다. 기자, 연구자, 저술가로 정보 기술과 사람이 건강한 관계를 구축할 방도를 궁리하며 글 쓰고 강의한다. 『로봇 시대, 인간의 일』『공부의 미래』『뉴스, 믿어도 될까?』『뉴스를 보는 눈』 등을 집필했다.

김기범

환경 전문 기자. 2006년 〈경향신문〉 입사했다. 2010년, 2014년 이달의 기자상을 수상했고, 2016년 이달의 기자상, 한국기자상, KAIST 정문술과학저널리즘대상 등을 수상했다. 저서로는 『독수리는 왜 까치에게 쫓겨다닐까?』 『오늘도, 녹색 이슈』가 있고, 공저로는 『어디 사세요?』 『핵, 이젠 안녕!』 『녹조라떼 드실래요』 등이 있다.

김명희

보건학과 예방의학을 전공했으며 주로 건강 불평등, 노동자 건강권 문제를 연구하고 있다. 현재 시민건강연구소 건강형평성연구센터장으로 재직 중이며, 노동건강연대 집행위원이기도 하다. 『사회 역학』 『노동자 건강의 정치경제학』 『예방의학의 전략』 『과로 자살』 등 다양한 전문서를 공동 번역하고, 『한국의 건강 불평등』 『몸은 사회를 기록한다』 『의료 사유화의 불편한 진실』 등에 공저로 참여했다. 저서로는 『당신이 숭배하든 혐오하든』이 있다.

김선기

신촌문화정치연구그룹 연구원. 연세대학교 커뮤니케이션대학원에서 미디어문화연구 전공 박사과정을 수료했다. 단독 저서로는 『청년팔이 사회』가 있고, 주요 논문으로는 「청년-하기를 이론화하기: 세대 수행성과 세대연구의 재구성」 「세대연구를 다시 생각한다: 세대주의적 경향에 대한 비판적 검토」 등이 있다.

김지석

미국 브라운대학교에서 경제학과 환경학을 복수 전공한 후, 예일대학교 환경대학원에서 환경경영학 석사학위를 취득했다. 현대자동차 환경경영전략팀, 주한영국대사관 기후에너지팀에서 근무했으며 2014년에 저서 『기후불황』을 통해 기후변화가 경제에 미치는 영향을 알렸다. 2019년부터는 국제환경단체인 그린피스 서울사무소에서 기후변화 에너지 전문가로 활동하고 있다.

김현우

한국노동사회연구소, 민주노동당, 진보신당에서 활동했다. 에너지기후정책연구소 선임연구원으로 일하면서 에너지 전환, 도시 정치, 대중교통, 거버넌스의 민주화 등에 관심을 갖고 글을 쓴다. 지은 책으로 『안토니오 그람시』 『정의로운 전환』 등이 있고, 옮긴 책으로 『국가를 되찾자』 『GDP의 정치학』 『녹색 노동조합은 가능하다』 『다른 세상을 위한 7가지 대안』(공역) 등이 있다.

남기정

서울대학교 일본연구소 교수. 서울대학교 외교학과를 졸업했고, 도쿄대학 종합문화연구과에서 박사학위를 취득했다. 일본 도호쿠대학 법학부 조교수 및 교수, 국민대학교 국제학부 부교수를 거쳐 현직에 있다. 국제관계론을 전공했고, 관심 주제는 미일동맹의 전개와 이에 대한 일본 평화운동 진영의 대응이다. 저서와 편저서로 『일본 정치의 구조 변동과 보수화』 『기지국가의 탄생』 『전후 일본의 생활평화주의』 등이 있고, 『난감한 이웃 일본을 이해하는 여섯 가지 시선』 등 다수의 책에 공저로 참여했다.

남문희

서울대학교 사회과학대 문화인류학과를 졸업했다. 1989년 〈시사저널〉 창간 직전 국제경력 기자로 입사해 국제부 기획특집부 사회부 기자를 거쳐 1994년부터 한반도 분야를 전문적으로 취재해왔다. 2006년 〈시사저널〉 사태로 퇴사한 후 〈시사IN〉 창간 멤버로 참여, 2대 편집국장을 거쳐 현재 한반도 전문 기자를 맡고 있다.

박갑주

법무법인 지향 구성원변호사. 젊은 시절 민주노동당 전전신前前身인 '진보정당추진위원회 중앙본부' 정책부장으로 활동하다, 뜻한 바를 이루지 못하고 변호사가 되었다. 진보정당과의 인연으로 국회의원 비례대표 1인1표 선출방식 위헌 소송, 국회의원 선거구획정 위헌 소송, 정당 후원금지 정치자금법 위헌 소송 등 정치와 정당에 큰 영향을 미친 헌법 소송을 다수 제기하였다. 하지만 일상의 대부분 시간은 변호사로서 먹고 사는 데 집중하고 있으며, 양심에 반하지 않는 한 온갖 일을 하고, 맡기면 아주 열심히 한다. 공저로 『나는 그렇게 생각하지 않습니다』 『위기의 삼성과 한국 사회의 선택』이 있다.

안병진

미국 정치 및 정치커뮤니케이션 전문가. 경희대학교 미래문명원장을 거쳐 현재 미래

문명원 교수로 재직 중이다. 미국 뉴스쿨대학원에서 미국 대통령의 가치와 커뮤니케이션 연구로 박사학위를 취득했으며, 해당 연구로 한나 아렌트 상을 받았다. 저서로는 『미국의 주인이 바뀐다』와 『트럼프, 붕괴를 완성하다』 등이 있다.

양지훈

변호사이자 칼럼니스트. 연세대학교 경영학과를 졸업하고 두 곳의 대기업에서 회사 생활을 하다가 전북대학교 로스쿨을 졸업한 후 변호사로 전직했다. 노동 사건 변론을 하 면서 일하는 한편으로, 한국 특유의 회사, 조직 문화를 계 속 탐구하고 공부하며, 노동친화적인 사회적 기업에도 관 심이 많다. 〈시사인〉 〈프레시안〉 등에 노동, 법률 관련 칼럼을 쓰고 있으며, 저서로 『회사 그만두는 법』이 있다.

우석훈

경제학자. 두 아이의 아빠. 성격은 못됐고 말은 까칠하다. 늘 명랑하고 싶어 하지만 그마저도 잘 안 된다. 욕심과 의무감 대신 재미와 즐거움, 그리고 보람으로 살아가는 경제를 기다린다. 대표 저서로 『88만원 세대』 『민주주의는 회사 문 앞에서 멈춘다』 『사회적 경제는 좌우를 넘는다』 『오늘 한 푼 벌면 내일 두 푼 나가고』 등이 있다.

이관후

경남연구원 연구위원. 서강대학교 정치외교학과에서 학부와 석사를 마치고, 영국 런던대학교(UCL)에서 정치학 박사학위를 받았다. 국회에서 6년간 보좌진으로 일했다. 서강대, 경희대 등에서 강의하고, 현재 경남연구원에 재직 중이다.

이기원

펀드매니저. 성균관대학교를 졸업하고 지난 10년 간 현대인베스트먼트자산운용, 수협중앙회, 마이다스에셋자산운용 등에서 채권을 투자했다. 현재 한화자산운용에 재직 중이다. 다양한 매체에 투자 및 금융 관련 글을 기고했으며, 『버핏클럽 issue 1』 등에 공저로 참여했다.

이유진

녹색전환연구소 연구원. 전 녹색당 공동운영위원장을 지냈으며, 지역에너지전환 전

국네트워크 공동대표로 활동 중이다. 서울특별시 원전하나줄이기, 충청남도 탈석탄. 당진시 에너지전환 정책 수립에 참여하고 자문하는 등 지역 에너지 정책 확장을 위해 활동하고 있다. 기후위기 대안으로 그린 뉴딜을 연구하고 있으며, 그린 뉴딜 그룹 결성을 준비하고 있다. 한국개발연구원 국제정책대학원에서 공공정책을, 서울대학교 환경대학원에서 도시계획학을 전공했다. 저서로는 『원전하나줄이기』 『전환도시』 『태양과 바람을 경작하다』 『동네에너지가 희망이다』 등이 있다.

이융희

작가 겸 문화연구자. 1987년 경남 창원에서 출생하여 2006년도 판타지 소설 작가로 데뷔하였다. 한양대학교에서 「한국 판타지 소설의 역사와 의미 연구」로 석사학위를 받고 같은 대학원에서 박사과정 중이다. 웹소설과 장르에 대한 칼럼을 연재하며 강연 활동을 하고 있다. 장르비평팀 텍스트릿(textreet.net)을 개설해 팀장으로 활동 중이며, 출판전문지 〈기획회의〉의 편집위원이다.

이은형

국민대학교 경영대학 부학장 겸 경영학부 교수. 조직행동론, 전략경영을 가르치고 있으며 여성 리더십, 조직 내 세대 갈등에 관심이 많다. SC제일은행 사외이사, 공공일자리위원회 민간위원, 산업부 규제 샌드박스 민간위원으로 활동 중이다. 한국여성경제학회장을 역임했다. 저서로는 『밀레니얼과 함께 일하는 법』이 있다.

이주완

하나금융경영연구소 연구위원. 서울대학교 금속공학과에서 석사과정과 박사과정을 수료했다. 하이닉스반도체 책임연구원, 과학기술부 과학기술혁신본부 사무관을 지냈으며, 현재 하나금융경영연구소 산업분석팀 연구위원으로 재직 중이다. 총 42편(해외 특허 4편)의 특허를 가지고 있으며, SCI 13편의 논문이 등재되어 있다. 세계적인 권위를 자랑하는 세계인명사전 〈마르퀴즈 후즈 후〉에 2008년부터 12년 연속 등재되었으며 영국 케임브리 지 국제인명센터(IBC)가 꼽은 전 세계 100대 전문가에 5번 선정된 것을 포함해 세계인명사전에 24회 등재되기도 했다. 다수의 매체에서 방송출연 및 기고 활동을 하고 있다.

이준석

바른미래당 전 최고위원. 2007년 하버드대학교 컴퓨터과학, 경제학 학사 졸업하고, 현재까지 교육봉사단체 '배움을 나누는 사람들' 대표교사로 활동 중이다. 새누리당 비상대책위원, 새누리당 혁신위원장, 바른정당 최고위원, 바른미래당 서울 노원구병 지역위원장, 바른미래당 최고위원을 지냈으며, 한국독립야구연맹 총재를 역임 중이다.

이지평

LG경제연구원 상근자문위원. 일본 도쿄 태생으로, 한국국적 재일교포다. 1985년 일본 호세이대학교 경제학과를 졸업하고 1988년 고려대학교 경제학 석사과정을 수료했다. 공저로는 『우리는 일본을 닮아가는가』, 저서로는 『볼륨 존 전략』 『일본식 파워경영』 『주5일 트렌드』 등이 있다.

임명묵

현재 서울대학교 아시아언어문명학부에 재학 중이며, 서아시아 및 중동 지역을 전공하고 있다. 역사, 문명, 사회, 과학 등 다양한 분야에 관심이 많아 〈슬로우뉴스〉, 〈서울신문〉 등에 글을 기고하고 있다. 저서로는 덩샤오핑 시대에서 시진핑 시대로의 전환을 다룬 『거대한 코끼리, 중국의 진실』이 있다.

장석준

글로벌정치경제연구소 기획위원. 정의정책연구소 부소장. 진보신당 부대표를 지냈다. 진보정당 운동의 정책 및 교육 활동에 참여해왔다. 저서로는 『신자유주의의 탄생』 『사회주의』 『세계 진보정당운동사』(근간)이 있으며, 공저로는 『21세기를 살았던 20세기 사상가들』을 펴냈다.

전방욱

강릉원주대학교 생물학과 교수. 크리스퍼 유전자가위 등 첨단기술의 윤리에 관심을 가지고 공부하고 있다. 『수상한 과학』 『DNA 혁명 크리스퍼 유전자가위』 『크리스퍼 베이비』 등을 저술했다. 페이스북에서 크리스퍼 유전자가위의 최신 국외 동향을 공유하는 '크리스퍼' 그룹을 운영하고 있다.

정남구

〈한겨레〉 경제팀 기자. 연세대학교 정치외교학과를 졸업하고, 1995년 〈한겨레〉에 입사하여 도쿄특파원, 경제부장, 논설위원을 역임했다. 『아빠, 경제가 뭐예요?』, 『한미 FTA, 하나의 협정 엇갈린 '진실'』(공저), 『통계가 전하는 거짓말』 등의 경제서적을 썼고, 에세이 『다섯 평의 기적』, 일본 후쿠시마 원전사고 취재기인 『잃어버린 후쿠시마의 봄』, 전라도 천년사를 다룬 『나는 전라도 사람이다』 등을 저술했다.

정재형

서울대학교 경제학과를 졸업했다. 〈머니투데이〉 〈한국경제신문〉 〈조선비즈〉에서 경제 기자로 일했다. 주로 정부 경제부처와 금융권을 출입했고, 국제부에서도 근무했다. 조선비즈에서 경제정책부장, 금융증권부장, 국제부장 등을 역임했다. 2019년 10월 연금·자산관리와 생애주기에 따른 개인맞춤형 재무 설계를 해주는 핀테크업체 '웰스가이드'로 자리를 옮겼다.

조귀동

서강대학교 경제학과 박사과정. 서울대학교 경제학과를 졸업하고, 만 11년 차 회사원이 되었다. 그동안 한국 경제의 구조와 그 변화 과정에 대한 글을 써왔다. 기업 활동이 노동시장과 거시경제에 미치는 영향 및 인적 자본 투자의 양상을 연구하고 있다. 오늘날 20대의 불평등 문제의 특징을 다룬 책을 출간할 예정이다.

조천호

경희사이버대학 기후변화 특임교수. 국립기상과학원의 초대 원장으로, 30년간 일하고 퇴임했다. '변화를 꿈꾸는 과학기술인 네트워크(ESC)'에서 활동하고 있다. 기후위기 시대에 과학이 우리가 살고 싶은 세상과 어떻게 연결되는지를 고민하여 이를 저서 『파란하늘 빨간지구』에 썼다.

최병천

현재 대통령 직속 소득주도성장특별위원회 전문위원이다. 19대 국회 시절, 민주당 소속 국회 보좌관으로 활동하며 상가권리금보호법, 편의점 이슈를 제기하며 프랜차이즈법 등 사회경제적 민생입법 활동을 열심히 했다. '노동자가 행복한 세상'을 꿈꾸며

공장 활동과 진보정당 활동을 했고, 노동시장 양극화, 노후 불안, 불평등을 해결하는 정책패키지, 한국형 복지국가 만들기가 주요 관심사이다. 『대한민국, 복지국가를 부탁해』 『신자유주의를 넘어 역동적 복지국가로』 등을 공저했다.

최성진

코리아스타트업포럼 대표. 인터넷산업과 스타트업 업계에서 20여 년간 활동해오고 있다. 다음커뮤니케이션에서 마케팅과 전략을 담당하였으며, 한국인터넷자율정책기구와 한국인터넷기업협회 사무총장을 역임했다. 스타트업과 생태계 발전을 위해 사단법인 코리아스타트업포럼 설립을 주도했으며 한국 최대 스타트업 단체의 대표를 맡고 있다. 제주도4차산업혁명위원회 위원장, 공공데이터 평가단 등 공공영역에서도 민간전문가로서 활발히 활동하고 있다.

최원형

〈한겨레〉 사회정책팀 기자. 2006년 한겨레에 입사해, 사회부, 경제부, 문화부 등을 거쳐 현재 사회정책팀에서 교육 분야를 담당하는 기자로 일하고 있다. 기자 생활의 절반 이상을 책지성팀 학술 담당으로 일하며 보냈다. 미디어 분야도 꽤 오래 담당했다. 〈한겨레〉의 지식 칼럼인 '유레카'도 3년 넘게 썼다.

최준영

공학박사, 법무법인 율촌 전문위원. 서울대학교 조경학과와 서울대학교 환경대학원을 졸업했다. 문화체육관광부, 국회입법조사처를 거쳐 현재는 법무법인 율촌에서 전문위원으로 근무하고 있다. 어릴 때부터 도시를 좋아해서 부동산까지 발을 들여놓게 되었다. 2018년부터 MBC라디오 〈손에 잡히는 경제〉의 '도시이야기'에 출연하고 있다.

하승수

녹색당 공동운영위원장, 비례민주주의연대 공동대표. '연동형 비례대표제'로 선거제도를 개혁하는 것이 한국 정치를 바꿀 수 있는 가장 확실한 지름길이라고 믿고 있다. 『삶을 위한 정치혁명』 『배를 돌려라, 대한민국 대전환』 『나는 국가로부터 배당받을 권리가 있다』 등이 있고, 공저로 『행복하려면, 녹색』 『껍데기 민주주의』 등이 있다.

한세희

연세대학교 사학과, 연세대학교 국제학대학원을 졸업했다. 〈전자신문〉 기자와 〈동아사이언스〉 데일리뉴스팀장을 지냈다. 기술과 사람이 서로 영향을 미치며 변해가는 모습을 관심 있게 지켜보고 있다.

홍경수

순천향대학교 미디어커뮤니케이션학과 교수. 고려대학교 신문방송학과를 졸업하고, 서울대학교 대학원 언론정보학과에서 석·박사학위를 받았다. 1995년 KBS에 PD로 입사하여 15년 여간 〈낭독의 발견〉 〈단박 인터뷰〉 등을 기획했다. tbs 시청자위원장, KBS 선거방송자문위원, MBC 미래포럼위원, YTN사이언스 경영평가위원 등으로 활동하고 있다. 저서로 『기획의 인문학』, 『예능 PD와의 대화』, 『확장하는 PD와의 대화』 등이 있고, 『어원은 인문학이다』를 번역했다.

2020 한국의 논점

2019년 11월 15일 1판 1쇄 인쇄
2019년 11월 25일 1판 1쇄 발행

지은이   강양구 고태봉 구본권 김기범 김명희 김선기 김지석 김현우 남기정 남문희
박갑주 안병진 양지훈 우석훈 이관후 이기원 이유진 이용희 이은형 이주완
이준석 이지평 임명묵 장석준 전방욱 정남구 정재형 조귀동 조천호 최병천
최성진 최원형 최준영 하승수 한세희 홍경수
엮은이   강양구, 장은수, 최병천, 한기호
펴낸이   한기호
책임편집   염경원
교정교열   문용우
편집   도은숙, 정안나, 유태선, 김미향, 박소진
경영지원   국순근
펴낸곳   북바이북
출판등록 2009년 5월 12일 제313-2009-100호
주소 04029 서울시 마포구 동교로 12안길 14 삼성빌딩 A동 2층
전화 02-336-5675 팩스 02-337-5347
이메일   kpm@kpm21.co.kr
홈페이지 www.kpm21.co.kr

ISBN 979-11-85400-97-6 03300

· 이 도서의 국립중앙도서관 출판예정도서목록(CIP)은 서지정보유통지원시스템 홈페이지
(http://seoji.nl.go.kr)와 국가자료공동목록시스템(http://www.nl.go.kr/kolisnet)에서 이
용하실 수 있습니다.(CIP제어번호 : CIP2019045283)
· 북바이북은 한국출판마케팅연구소의 임프린트입니다.
· 책값은 뒤표지에 있습니다.